Globale Probleme –
Triebfeder und überraschende Urheber

Gründe für Krieg, Ungerechtigkeit und asozialem Verhalten –
Soziale Evolution vs. toxische Männlichkeit

von
Wendelin Kneisl

Über das Buch

Im vorliegenden Buch, dem ersten Band eines zweiteiligen Projektes werden die wahren evolutionären Ursachen für unser asoziales Zusammenleben auf unserem Planeten zusammengefasst.

Band 2 ist gerade in Arbeit und wird die realen und praktischen Möglichkeiten aufzeigen, die zur Überwindung von globalem, asozialem Verhalten beigetragen können. Bei dieser Betrachtung von möglichst nachhaltigem und gerechtem Miteinander kommen wir überraschend auch dem möglichen Sinn des Lebens näher.

Über den Autor

Wendelin Kneisl, geb. 1960, studierte Chemieingenieurwesen an der TU Karlsruhe. Während des Studiums reiste er für längere Zeit durch Asien und Mittelamerika. Auch das spätere Berufsleben führte ihn in fast alle Länder unserer Erde. Dabei lernte er die verschiedensten Kulturen und Gesellschaften kennen. Er kam in Kontakt mit Gewalt, Ausbeutung, Umweltzerstörung und anderem asozialen Verhalten der Menschen untereinander. Dabei kam der Wunsch auf, die menschlichen Beweggründe für die Konflikte der Menschheit zu finden.

Er lebt mit seiner Familie im Rhein-Neckar-Kreis und ist regelmäßiger Gast im Fußballstadion. Darüber hinaus hat er Interesse an vielen Disziplinen der Wissenschaft, liebt Bäume und Pilze und hat eine starke Verbindung zur Natur.

Wendelin Kneisl

Globale Probleme –
Triebfeder und überraschende Urheber

**Gründe für Krieg, Ungerechtigkeit und
asozialem Verhalten –
Soziale Evolution vs. toxische Männlichkeit**

Bibliografische Information der Deutschen Nationalbibliothek:
Die Deutsche Nationalbibliothek verzeichnet diese Publikation in der
Deutschen Nationalbibliografie; detaillierte bibliografische Daten sind im
Internet über http://dnb.dnb.de abrufbar.

Website: evolution4peace.de
E-Mail: evolution4peace@web.de

Lektorat: Anna Lennigk, Jennifer Kneisl,
Korrektorat: Claudia Kneisl
Buchsatz: Daniela Rohr / https://www.skriptur-design.de
weitere Mitwirkende: Viele Freunde

Verlag: BoD · Books on Demand GmbH, Überseering 33, 22297 Hamburg,
bod@bod.de
Druck: Libri Plureos GmbH, Friedensallee 273, 22763 Hamburg

ISBN: 978-3-8192-4497-1

Für alle Menschen, die nach den wahren und nachvollziehbaren Gründen suchen, warum ein friedliches, gerechtes und nachhaltiges Zusammenleben auf unserem Planeten nicht funktioniert. Wenn man fragt, warum in unserer modernen Welt Krieg, Ausbeutung, Mobbing, Hunger und Umweltzerstörung alltäglich sind, erhält man oft Antworten wie: Der Mensch ist von Natur aus böse, Egoismus, Neid sowie Gier sind die treibenden Kräfte. Doch wie lässt sich dies mit Rationalität und logischem Denken vereinbaren? Was sind die evolutionären Voraussetzungen für ein zufriedenes ausgeglichenes Miteinander, um letzten Endes ein glückliches Leben für alle Menschen zu ermöglichen. Zahlreiche wissenschaftliche Erkenntnisse aus verschiedenen Disziplinen wie Archäologie, Verhaltensbiologie und Naturwissenschaften werden zu einer rationalen und logischen Kette evolutionärer Entwicklungen verknüpft. Dies soll möglichst einfach und verständlich dargestellt werden.

Mein Dank gilt daher allen Wissenschaftlern, ob bekannt oder unbekannt, die zum heutigen Wissen beigetragen haben. Mein besonderer Dank gilt meiner großen Familie, vor allem meiner Frau Claudia, meiner Tochter Jennifer und vielen wunderbaren Menschen, die ich kennenlernen durfte.

Inhaltsverzeichnis

Prolog

Parlamentarische Anfrage - H-0521/2002
Europäisches Parlament

Täglich verhungern weltweit 24 000 Menschen

20.6.2002

MÜNDLICHE ANFRAGE H-0521/02
für die Fragestunde während der Juli-Tagung 2002
gemäß Artikel 43 der Geschäftsordnung
von Efstratios Korakas
an die Kommission

Täglich erfahren wir von dem tragischen Leid unzähliger Menschen, die an Hunger sterben. Kriminalität, Ausbeutung und Gewalt bestimmen das Zusammenleben in vielen Regionen der

Abb.1: Solche Nachrichten kann und möchte man kaum glauben, jeden Tag verhungern 24000 Menschen irgendwo auf unserer Erde. Politisch diskutieren wir über Freiheit, Selbstbestimmung, Moral und haken letzten Endes diese Toten ab. Wie und warum ist das möglich?

Erde. Es werden Atombomben gebaut und gehortet, obwohl uns allen bewusst ist, dass sie unsere Erde in Schutt und Asche legen und damit auch die Menschheit vernichten würde. Im Namen religiöser und ideologischer Motive wurden und werden weltweit brutale Kriege geführt, obwohl die Götter aller Weltreligionen eigentlich Frieden und Zusammenhalt predigen. Unsinniges, grausames und unsoziales Handeln ist also keineswegs die Ausnahme. Entgegen der in der westlichen Welt oft verbreiteten Annahme, ist dieses Verhalten nicht auf Entwicklungsregionen begrenzt, sondern vielmehr allgegenwärtig auf der ganzen Welt. Die seltsamsten Konflikte, aus niedrigsten Beweggründen entstanden, werden bis auf den Tod ausgefochten. Unverständliche Verhaltensweisen prägen die Kommunikation unter den Völkern der Erde.

Die Regenwälder, als artenreichste Brutstätte des Lebens und Lunge unserer Erde bekannt, werden systematisch abgeholzt, obwohl wir längst wissen, dass dadurch auch das Klima unwiderruflich aus dem Gleichgewicht gebracht und die Lebensbedingungen auf unserem Planeten radikal verschlechtert werden.

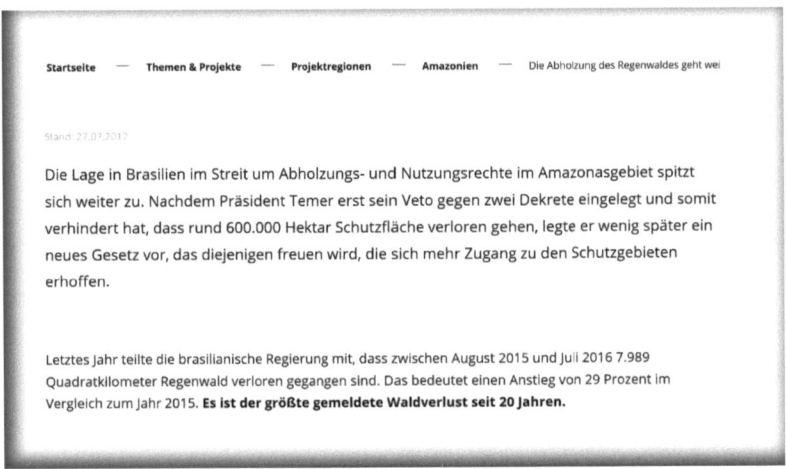

Abb.2: Täglich gibt es Meldungen über die Abholzung unserer Wälder und der Zerstörung unserer Lebensgrundlagen. Wassermangel, Vergiftung der Umwelt und Klimaveränderungen.

Dabei streben wir doch alle danach, „gut" zu sein – hilfsbereit, sozial, solidarisch. Diese Werte sind doch auch die Kernpunkte bei der Erziehung unserer Kinder. In den Ländern der vermeintlich modernen, hochentwickelten westlichen Welt hungert keiner, es herrscht, trotz allem Überfluss, eine gewisse Unzufriedenheit in der Bevölkerung. Dabei hätten die Menschen hier doch alles, um glücklich und zufrieden zu leben.

Die oben genannten Fakten sind nur einige wenige Beispiele einer unendlichen Liste von Missständen in unserer Welt. Sie werfen unausweichlich die viel diskutierte Frage auf: Was läuft eigentlich

falsch in unserer Welt? Der Mensch verfügt über sämtliche Voraussetzungen, um auf der Erde zufrieden, in Harmonie, vor allem nachhaltig, zu leben und miteinander zu koexistieren. Nichtsdes-

Abb. 3: Eine höchst asoziale Kombination, Armut, Kinderarbeit und Umweltverschmutzung zusammen. Gesundheitlich äußerst bedenklich, aber warum sind die Kinder gut gelaunt?

totrotz leben wir in Disharmonie und Unzufriedenheit. Menschen führen Kriege, unterdrücken und töten einander. Darüber hinaus verursacht die Menschheit eine verheerende Zerstörung unseres Planeten. Diese Zerstörung entzieht nicht nur zahlreichen Organismen ihre Lebensgrundgrundlage, sondern kann letztendlich auch zur Ausrottung der Menschheit selbst führen.

Dieses Buch beabsichtigt nicht, die oben angerissenen und bereits in vielen Medien ausgiebig diskutierten Missstände erneut zu beleuchten. Stattdessen soll der Fokus auf den fundamentalen Ursachen liegen, die zum asozialen, menschlichen Verhalten führen, die unsere gegenwärtige Situation auf der Welt begründet. Lassen sich die Ursachen in der Natur des Menschen finden? Existieren rationale, wissenschaftlich belegbare Gründe, anhand derer sich das Verhalten der Menschheit logisch erklären lässt?

Um die Ursachen für das paradoxe Verhalten der Menschen zu verstehen, begebe ich mich in diesem Buch auf die Spur der evolutionären Entwicklung bis zu uns Menschen. Dafür gehe ich zurück zu den Anfängen der Evolution und verfolge die Entwicklungsstufen des Lebens – angefangen bei dessen Entstehung bis hin zur vermeintlichen Krone der Schöpfung, dem modernen Menschen. Das Hauptaugenmerk liegt neben den Grundlagen zur Entstehung von Leben auf der Erforschung der sozialen Zusammenarbeit zwischen Lebewesen. Es sollen die Faktoren extrahiert werden, die ein friedliches und nachhaltiges Miteinander der Menschen untereinander bestimmen. Dazu werde ich Gesetzmäßigkeiten und Regeln herausarbeiten, die das für allgemeine Leben und das menschliche Miteinander verantwortlich sind. Die wahren Gründe für das unmenschliche und asoziale Verhalten von allen Menschen auf unserer Erde hängen direkt mit der Nichtbeachtung dieser Regeln zusammen.

Einen wichtigen Beitrag, das Verhalten von verschiedensten Menschen und Ethnien zu studieren, waren meine zahlreichen Reisen. Ich habe viele Länder auf der Erde bereist und dabei vielfältige Gesellschaftssysteme und Kulturen kennengelernt. Durch den großen Anteil an Dienstreisen, habe ich sehr häufig eng mit den lokalen Menschen zusammengearbeitet, wodurch ich das mannigfache Konzept menschlichen Zusammenlebens beobachten, erleben und studieren konnte. Zum anderen führte ich ausführliche Recherchen in der entsprechenden Wissenschaftsliteratur durch. Die Vielzahl der erworbenen Informationen aus diesen verschiedenen Fachbereichen werde ich zusammenführen, sie einordnen und einen Handlungsrahmen entwerfen, der die gegenwärtige Lage der Menschheit reflektiert.

Mit dem Bestreben, höchste Neutralität und emotionale Distanz zu wahren, um die Entwicklung des Lebens bis hin zum Homo Sapiens Sapiens eingehend zu betrachten, wird das vertraute und im Allgemeinen positiv geprägte menschliche Selbstverständnis oft kritisch hinterfragt.

Schon in der Vergangenheit beschäftigten sich zum Teil auch berühmte Menschen mit dem (asozialen) Verhalten der Menschheit, dazu möchte ich folgende Zitate aufführen:

„Zwei Dinge sind unendlich, das Universum und die menschliche Dummheit, aber bei dem Universum bin ich mir noch nicht ganz sicher."

„Das Denken und die Methoden der Vergangenheit konnten die Weltkriege nicht verhindern, aber das Denken der Zukunft muss Kriege unmöglich machen."

„Ich will lieber Frieden lehren als Hass, lieber Liebe als Krieg."

Diese Zitate stammen von dem bekanntesten Physiker aller Zeiten: Albert Einstein, auf die ich überraschend im Einsteinjahr gestoßen bin. Obwohl Einstein vor allem für seine bedeutenden physikalischen Forschungen berühmt ist, widmete er sich eingehend den politischen Geschehnissen und Entwicklungen der Welt. Möglicherweise verstärkt durch seine jüdische Abstammung, konnte Einstein die politischen Fehlentwicklungen in seiner deutschen Heimat während der Zeit des Nationalsozialismus nicht ignorieren. Sein Gewissen verweigerte ihm jegliche Zustimmung sich dem asozialen und oft grausamen Verhalten des Menschen anfreunden. Frieden, Pazifismus und soziale Gerechtigkeit lagen ihm mehr am Herzen als seine bahnbrechenden physikalischen Analysen. In seinen Bemühungen erarbeitete Einstein Lösungsvorschläge für die bedeutenden internationalen Probleme seiner Zeit. Hierbei gelang es ihm jedoch nicht, zu den Ursachen dieser Probleme durchzudringen.

Seit jener Zeit sind einige Jahre vergangen und eine Fülle neuer wissenschaftliche Erkenntnisse aus vielen Bereichen der Wissenschaft sind seither hinzugekommen. Aufgrund der hohen Anzahl an Quellen, verzichte ich deshalb auf detaillierte Quellenangaben. Alle verwendeten Daten, Informationen und Erkenntnisse können im Internet oder in der entsprechenden Fachliteratur nachgelesen werden. Falls inzwischen neue Erkenntnisse dazu gekommen sind, sollten sie den Grundaussagen nicht entgegenstehen, sondern diese eher bestätigen. Dieses Buch ist keine rein detaillierte wissenschaftliche Darstellung, sondern betrachtet nachvollziehbare Fakten und Verhaltensweisen von uns Menschen. Auch wenn von Regeln oder Verhalten verschiedener Gruppen die Rede ist, soll hiermit auch klar gestellt werden, das dies nicht auf alle zutrifft und selbstverständlich gibt es auch immer Ausnahmen, aber der Trend ist entscheidend. Vielmehr ist es mein Ziel, die Ursachen und Auswirkungen der aktuellen negativen und positiven Ereignisse auf der Erde leicht verständlich und für jeden zugänglich zu vermitteln und Denkanstöße und Impulse bei vielen Menschen auszulösen. Dieses Buch markiert den ersten Band von zweien. In meinem zweiten Band werde ich aufbauend auf den Erkenntnissen des ersten Buches der Frage nach konkreten praktischen Lösungsansätzen nachgehen. Was könnten die zukünftigen, realen Maßnahmen aussehen, um das Zusammenleben aller Menschen zu entspannen und ein soziales Miteinander aller Menschen zu ermöglichen?

Für eine zukünftige, dann hoffentlich bessere und nachhaltigere Welt werden mögliche Konzepte und Ideen vorschlagen.

1. Zeitstrahl prägender Entwicklungsschritte der Evolution

Anfangen möchte ich mit einer Chronologie zur, zeitlichen Einordnung von wichtigen evolutionären Veränderungen, auf die ich in diesem Buch eingehen werde. Für das Verhalten von uns Menschen heute sind sicherlich die Entstehung von Leben – die Entwicklung der Säugetiere – das Auftreten der ersten Menschenaffen – der ersten Menschen – der Zeitbereich der Neolithischen Revolution – und der Religionen prägend, aber auch andere Einflussfaktoren sind wichtig.

ca. Jahre vor Chr.

14 Mrd.	Urknall Entstehung des Weltalls
4,5 Mrd.	Entstehung der Erde
3,7–4,2 Mrd.	Entstehung der Urzelle LUCA
3,7 Mrd.	Erste Lebewesen entstehen – ältestes gefundene Fossil ist ein Stromatolith
3,5 Mrd.	Blaualgen entstehen – Produktion von Sauerstoff
1 Mrd.	Erste Mehrzellige Lebewesen treten auf
558 Mio.	Ältestes Tier – Dikinsonia
315 Mio.	Reptilien treten auf
125 Mio.	Erstes Säugetier
55 Mio.	Erster Primat
39 Mio.	Erster menschenartiger Affe
13 Mio.	Letzter gemeinsamer Vorfahre Nyanzapithecus alesi von Menschen und Schimpansen
	Start Entwicklung zur ursprünglichen Wohlstandsgesellschaft

2 Mio.	Erste Menschen Homo Rudolfensis und Homo Erectus
300000	Der moderne Mensch Homo Sapiens Sapiens in Afrika
50000	Homo Sapiens Sapiens besiedelt Asien und Australien
45000	Der moderne Mensch – der Homo Sapiens Sapiens in Westeuropa
40000	Die letzte Menschenart neben dem Homo Sapiens Sapiens – der Neandertaler stirbt aus
30000	Der Homo Sapiens Sapiens besiedelt Amerika
	Die Entwicklung zur ursprünglichen Wohlstandsgesellschaft ist nahezu abgeschlossen.
12000	Neolithische Revolution – Ackerbau und Viehzucht – Bevölkerungswachstum
10000	Erste größere, befestigte Siedlungen
7000	Erste Metallverarbeitung
5000	Erste Großreiche entstehen – Erbmonarchien
3500	Erste Großreligionen – Vedische Religion als Vorläufer des Hinduismus
300	Römisches Weltreich

ca. Jahre nach Chr.

1	Geburt Jesus – Christentum
600	Geburt Mohamed – Islam
1000	Mittelalter andauernde Kämpfe zwischen den Erbmonarchien und Religionen
1800	Industrielle Revolution- Energiegewinnung mit fossilen Brennstoffen; Start Kapitalismus – Entstehung des Finanzadels; Start Kommunismus; erste Demokratien; Bevölkerungswachstum
1900 bis heute	Weltkriege; Ausbeutung- Ungleichheit -Hunger-Migration- Umweltverschmutzung, Klimaerwärmung, Gewalt, Atombomben, Kriege, usw.

2. Kurze Evolutionsgeschichte der Lebewesen – Von der Entstehung des Lebens bis zum heutigen Menschen

Ich beginne meine Betrachtungen bei den winzig kleinen Teilchen, die als fundamentale Bausteine der Materie gelten – den Atomen. Den subatomaren Bereich lasse ich hierbei außen vor, da dieser nach jetzigem Wissensstand sehr wahrscheinlich keinen Einfluss auf das menschliche Verhalten hat. Alles in uns und um uns herum setzt sich aus Atomen zusammen. Egal, ob gasförmig, flüssig oder fest. Nicht jedes Atom gleicht jedoch dem anderen. Sie unterscheiden sich nach der Größe des Kerns, d.h. sie haben mehr oder weniger positiv geladene Protonen und neutrale Neutronen. Die Atome unterscheiden sich auch in der Bereitschaft mit anderen Atomen eine Verbindung einzugehen. Diese Bereitschaft wird durch die Anzahl der äußeren negativ geladenen Elektronen, auch Valenzelektronen genannt, beeinflusst. Das Kohlenstoffatom, Abbildung 4, ist in allen organischen Verbindungen enthalten und besitzt vier Valenzelektronen, die mit anderen Atomen Verbindungen eingehen können.

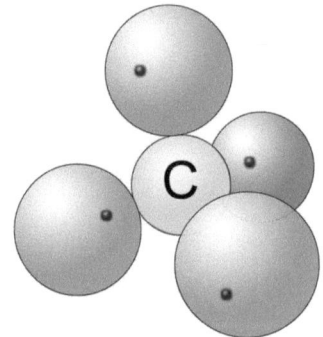

Abb. 4: Modell des Kohlenstoffatoms mit seinem Kern, in dem sich je 6 Protonen und Neutronen befinden, sowie 6 Elektronen in der Atomhülle. Auf der ersten Schale befinden sich zwei und auf der zweiten Schale vier bewegliche Elektronen, die für Verbindungen mit anderen Atomen wichtig sind.

Ein Beispiel hierfür: Beim Propanmolekül, eine einfache organischen Verbindung, Abbildung 5, werden über diese Valenzelektronen drei weitere Kohlenstoffatome verbunden, an die restlichen Valenzelektronen hat sich Wasserstoff angelagert. Beim Verbrennungsvorgang werden diese Verbindungen aufgebrochen und es bildet sich Kohlendioxid CO_2 + Wasser H_2O.

Die Anzahl von Elektronen, Neutronen und Protonen sind bei einem neutralen, also nicht elektrisch geladenen Atom, stets ausgeglichen, sprich, von jedem dieser drei Teilchenarten sind in der Regel gleich viele Teilchen in einem Atom enthalten. Anhand der Anzahl der Elektronen werden die Atome im Periodensystem gruppiert. Atome mit gleicher Anzahl an Elektronen sind in einer Gruppe. Ein Stoff, der nur aus einer Atomsorte besteht nennt man (chemisches) Element. Chemische Elemente wiederum sind die reinsten Stoffe, die

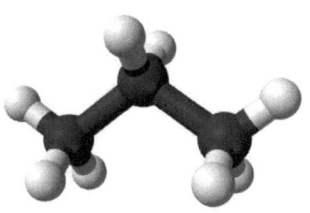

Abb. 5: Das kleine Propanmolekül bestehend aus 3 C Atomen und 8 H Atomen und wird zur Verbrennung benutzt, da bei dieser Reaktion viel Energie freigesetzt wird.

nicht mehr in andere Stoffe zerlegt werden können. Aktuell sind 118 verschiedene Elemente und somit Atome bekannt. Aus diesen Elementen ist das gesamte Universum aufgebaut – die Erde, die Gestirne, sämtliche Lebewesen, so auch wir Menschen, einfach alles. Betrachten wir den menschlichen Körper: Die größten Anteile an Elementen bzw. Atomen sind Wasserstoff (H) 63%, Sauerstoff (O) 26 %, Kohlenstoff (C) 10 %, Stickstoff (N) 1,5 % und vielen andere, sogenannte Spurenelemente wie z.B. das Element Silizium (Si) befindet sich mit etwa 20 Milligramm Silizium pro Kilogramm in unserem Bindegewebe. Gehen gleiche oder unterschiedliche Atome eine mehr oder weniger stabile Verbindung ein, entsteht ein Molekül. Das geschieht jedoch nicht vollkommen frei und willkürlich, sondern nach strengen chemischen und physikalischen Gesetzen.

Diese Vorgänge sind die Grundlage für sämtliche Abläufe auf der Erde und in den Weiten des Weltalls und damit auch für die Entstehung allen Lebens. Die Bausteine des Lebens bestehen aus Verbindungen mit Kohlenstoff, und deshalb wurden diese wahrscheinlich auch als organischen Verbindungen bezeichnet.

Wie genau das Leben auf unserem Planeten entstanden ist, konnte bis heute noch nicht endgültig wissenschaftlich erklärt, beziehungsweise bewiesen werden. Daher gehe ich im Folgenden von den derzeit gängigsten und schlüssigsten Ansätzen aus.

Um das zu veranschaulichen, beginne ich bei einem hypothetisch denkbaren, ersten, einfachen Lebensstadium – einem großen Molekül, wie es zum Beispiel im Erbgut vorkommt. Dieses wiederum ist, nach gängigen Theorien, irgendwo in der Ursuppe entstanden, ich bezeichne es daher als Urmolekül.

Moleküle sind, wie bereits oben erläutert, Verbindungen von zwei oder mehr gleichen oder verschiedenen Atomen, die durch chemische Bindungen miteinander verknüpft sind. Es gibt eine riesige Anzahl verschiedener Moleküle, doch für die Entstehung von Leben sind, wie erwähnt, nur die entscheidend, in denen Kohlenstoff enthalten ist. Aus diesen organischen Molekülen sind die sogenannten Naturstoffe aufgebaut, die für die Entstehung von Lebewesen essenziell sind. Diese werden je nach ihrer Zusammensetzung und Funktion in verschiedenen Gruppen zusammengefasst, dazu zählen Proteine, Hormone, Kohlenhydrate und viele mehr. Die Oberfläche organischer Moleküle weisen spezifische Bereiche auf, die wie Werkzeuge verschiedene Funktionen wahrnehmen können. Stellvertretend ohne Wertigkeit möchte ich hier zwei bekannte Beispiele für funktionelle Moleküle nennen:

1. die Chlorophyll-Moleküle in Pflanzen, die aus der Lichtenergie der Sonne, chemische Energie in Form von Kohlehydraten erzeugen. Kohlenhydrate sind die Nahrungsgrundlage für nahezu alle Lebewesen.

2. Unsere roten Blutkörperchen, das Hämoglobin, bindet Sauerstoff aus der Lunge und transportiert ihn mit dem Blutstrom zu den Verbrauchsstellen im Körper.

In stark vereinfachter Form lassen sich organische Moleküle mit Legobausteinen vergleichen. Letztere besitzen Noppen und Röhren, die ein Kupplungssystem bilden, bei dem die unterschiedlichsten Bausteine zusammengefügt werden können, um verschiedenste Aufgaben zu erfüllen. Bei organischen Molekülen besteht dieses Kupplungssystem aus funktionellen Atomgruppen, die auf den Molekülen sitzen. Alles Leben besteht aus diesen organischen Molekülen und stellen somit den Werkzeugkasten oder die Bauklötze des Lebens dar. Im menschlichen Körper gibt es Schätzungen zufolge etwa 100.000 verschiedene organische Moleküle mit diversesten Funktionen. Diese können sich überdies zu größeren Komplexen verbinden, die weitere Funktionen übernehmen. Jeder Organismus ist folglich die Summe der in ihm enthaltenen organischen Moleküle mit ihren entsprechenden Funktionen. Essenziell für das Entstehen von Leben ist die Anwesenheit von Wasser, insbesondere der Transport von Stoffwechselprodukten ist nur im Wasser möglich. Wie oben bereits ausgeführt, ist es anzunehmen, dass irgendwann größere Moleküle als Vorläufer des Lebens entstanden sind. Das erste bzw. die ersten Moleküle werden daher von mir als Urmolekül bzw. Urmoleküle bezeichnet.

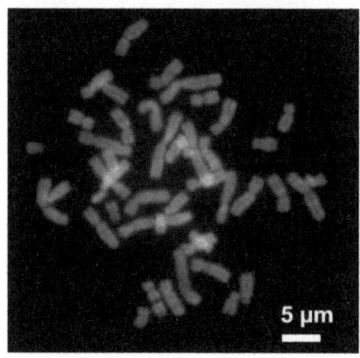

Abb. 6: Menschliche Chromosomen. Diese Makromoleküle sind besser bekannt als DNA. Hier werden die Baupläne der vom Organismus benötigten, organischen Werkzeugen gespeichert. DNA Moleküle liegen in der Regel in einer verdichtenden Form vor, ein Molekül besteht aus ca. 468 Milliarden Atomen und kann mit einem Mikroskop visualisiert werden. Ein einzelner DNA Faden weist im entwickelten Zustand eine Länge von ca. 5cm auf. Falls ein Urmolekül existierte dürfte es ähnlich ausgesehen haben.

Das postulierte Urmolekül schwamm nach seiner Entstehung zunächst einmal irgendwo im Wasser. Doch irgendwann wird es zwangsläufig durch physikalische Vorgänge an einen anderen Ort gelangen, wo die Gefahr seiner Zerstörung besteht. Hitze, Kälte oder irgendeine Strahlung könnten es zersetzen. Die Geschichte des Urmoleküls und damit des Lebens wäre beendet, bevor sie überhaupt richtig begonnen hätte. Auch sind prinzipiell alle Moleküle einem natürlichen Zerfall unterworfen und können nicht ewig existieren. Ihr Hauptgegner ist somit die Zeit.

Wie das erste Urmolekül entstanden ist, liegt daher völlig im Dunkeln – alle für den Stoffwechsel benötigten Bausteine waren anscheinend plötzlich da. Einige dieser molekularen Bausteine haben sich bis heute nicht wesentlich verändert. Doch die Entwicklung und Evolution größerer Moleküle und deren Zusammenarbeit, aus denen schließlich alle Lebewesen entstanden, ist bis heute nicht genau bekannt. Es gibt schlicht keine Spuren mehr aus dieser Zeit oder sie wurden zumindest bislang nicht entdeckt. Eventuell gelangten die molekularen Bausteine des Lebens aus dem Weltall auf die Erde. Diese Theorie würde zwar die kurze Entwicklungszeit vom Urmolekül hin zu höherrangigen Lebewesen erklären, aber sie würde das Rätsel der Entstehung dieser Bausteine nur an einen anderen Ort im Weltall verschieben. Doch das ist alles reine Spekulation und noch ein zukünftiges Forschungsfeld.

Daher verlasse ich den Bereich der Vermutungen und gehe weiter zur Urzelle, die aus vielen (Ur-)Molekülen bestand. Nach gängigen Theorien existierte vor etwa 3,5–4 Milliarden Jahren die Urzelle, ein einzelliger Organismus, von dem alles heutige Leben abstammt. Diese Ur-Zelle bezeichnen Wissenschaftler als den „letzten gemeinsamen Vorfahren" oder auch LUCA, vom englischen „Last Universal Common Ancestor". Einzeller leben auch heute noch auf der Erde und stellen die einfachste Lebensform dar und sind wahrscheinlich der Urzelle relativ ähnlich. Die Mikrobe des Jahres 2017, Halobacterium salinarum, dürfte der Urzelle vermutlich relativ nah entsprechen, hat einen Durchmesser von nur 2-5 µm.

Trotz dieser wahnsinnig geringen Größe weist Halobacterium salinarum, das auf nebenstehender Abbildung 7 zu sehen ist, circa 2500 Genbereiche auf. Das heißt, dass es 2500 Proteine, also funktionelle Moleküle, bilden und dadurch ein eigenständiges Leben führen kann. (Zum Vergleich: Den größten Genpool der derzeit auf der Erde vorkommenden Lebewesen besitzt der gemeine Wasserfloh mit rund 30.000 Genen. Der Mensch hat etwa 22.000 Gene.) Das oben genannte Bakterium kann Photosynthese betreiben und überlebt in einer extrem salzhaltigen Umgebung. Es weist ein Protein auf, welches Licht erkennen kann, obwohl es kein Auge hat. Damit manövriert es sich mit einem einfachen Antrieb in einen Bereich mit besserer Lichtversorgung.

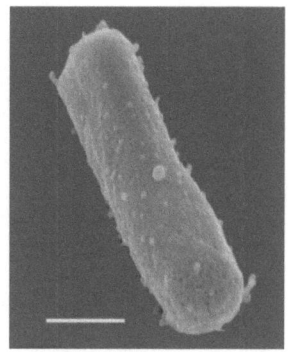

Abb. 7: Halobakterium salinarum (Mikrobe des Jahres 2017) zählt zu den Urformen des Lebens. Sie lebt in gesättigten Salzlösungen unter widrigsten Bedingungen. Diese Mikrobe bildet beispielsweise den Farbstoff, der die Flamingos rot werden lässt.

Die theoretische Urzelle/LUCA ist der allgemein, wissenschaftlich akzeptierte, Beginn des uns heute bekannten Lebens auf unserem Planeten. Ab diesem Stadium kann die Evolution konkreter nachvollzogen werden, da wissenschaftlich nutzbare Überbleibsel, wie Versteinerungen und Fossilien, existieren. Die Evolution auf der Erde beginnt für uns, nach heutigem Stand der Wissenschaft, also erst zu dem Zeitpunkt, als fertige Zellen die Bühne des Lebens betraten. Die Suche nach einer immer noch existenten Form der Urzelle oder Überbleibseln der tatsächlichen ersten Zelle auf der Erde führt am ehesten zu den heutigen Bakterien. Denn die ältesten gefundenen Spuren von Leben auf der Erde stammen von Bakterien und sind etwa 3,3–3,8 Milliarden Jahre alt. Sie sind in Stromatolithen nachweisbar. Dabei handelt es sich um fossile Ablagerungen von aus Bakterien gebildeten Biofilmen (siehe Abbildung 8).

Es soll sogar noch ältere Spuren geben, die vor 4,1 Milliarden Jahren entstanden sein sollen. Bei einem Alter der Erde von 4,5 Milliarden Jahren, wie es nach dem aktuellen Stand der Wissenschaft angenommen wird, müsste sich also innerhalb von nur rund 400 Millionen Jahren die Entwicklung von einem zufällig entstandenen Urmolekül zur Urzelle vollzogen haben, was vielleicht eher auf eine Entstehung außerhalb der Erde hindeuten sollte. Der nächste Schritt in der Evolution war die Entwicklung von den Einzellern – über Zwischenstufen – zu Mehrzellern. Eine solche Zwischenstufe ist in Abbildung 9 zu sehen. Die Kugelalge Volvox ist eine mehrzellige Grünalge, deren einzelne Zellen denen von einzelligen Algen gleichen. Die Alge kann zudem sowohl allein als auch in einer Gemeinschaft (über) leben.

Abb. 8: Strelley Pool Formation Westaustralien. Versteinerung von ca. 3,7 Milliarden Jahre alte Stromatolithen.

Die Komplexität der Mehrzeller nahm immer weiter zu und führte schließlich zur Entstehung der heutigen Pflanzen, Tiere, Pilze und schlussendlich von uns Menschen. Je größer die Anzahl der Zellen eines Mehrzellers ist, desto größer wird dessen Körper und somit der gesamte Organismus. Der Nachteil großer Zellzusammenschlüsse sind allerdings die langen

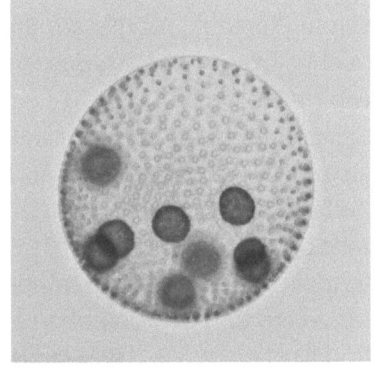

Abb. 9: Volvox - Lebewesen zwischen Ein- und Mehrzelligkeit.

Transportwege. Die Diffusion von Nährstoffen, der Abtransport von Abfallprodukten und viele weitere Vorgänge sind bei größeren Zellverbänden nicht mehr so einfach möglich. Sie brauchen daher eine Infrastruktur aus physikalischen Versorgungsapparaten. Dazu zählen zum Beispiel die Blutgefäße, das Herz als Pumpe und der Verdauungstrakt. Diese Komplexität großer Mehrzeller ist jedoch auf der anderen Seite ihr entscheidender Vorteil. Denn infolge dieser Komplexität haben sich die Mehrzeller spezialisiert und können sich beispielsweise schneller fortbewegen, mehr Nahrung finden, beziehungsweise jagen und aufnehmen oder sich anderweitig besser an ihre Umwelt und Lebensbedingungen anpassen. Und dank all dieser neu entwickelten Fähigkeiten und Eigenschaften konnte sich das Leben überhaupt erst ausbreiten, wodurch sich eine riesige Anzahl von Mehrzellern entwickelte. Die heute komplexesten Mehrzeller, zumindest hinsichtlich der Gehirnleistungen, sind die Säugetiere und an deren Spitze der Mensch.

Die Entwicklung hin zu den Säugetieren konnte jedoch nur vonstattengehen, weil die zuvor herrschenden Saurier durch einen Meteoriteneinschlag (so zumindest die wahrscheinlichste und heute gängigste Theorie) ausgerottet wurden. Ein kleiner, mausgroßer Vorläufer der Säugetiere überlebte hingegen. Und aus diesem entwickelten sich alle weiteren Säugetierarten, die heute bekannt sind. So auch die ersten Affen, unsere direkten Vorfahren. Daraus gingen die ersten menschenartigen Affen hervor, auf die schließlich die ersten Menschenarten, wie der Neandertaler und der Denisova-Mensch, folgten. Und vor etwa 400.000 Jahren betrat schließlich der heutige Mensch, der Homo Sapiens Sapiens, der moderne Mensch, die Bühne des Lebens. Abbildung 9 veranschaulicht die Entwicklung ab der Stufe des Gibbons (Menschartige Hominoidae) und Menschenaffen (Hominidae), vom Säugetier zum Homo Sapiens Sapiens.

Abb. 10: Evolution von den Menschenartigen den Homindea (Gibbons), über die Menschenaffen den Hominiden (Schimpansen) zum Homo Sapiens Sapiens über verschiedene Zwischenstufen.

Die Entstehung des modernen Menschen ist also eher eine zufällige Entwicklung und keineswegs ein Ziel der Evolution gewesen, auf das alles hingesteuert hätte. Alle heutigen Lebewesen sind die mehr oder weniger logische Folge aus den vorhergehenden, mehr oder weniger zufälligen Entwicklungsstufen der gesamten lebendigen Natur bis hin zu den Hominiden. Die herausragende Position des Menschen haben wir letzten Endes einem Meteoriteneinschlag und vielen zufälligen Mutationen zu verdanken. Wissenschaftlich betrachtet sind wir nicht das vorher bestimmte Ergebnis eines Planes, von wem auch immer, sondern das Ergebnis aus einer Folge von zufälligen Ereignissen, wie der besagte Meteoriteneinschlag oder die mehr oder weniger zufälligen Mutationen im Erbgut.

3. Gesetze und Vorgaben des Lebens – die Gebote der Evolution

Um das Verhalten aller Lebewesen, inklusive uns Menschen, verstehen und nachvollziehen zu können, wurde im vorhergehenden Kapitel der Werdegang von der Entstehung des Lebens von der Urzelle bis zum heutigen Menschen betrachtet. Der nächste Schritt ist nun, die Gesetze und Vorgaben der Evolution herauszuarbeiten, die das Leben in seiner heutigen Artenvielfalt bis hin zu uns Menschen entstehen ließen. Welche Rahmenbedingungen hat die Natur für das Leben vorgegeben, um die Evolution von Lebewesen am Laufen zu halten?

In Analogie zur Computertechnik bezeichne ich diese Rahmenbedingungen als Hardware-Gebote und Software-Gebote. Die Hardware-Gebote umfassen grob die Urtriebe und die Software-Gebote die Regeln der sozialen Zusammenarbeit von Lebewesen. Hardware-Gebote nenne ich sie, weil diese Gebote nur schwer umgangen werden können und seit der Herausbildung der ersten Urzelle unsere Entwicklung bestimmen. Sie sind die Grundvoraussetzung für die Entstehung und Erhaltung organischen Lebens und schon seit Beginn der Evolution gültig. Sie sind bis heute der Urantrieb allen Lebens auf unserer Erde. Ich beginne daher mit den Hardware-Gebote und erläutere, wie sie bis heute unseren Alltag prägen. Dabei werde ich aufzeigen in welchen Bereichen ihr Einfluss auf unser tägliches Leben besonders deutlich sichtbar ist.

Die Gebote der Software beschreiben die Regeln für das soziale Miteinander von Lebewesen. Diese Zusammenarbeit hat, wie wir noch sehen werden, auch schon sehr früh in der Evolution begonnen und sich stetig verändert. Insbesondere bei uns Menschen ist das Zusammenleben sehr differenziert und die Basis vieler positiver und negativer Empfindungen.

4. Die Hardware-Gebote – Evolutionäre Vorgaben zur Entstehung von Leben – Ursprung des Egoismus

Der exakte Startpunkt des Lebens ist, wie bereits erläutert, trotz intensiver Forschung bislang nicht genau bekannt. Für meine Betrachtungen zur Entstehung von Leben und zur Erklärung von menschlichem Verhalten starte ich mit dem Zeitpunkt der Entstehung der ersten Urzelle LUCA oder des ersten Lebens, unabhängig davon, ob die Evolution vielleicht mit einem vermeintlichen Vorläufer einem Urmolekül startete.

Hardware-Gebot 1: Der Trieb zur Selbsterhaltung

Die Grundlage allen Lebens ist der Selbsterhaltungstrieb. Ohne diesen Trieb oder Auftrag wäre die Evolution sehr wahrscheinlich gar nicht möglich. Irgendwie muss bereits das erste lebendige Urmolekül/Urzelle diesen Trieb besessen haben. Das Molekül war seit seiner– mutmaßlich zufälligen – Entstehung vermutlich unzähligen chemischen und physikalischen Angriffen ausgesetzt. Es musste aggressivsten Chemikalien, großen Temperatur und Druckunterschieden und weiteren Umwelteinflüssen, auf der gerade erst entstandenen Erde widerstehen. Der Trieb zur Selbsterhaltung ist äußerst stark ausgeprägt, er ist vielleicht der einzige Grundtrieb, der sich in allen Lebewesen bis hin zu uns Menschen wiederfindet. Er existierte vor allem anderen – alle sonstigen Eigenschaften des Lebens sind Ergebnisse oder konsequente Folgen dieses Triebs. Die Klärung der Frage, ob der Selbsterhaltungstrieb bereits in den Naturgesetzen steckt oder auf andere Weise entstanden ist, überlasse ich den Philosophen und Theoretikern. Ich hingegen halte ihn als erstes Hardware-Gebot und somit als absolute Grundvoraussetzung fest, sozusagen als Auftrag von wem auch immer. Der

Selbsterhaltungstrieb steckt in allen Lebewesen – die Angst um ihre pure Existenz prägt das Verhalten sämtlicher Geschöpfe auf unserem Planeten. Wenn unser Leben bedroht wird, versuchen wir alles, wirklich alles, um dem Tod zu entkommen. In Notsituationen essen wir daher zum Beispiel, was immer wir kriegen können, auch Dinge, die normalerweise weit jenseits unserer Vorstellungskraft liegen: Ratten, Abfall und sogar andere Menschen. Haben wir den Tod vor Augen, klammern wir uns an jede noch so kleine Möglichkeit und versuchen alles, um am Leben zu bleiben.

Aus dem Hardware-Gebot 1 lassen sich daher viele Verhaltensweisen von Lebewesen ableiten und begründen. Wie im vorherigen Kapitel bereits erwähnt, ist ein Molekül permanent Strahlung und sonstigen Umwelteinflüssen ausgesetzt. Deshalb und auch aufgrund des Entropiegesetzes würde es irgendwann auseinanderfallen. Grundsätzlich gab es daher für das Urmolekül/Urzelle nur zwei Möglichkeiten, sich selbst zu erhalten und das Hardware-Gebot 1 zu erfüllen: sich ständig zu reparieren oder sich selbst zu kopieren. Für eine Reparatur wäre eine Art Werkstatt und Werkzeuge nötig, zum Beispiel in Form von Reparaturmolekülen. Diese waren jedoch sicherlich bei der Entstehung des Urmoleküls noch nicht vorhanden. Deshalb war es wahrscheinlich einfacher für das Urmolekül, den Prozess seiner Entstehung nachzubilden, um identische Kopien seiner selbst zu erzeugen. Die Herstellung von Kopien ist deutlich einfacher, effektiver und sicherer als eine Reparatur. Eine solche ist je nach Grad der Beschädigung auch gar nicht möglich. Zudem müsste sich der Reparaturmechanismus mit Reparaturmolekülen getrennt vom Urmolekül irgendwo parallel in der Ursuppe entwickelt haben, was ziemlich unwahrscheinlich ist. Nur durch die Herstellung von Kopien seiner selbst, konnte die Urzelle/Urmolekül sich und damit das Leben erhalten. Es ist naheliegend und allgemein bekannt, dass das Leben diesen wahrscheinlich einzig möglichen Weg eingeschlagen hat. Folglich sind Reproduktion und Fortpflanzung die nächste wichtige Grundeigenschaft des Lebens, um den Auftrag der Selbsterhaltung erfüllen zu können, – sie bilden das Hardware-Gebot 2.

Hardware-Gebot 2: Reproduktion und Fortpflanzung

Die Fortpflanzung ist die Lösung oder Vorgabe der Evolution zur Selbsterhaltung jedes Lebenswesens und jeder Art. Lebewesen erzeugen laufend möglichst viele Replikationen von sich selbst. Dadurch erhöhen sich die Chancen immens, dass mehr Replikationen erzeugt, als bei Störungen, Katastrophen oder schlicht durch den natürlichen Zerfall bzw. Alterungsprozess zerstört werden. Jedem Lebewesen wohnt somit der Trieb inne, sich fortzupflanzen. Der Wille zur Selbsterhaltung und die Fortpflanzung sind eng miteinander verknüpft, was eine, wenn nicht die wesentlichste Eigenschaft des Lebens darstellt. Daher ist es nicht verwunderlich, dass dieses Thema auch bei uns Menschen ständig präsent ist und einen entsprechend großen Stellenwert hat, was unser Verhalten wesentlich beeinflusst.

Um Replikationen von sich selbst herstellen zu können, benötigt ein Lebewesen natürlich die entsprechenden Rohstoffe, wie Kohlenstoff, Stickstoff und vieles mehr. Daraus werden dann die funktionellen Moleküle, aus denen alles Leben besteht, hergestellt. Damit dieser Aufbau von Molekülen funktioniert, auch um diese Moleküle zu erhalten, muss dem System aufgrund des zweiten Hauptsatzes der Thermodynamik laufend Energie zugeführt werden. Dies leitet das dritte Hardware-Gebot ein.

Hardware-Gebot 3: Nahrungsbeschaffung, Energieauf-nahme und Stoffwechsel

Um die Atome und Moleküle zusammenzuhalten und den Aufbau größerer Strukturen überhaupt zu ermöglichen, ist außerdem eine Art „Barriere" nötig, die die einzelnen Teilchen zusammen und die Rohstoffe in der Nähe des Reaktionsortes hält. Diese Funktion übernehmen Zellmembranen, Zellwände und bei Mehrzellern die Haut. In den davon begrenzten „Räumen" stehen die Teilchen für die Reproduktionsvorgänge zur Verfügung.

Unabhängig davon wie diese „Räume" beziehungsweise „Barrieren" am Beginn des Lebens ausgesehen haben mögen, sie ist auf jeden Fall durchlässig für Rohstoffe und somit die Aufnahme von Energie gewesen. Der Mensch beispielsweise, nimmt mit der Nahrung Energie in Form von energiereichen Verbindungen, wie Kohlenhydraten oder Fetten, auf. Auch zusätzlich benötigte Rohstoffe für die Reproduktion wie Mineralstoffe, Eisen, Calcium und andere Spurenelemente werden mit der Nahrung verwertet. Der Urzelle standen als Energiequelle nicht nur energiereiche Moleküle für ihre Vermehrung zur Verfügung, sondern auch Wärme, Radioaktivität und Schwefelverbindungen. Das lässt sich daraus schlussfolgern, dass es bis heute Mikroben gibt, die für ihre Energieaufnahme diese Quellen nutzen.

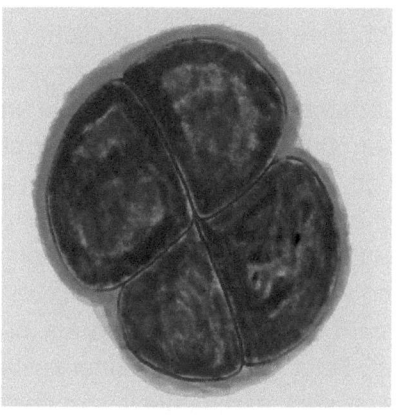

Abb. 11: Deinococcus radiodurans, nutzt radioaktive Strahlung als Energiequelle. Ein weiteres Beispiel für die enorme Widerstandskraft und den riesigen Überlebenswillen selbst kleinster Lebewesen. Es existiert unter widrigsten Bedingungen und hat sich an eine extrem lebensfeindliche Umwelt angepasst. Es ist resistent gegen ionisierende Strahlung, auch in sehr hohen Dosen. Ein weiteres Beispiel, das zeigt, zu welch unvorstellbaren Leistungen selbst kleinste Lebewesen fähig sind, um die Hardware-Gebote zu erfüllen. Wachstum unter widrigsten Bedingungen.

Dementsprechend muss auch bereits die Urzelle entsprechende Eigenschaften besessen haben, die es ihr ermöglichten, unter zunächst lebensfeindlichen Bedingungen nicht nur zu existieren, sondern sich zu vermehren und fortzupflanzen. Ausgehend von der Urzelle hat sich also über Reproduktion die Anzahl der Zellen immer weiter erhöht. Um den Hardware-Geboten gerecht zu werden, hat jede dieser Zellen beständig versucht, möglichst viele Replikationen ihrer selbst herzustellen. Dadurch erhöhte sich auch die Wahrscheinlichkeit, dass Zellen überleben und sich dann wiederum weiter fortpflanzen können. Hier knüpft das nächste Hardware-Gebot 4 an.

Hardware-Gebot 4: Wachstum

Wachstum ist eine wesentliche und bestimmende Eigenschaft des Lebens. Sind die notwendigen Energie und Rohstoffressourcen vorhanden, beginnt eine Zelle und somit ein Lebewesen zu wachsen. Das war schon bei der Urzelle so und hat sich bis in die heutige Zeit nicht geändert. Findet ein Lebewesen also ausreichend Energiequellen, startet es seine stetige Vermehrung. Eine Bakterienzelle kann sich, wenn die Voraussetzungen stimmen, alle zwanzig Minuten teilen. Innerhalb von zwei Tagen könnte sie dadurch mehr Biomasse erzeugen, als momentan auf der Erde vorhanden ist. Setzt man einen Bakterienstamm in eine Nährlösung, wird er sich stark exponentiell vermehren, bis die Ressourcen zur Neige gehen. Ist dieser Punkt erreicht, folgt auf die Phase des Wachstums unweigerlich eine Phase des Absterbens. Spätestens dann setzt ein extremer Wettbewerb ein, bei dem alle Lebewesen – in diesem Falle die einzelnen Bakterien – darum kämpfen, das eigene Überleben zu sichern. Die Waffen, um den Wettbewerber auszustechen, sind vielfältig. Manche Mikroben versuchen beispielsweise, durch Abgabe toxischer Substanzen den Nachbarn umzubringen und dessen energiereiche Moleküle zu verwerten, um sich selbst länger am Leben zu erhalten. Auch die einzelnen Körperzellen von uns Menschen würden sich gerne permanent vermehren. Der menschliche Körper hat jedoch Proteinwerkzeuge entwickelt, um die Zellteilung zu unterdrücken. Durch sogenannte Suppressoren wird die unkontrollierte Vermehrung von Körperzellen verhindert. Falls es dennoch einmal geschieht, kommen spezielle Suppressor-Proteine zum Einsatz, die den Tod einzelner Zellen auslösen. Geraten diese Prozesse aus dem Gleichgewicht, kann es zu einem unkontrollierten Zellwachstum kommen. Unkontrolliertes Wachstum passt in den Bereich der Krebserkrankungen, die, wie wir leider wissen, häufig zum Tod führen. Doch jedes Wachstum stößt an seine Grenzen, wenn keine neuen Ressourcen mehr zur Verfügung stehen. Auch bei uns Menschen ist das Thema Wachstum allgegenwärtig.

Spätestens wenn die Ressourcen knapp werden, intensiviert sich der Wettbewerb mit anderen Lebewesen, der tägliche Kampf um Nahrung wird intensiver. Hieraus folgt Hardware-Gebot 5, um die eigene Existenz zu sichern.

Hardware-Gebot 5: Wettbewerb mit anderen Lebewesen – „trial and error" und „survival of the fittest"

Wenn Ressourcen knapp werden ohne das neue erschlossen werden können, ist derjenige im Vorteil, der energieeffizienter oder besondere molekulare Werkzeuge durch Mutationen entwickelt hat. Damit ergibt sich ein Wettbewerb unter allen Lebewesen, um entsprechend des Hardware-Gebotes 1, sich selbst zu erhalten. Schon die Urzellen kämpften täglich um Nahrung, Mineralien und weiteren Ressourcen, um zu überleben. Jedes Lebewesen ist dabei stets bemüht, seine Chancen gegenüber anderen zu erhöhen. Doch mit welchen Mitteln wird von der Evolution dieser bestimmende Wettbewerb ausgetragen und was bedeutet er für den Menschen?

Um das zu illustrieren, gehe ich noch einmal einen Schritt zurück zur Urzelle LUCA und betrachte deren weitere Entwicklung. Die Urzelle hat es irgendwie geschafft, verschiedenste energetische Ressourcen, wie Strahlung, Sonnenlicht oder chemische Energie, zu nutzen, und sich selbst zu reproduzieren. Doch unter welchen Bedingungen oder Voraussetzungen könnte diese Entwicklung verlaufen sein?

Die Urzelle schwamm demnach vor circa vier Milliarden Jahren irgendwo in einem Bereich mit verschiedenartigen Rohstoffen, beziehungsweise nutzbaren Energiequellen. Sie besaß bereits erstaunlich viele Eigenschaften und Werkzeuge in Form von organischen Molekülen, die den Stoffwechsel und Informationsaustausch durch die Zellwand bewerkstelligten. Denn irgendwie musste die Zelle feststellen oder prüfen, ob es in ihrer Umgebung verwertbare Nahrung gab. Folglich mussten Signale oder Informationen durch die Zellwand hindurch nach draußen und auch wieder zurück übermittelt werden können. Gleichzeitig war eine Art Auswertung erforderlich, um die Eigenschaften der Umgebung einordnen zu können. Die Urzelle brauchte daher Konzepte, um beispielsweise die Signalstärke von Strahlen, die Konzentration von Nahrung oder Stoffwechselprodukten zu erkennen, respektive messen zu können. Das lässt darauf schließen, dass die Urzelle schon so etwas wie einen Geruchsinn mit entsprechender Auswertung hatte. Das heißt, sie konnte über Proteinrezeptoren auf der Zellmembran feststellen, ob um sie herum nützliche oder eher ungünstige Bedingungen herrschten. Sie konnte außerdem zahlreiche Reize verarbeiten – physikalische, wie von Licht oder Wärme, aber auch Moleküle wie beispielsweise Pheromone. Gelangten entsprechende Signale oder Teilchen auf die Zellmembran, wurde ein Signal ins Innere der Urzelle gesendet. Wie genau diese Signale verarbeitet wurden oder ob die Urzelle vielleicht sogar bereits ein Art Gehirn hatte oder ob die Signalverarbeitung – wie von vielen Forschern vermutet – von der DNS bewerkstelligt wurde, ist noch offen und wird untersucht.

Die Urzelle und ihre Reproduktionen konnten also die Konzentration an vorhandener verwertbarer Energie in ihrer Umgebung messen. Die Energie für sich nutzen konnten hingegen nur die Zellen, die am schnellsten bei der Energiequelle waren. Für langsamere Mitbewerberzellen blieb nichts mehr übrig, sie konnten sich folglich nicht reproduzieren und verschwanden infolgedessen vom Bildschirm der Evolution. Schon die ersten Urzellen hatten demnach einen zwingenden Grund, sich ständig zu optimieren. Deshalb entwickelten sie immer neue Werkzeuge, die ihnen nicht nur im Überlebenskampf Vorteile verschafften, sondern ihnen auch ermöglichten, sich zu immer größeren funktionellen Gebilden zusammenzuschließen. Wettbewerb bedeutete daher in diesem Stadium für die Urzellen, ihre Proteinwerkzeuge hinsichtlich der Effektivität im Wettbewerb zu verbessern. Zahlreiche weitere Vorteile, zum Beispiel hinsichtlich der physischen Stärke und eines besseren Geruchssinns, konnten durch Mutationen im Erbgut geschaffen werden. Es wurden wichtige Zellorganellen wie zum Beispiel Geißeln zur Fortbewegung und Augenpunkte zur Verarbeitung von Lichtreizen entwickele. Sie sicherten einer Zelle das Überleben.

Die allererste Urzelle führte, bezüglich des Wettbewerbes, in dieser Hinsicht noch ein recht angenehmes Leben. Doch mit jeder Reproduktion ihrer selbst wurde die Konkurrenz größer. Denn jede Urzelle war potenziell unsterblich, solange sie genug Energie aufnahm, war ihr Überleben gesichert. Und da anfangs wenig Konkurrenz um die Energie herrschte, erfolgte die Energieaufnahme in einem relativ friedlichen Nebeneinander über Radioaktivität, Wärmestrahlen sowie mit dem Abbau vorhandener energiereicher chemischer Verbindungen. Wenn die Energiequelle aufgebraucht war, startete der Wettbewerb ums Überleben. Sinnvolle Mutationen waren in diesem Stadium hilfreich diesen Wettbewerb zu gewinnen. Doch nicht alle Mutationen, die im Zuge der Reproduktion erfolgten, waren erfolgreich. „Fehlversuche" führten folglich zu einer ganzen Reihe nicht funktionsfähiger Zellen. Wenn beispielsweise durch Mutationen erzeugte neue Proteinwerkzeuge schlechter als die bereits vorhandenen funktionierten, hatte eine Zelle im Konkurrenzkampf um die energetischen Ressourcen keine Chance. Zudem waren viele Zellen den äußeren Belastungen durch Hitze, Kälte und Strahlung nicht gewachsen und starben ab. Nach ihrem Tod verblieben sie allerdings als energiereiche organische Verbindungen in der Umgebung. Irgendwann lernten die Urzellen, diese angesammelte Energie der toten Urzellen als Ressource zu nutzen und begannen, sie zu verwerten. Ausgehend von diesem toten Material wurde die Verwertung auf lebendige Systeme ausgedehnt.

Die stärkeren Zellen machten Jagd auf schwächere. Schon die ersten Einzeller hatten also dieselben Strategien, wie sie von heutigen Lebewesen bekannt sind.

Die Jäger und Raubtiere unter den Lebewesen waren geboren. Sie töteten andere lebendige Zellen zu ihrem eigenen Vorteil, um sie als Energiequelle zu nutzen und ihre eigene Selbsterhaltung zu sichern. Damit wurde eine neue Dimension im Wettbewerb der Lebewesen eröffnet. Es werden Waffen wie Gifte oder andere molekulare Werkzeuge über Mutationen entwickelt, um andere Lebewesen zu töten. Die Evolution ist dabei nicht an Gerechtigkeit oder Ethik interessiert. Es geht einzig und allein ums Überleben, egal wie. Im Bereich der Hardware-Gebote zählt einzig nüchterne Effektivität. Der Stärkste und Effektivste kommt durch und kann sich fortpflanzen.

Dieses Grundgesetz des Lebens ist unter dem Begriff Darwinismus bekannt geworden, da Charles Darwin diese Theorie der natürlichen Selektion, auch als „survival of the fittest" bekannt, als Erster beschrieb. Fressen oder gefressen werden, lautet die Devise. Jedes Lebewesen ist deshalb permanent bestrebt, die Hardware-Gebote zu erfüllen, um nicht als Fehlversuch in der Evolutionsgeschichte zu verschwinden. Das Auswahlverfahren der Evolution ist konsequent und zielgerichtet – sofern ein Individuum überhaupt überlebt und sich vermehren kann. Nur die am besten angepassten und am effektivsten vorgehenden Lebewesen setzen sich in diesem Wettbewerb durch. Und nur diese Lebewesen können ihre Gene weitervererben und somit Teil der weiteren Evolution werden.

Die Hardware-Gebote sind permanent spürbar: Der Drang zur Selbsterhaltung und Fortpflanzung ist allgegenwärtig. Diese Gebote galten von Anfang an, seit der Entstehung des Lebens und sind bis heute die zwingend erforderliche Voraussetzung für die Evolution. Jedes einzelne Individuum ist den Hardware-Geboten unterworfen – seit dem allerersten lebenden Organismus. Nahezu alle unserer Verhaltensregeln gehen letzten Endes auf die Hardware-Gebote zurück.

5. Die Software-Gebote – Soziale Zusammenarbeit von Lebewesen gegen den Egoismus

Im vorherigen Kapitel ging es um die Hardware der Evolution, also die grundsätzlichen Voraussetzungen um Leben erzeugen und erhalten zu können. Die Regeln des sozialen Miteinanders sind hingegen wesentlich komplexer. Bei der Suche nach ihren Ursprüngen stellt sich wieder die Frage, wo der Beginn des Lebens eigentlich liegt. Doch egal ob Urmolekül oder LUCA, in jedem Falle ist mit großer Wahrscheinlichkeit davon auszugehen, dass bereits die ersten Teilnehmer der Evolution zusammengearbeitet haben. Denn so war es jedem Individuum möglich, die eigenen Eigenschaften weiterzuentwickeln und gemeinsam effizienter einzusetzen. Soziale Zusammenarbeit ist deshalb bereits in den frühesten Stadien des Lebens eminent gewesen. Sie ist somit die Software des Lebens, die – genau wie bei einem Computer – ebenso wichtig ist wie die Hardware. So wird beispielsweise das Risiko bei der Nahrungsbeschaffung unter zusammenarbeitenden Lebewesen aufgeteilt. Das zieht jedoch nach sich, dass auch die Nahrung geteilt werden muss, was insbesondere in Notzeiten schwierig ist. Geben und Nehmen müssen in einem ausgeglichenen Verhältnis stehen, sodass sich die soziale Zusammenarbeit über die Zeit hinweg für jedes Lebewesen lohnt. Soziales Verhalten, Solidarität und Gerechtigkeit rücken dadurch mehr in den Mittelpunkt. Im Folgenden werde ich deshalb die grundlegenden Verhaltensmuster von Lebewesen im Laufe der Evolution untersuchen und die soziale Zusammenarbeit zwischen Individuen von den Anfängen des Lebens bis hin zum modernen Menschen näher betrachten. Soziales Verhalten und Altruismus gegen den Egoismus der Hardware Gebote.

5.1 Der Beginn und die Evolution der sozialen Zusammenarbeit

Wann genau diese soziale Zusammenarbeit begonnen wurde, ist – ähnlich wie der Startpunkt der Evolution – schwer zu bestimmen. Schon bei den ältesten Fossilien lässt sich allerdings eine soziale Zusammenarbeit erkennen. Die allerersten Spuren von Lebewesen, die bislang auf der Erde nachgewiesen werden konnten, sind die bereits erwähnten Stromatolithen (Abbildung 8). Diese fossilen Ablagerungen von Bakteriengemeinschaften zeigen eine Art Biofilm und somit eine Gruppe von Zellen, die sozial zusammengearbeitet haben. Dabei handelt es sich jedoch schon um „fertige", also vollständige Zellen. Von möglichen Vorstufen dieser Lebewesen und deren sozialer Zusammenarbeit gibt es bislang keine Belege. Allerdings ist zu vermuten, dass es soziale Zusammenarbeit schon viel früher in der Evolution gab, vermutlich sogar von Anfang an, seit der Entstehung der ersten lebenden Urzelle/Urmolekül. Daraus lässt sich die These ableiten, dass die soziale Zusammenarbeit der ersten Moleküle maßgeblich für den Anfang des Lebens war. Erste Bakterien nutzten die Strategien von sozialer Zusammenarbeit und einem damit einhergehenden Informationsaustausch. Da Bakterien aus funktionellen Gruppen und diese wiederum aus Proteinen aufgebaut sind, müssen bereits einfache Proteine in der Lage sein, miteinander ein Netzwerk beziehungsweise eine Art von Zusammenarbeit zu entwickeln. Das Überleben mit sozialer Zusammenarbeit wird dadurch erleichtert und bringt folglich viele Vorteile mit sich. Ziel dieser Strategie ist der Erhalt der (relativ großen) DNA, die sich in der Erbsubstanz jeder Zelle befinden und zusammen die sogenannten Chromosomen (Abb. 6) bilden. Die grundlegenden Strukturen sozialer Zusammenarbeit sind also schon bei den einfachsten lebenden Verbänden, wie Bakterienfilmen nachweisbar. Bereits auf Molekülebene findet vermutlich eine Kommunikation zwischen verschiedenen Molekülen statt. Diese schließen sich zu größeren Einheiten, wie funktionelle Moleküle, oder kleinen Einzellern, wie Bakterien, zusammen. Denn die Proteine in einer Zelle agieren niemals allein, sie brauchen Reaktionspartner. Bei ihrer Kooperation werden durch Mutationen ständig neue Molekülwerkzeuge konstruiert, aber auch wieder demontiert. In jeder einzelnen Zelle sind somit unzählige molekulare Werkzeuge aktiv, deren Herstellung und Einsatz gesteuert werden müssen. Das geschieht vermutlich auf genetischer Ebene, da in den Genen die Baupläne der molekularen Werkzeuge gespeichert sind. Die für das Leben wichtigsten organischen Moleküle sind folglich die Proteine – jede Zelle eines Lebewesens besteht aus vielen verschiedenen Proteinen. Deren Zusammenspiel wird als Proteinnetzwerk bezeichnet. Nur wenn diese Proteine zusammenarbeiten, sind lebensnotwendige Reaktionen, wie die Umwandlung von Wärme, Licht und chemischer Energie in Zucker und damit Nahrung, überhaupt möglich. Eine Vielzahl von menschlichen Krankheiten ist deshalb auf Störungen im Proteinnetzwerk zurückzuführen. Um dieses Zusammenspiel vor äußeren Einflüssen zu schützen, ist jede Zelle von einer Hülle, der Zellmembran, umgeben. Sie verleiht ihr Form und Stabilität und schützt sie, hat aber überdies eigene spezifische chemische Eigenschaften. Das ist wichtig für die Kommunikation der Zelle nach außen, um Signale und Informationen aus der Umgebung zu erhalten oder externe chemische Stoffe einzuschleusen, durch die soziale Zusammenarbeit überhaupt erst möglich wird. Jedes Protein beziehungsweise jede Proteingruppe übernimmt in diesem komplexen Netzwerk bestimmte Aufgaben. So sind einige von ihnen Rezeptoren für chemische Signale, andere sind für die Lichtmessung zuständig und wieder andere für weitere überlebenswichtige Prozesse. Das Ziel dieser molekularen Zusammenarbeit sind einzelne, autarke Zellen, die allein schon über unglaubliche Eigenschaften verfügen. Bereits die Urzelle besaß zahlreiche solcher fundamentalen Proteinwerkzeuge, von denen viele sich bis heute erhalten haben und in etlichen Lebewesen noch zur Anwendung kommen. Die Annahme der Zusammenarbeit von Proteinen in Proteinnetzwerken ist Stand und Ausgangsbasis der gegenwärtigen Forschung. Die Betrachtungen zur potenziellen

Zusammenarbeit großer organischer Proteine sind daher zwar hypothetisch, passen aber in das Schema der sozialen Zusammenarbeit von Individuen. Voraussetzung dafür wäre, große Moleküle, wie z.B. RNA und DNA, als mögliche Individuen zu betrachten.

Aus dem ersten Zusammenschluss und der ersten erfolgreichen Zusammenarbeit von Proteinen in der Urzelle entwickelten sich die ersten Einzeller (Bakterien). Sie übernahmen das Erfolgskonzept der sozialen Zusammenarbeit und fanden sich zu größeren Organismen bestehend aus den Einzelzellen zusammen. Der Übergang von den Einzellern zu den Mehrzellern war somit fließend und zudem geprägt von zahlreichen Zwischenformen, die zwischen dem Einzeller und Mehrzellerstadium wechseln konnten. Je nach Anforderung schlossen sie sich zu einem größeren Verband zusammen. Ein bis heute existentes, gutes Beispiel einer solchen Zwischenform, ist die in Abbildung 8 zu sehende Volvox. Bei dieser Kugelalge ähneln die einzelnen Zellen einzelligen Grünalgen. Sie sind von einer gemeinsamen Schutzhülle umgeben und kennzeichnen daher den Übergang von der Einzur Mehrzelligkeit.

Die frühesten Formen sozialer Zusammenarbeit einzelner Zellen existieren bis heute – als Bakteriengesellschaften – Sie beweisen somit den Erfolg dieses Modells, da solche Gesellschaften die frühesten nachgewiesenen Lebensformen auf der Erde sind. So sind zum Beispiel in Krankenhäusern Bakterienfilme, bestehend aus unzähligen Einzellern, die sich zusammengefunden haben, ein großes Problem. Jedes Jahr sterben viele tausende Menschen an Infektionen mit diesen Keimen. Der Bakterienfilm/Biofilm schützt die darin eingebetteten Bakterien vor dem Immunsystem und macht sie unempfindlicher gegen Antibiotika. Diese Widerstandsfähigkeit entsteht durch Arbeitsteilung, Zusammenarbeit und Spezialisierung der verschiedenen Zellen und trotzt bislang jeglichem Medikament. Doch in der Forschung wurde diesen Biofilmen (antibiotika-resistente Keime) lange Zeit keinerlei Beachtung geschenkt – mit fatalen Folgen. Immer wieder standen Ärzte vor dem Rätsel, warum insbesondere Krankenhauspatienten nach

Implantationsoperationen an bakteriellen Infektionen litten, die resistent gegen Antibiotika waren. Inzwischen ist bekannt, dass etwa sechzig Prozent aller bakteriellen Infekte an Implantaten im menschlichen Körper durch Biofilme verursacht werden. Und sobald Bakterien einen solchen Film gebildet haben, sind sie kaum mehr zu bekämpfen, weswegen die Wunderwaffen der modernen Medizin, die Antibiotika, in solchen Fällen an ihre Grenzen stoßen.

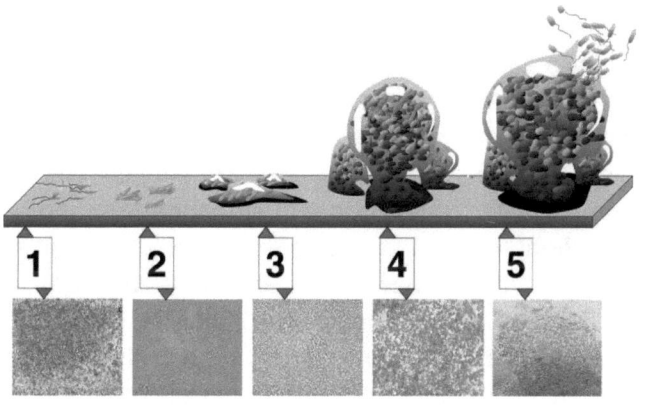

Abbildung 12 zeigt den Zusammenschluss einzelner Bakterien zu einem Biofilm und den entsprechenden Lebenszyklus. Einzelzellen organisierten sich zu Biofilmen. Deshalb stammen auch die ältesten gefundenen Fossilien, wie

Abb. 12: Bildung eines Biofilms durch Zusammenarbeit von Bakterien. Durch die Zusammenarbeit entsteht eine äußerst widerstandsfähige Gemeinschaft. Diese widersteht vielen Medikamenten.

schon beschrieben, von Mikroorganismen in Biofilmen. Forscher schätzen Ihr Alter auf 3,5 bis 4,4 Milliarden Jahre. Diese wichtige, bakterielle Lebensform findet sich auch an unerwarteten Stellen, wie zum Beispiel in den glitschigen Schichten auf Flusssteinen, als Zahnbelag oder als Ablagerungen in Wasserleitungen. Forscher gehen heute davon aus, dass rund neunzig Prozent aller Bakterienarten Biofilme bilden. Diese Form des Zusammenlebens zählt somit zu den urtümlichsten und erfolgreichsten Kooperationsarten.

Das Leben im Biofilm funktioniert nur durch Teamwork, zum Beispiel bei der gemeinsamen Beutejagd oder bei der Spezialisierung einzelner Zellen zu reinen Nahrungsproduzenten. So verändern bei Wurzelknöllchen und Cyanobakterien – auch als Blaualgen bekannt – einige Zellen ihr Aussehen und ihren Stoffwechsel dahingehend, dass sie die Nahrungsversorgung für die gesamte Gemeinschaft übernehmen können. Durch diese Spezialisierung sind die Zellen selbst nicht mehr in der Lage, sich fortzupflanzen, weswegen diese Aufgabe andere Mitglieder des Biofilms übernehmen.

Die soziale Zusammenarbeit von Einzellebewesen erhöht folglich deren Optionen zur Selbsterhaltung. Denn natürlich sind Bakterienfilme wehr und widerstandsfähiger als die Einzelzellen und können somit die Hardware-Gebote besser erfüllen. Wer sich besser gegen Angreifer verteidigen und effizienter Nahrung beschaffen kann, erhöht seine Fortpflanzungschancen und somit seine Erfolgsaussichten im Wettbewerb mit anderen Lebewesen. Soziale Zusammenarbeit erhöht demnach die Effektivität in der Nahrungsbeschaffung und die Resistenz gegenüber Angriffen und ist nahezu die Grundvoraussetzung, die Hardware-Gebote zu erfüllen.

Damit ist diese Form der Kooperation selbstverständlich nicht nur für Bakterienfilme von Vorteil, sondern auch für alle anderen Zellen und Zellverbände, bis zu den sogenannten Mehrzellern. Diese Gruppe umfasst alle größeren Lebewesen wie Tiere, Pflanzen, Pilze und auch uns Menschen. Sie alle sind Zusammenschlüsse unzähliger einzelner Zellen. Durch diesen Zusammenschluss und die damit verbundene Zusammenarbeit können in einem mehrzelligen Lebewesen deutlich mehr und vor allem effizientere Eigenschaften herausgebildet werden als in jedem Einzeller. Mit dem Zusammenschluss von Einzelzellen zu einem größeren Organismus, -Körper-, erfolgte zudem, eine weitere entscheidende Entwicklung in der Evolution – die Spezialisierung von Zellen. Erst dadurch wurden wesentlich größere und spezifischere Zellverbände möglich. Dies wiederum gestattete die Ausbildung hochspezialisierter Körperteile und Organe, wie Fortbewegungsapparate, Fangmechanismen und Sinnesorgane. Dadurch schafften es Mehrzeller, komplexe Fähigkeiten, wie Fliegen und Tauchen, sowie spezifische Körpermerkmale, wie Krallen und Zähne, zu entwickeln, die im Wettbewerb mit anderen Lebewesen Vorteile im Überlebenskampf bringen. Ein Beispiel für die hochgradige Spezialisierung eines Mehrzellers ist der in Abbildung 13 gezeigte Wanderfalke, dessen Organismus sich ganz aufs Fliegen ausgerichtet hat. Dadurch erreicht der Raubvogel in der Luft Geschwindigkeiten von über 300 km/h, im Sturzflug sogar fast 400 km/h.

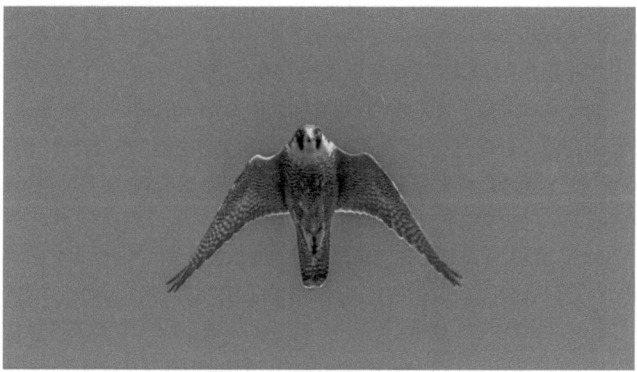

Das ermöglicht dem Falken die Jagd im freien Luftraum, was ein großer Vorteil gegenüber Futterkontrahenten ist.

Abb. 13: Der Wanderfalke – ein Wunderwerk der Zusammenarbeit vieler spezialisierter Zellen.

Als Grenze zur Außenwelt haben Mehrzeller in den meisten Fällen eine besondere Schicht aus verhornten Zellen – die Haut. Damit wird der Reaktionsraum des Körpers von der Außenwelt abgegrenzt. Die Haut als größtes Organ hat sich bei den einzelnen Mehrzellern deren spezifischen Anforderungen angepasst. So haben einige Mehrzeller eine behaarte Haut beziehungsweise ein Fell, andere Schuppen und wieder andere eine ganz glatte Außenschicht. Auch Farbpigmente und weitere Spezialisierungen helfen den einzelnen Mehrzellerarten dabei, im Wettbewerb des (Über) Lebens erfolgreich zu sein. Die Haut hat bei einem Zellverband folglich eine ähnliche Funktion wie die Zellmembran bei einer einzelnen Zelle. Spezialisierung kann jedoch nur über einen gut funktionierenden Informationsaustausch zwischen den Zellen und – wie schon bei den Bakterienfilmen – mit einem sozialen Miteinander gelingen. Mit der Spezialisierung erfolgte überdies eine Arbeitsteilung unter den Zellen. Denn jede Zelle ist optimiert für eine ganz bestimmte Aufgabe. Selbst für die Fortpflanzung eines Lebewesens existieren spezialisierte Zellen, die Keimzellen. Diese Spezialisierung folgt festen, immer gleichen Regeln, mit immer gleichen Konsequenzen. Bis auf die Keimzellen können spezialisierte Zellen sich nicht mehr beliebig fortpflanzen und wachsen. Sie können sich zwar teilen und erneuern, um beispielsweise defekte Zellen zu ersetzen, aber sie können nicht allein überleben oder ein neues Lebewesen erschaffen. Sie sind sogar einem gewissen Alterseffekt unterworfen – je älter ein Lebewesen wird, desto schlechter funktionieren die Erneuerungsprozesse.

Die Zusammenarbeit einer solch großen Anzahl an Zellen bedarf einer ausgezeichneten Spezialisierung von Steuerung und Koordination. Zu diesem Zwecke entwickelte sich das Gehirn als Steuerungszentrum. Das Gehirn sorgt unter anderem auch dafür, dass Mehrzeller eine sehr effektive Signalverarbeitung besitzen. Außerdem ermöglicht es die Koordination verschiedenster Fähigkeiten und speichert überdies Sinneseindrücke und Erfahrungen. Damit ist das Gehirn von allen Spezialisierungen die entscheidendste, weil es die Möglichkeiten von Mehrzellern im Kampf ums Überleben enorm vergrößert. Beim Menschen tritt im Zusammenhang mit der Herausbildung des Gehirns eine weitere Besonderheit auf: das Bewusstsein für die eigene Existenz, oft auch als Seele bezeichnet. Wir werden uns als handelndes Individuum bewusst und bis heute gibt es hier Diskussionen, wo und wann die Abgrenzung zum Tierreich stattfindet. Nach aktuellem Stand der Forschung wird davon ausgegangen, dass der Mensch als einziges Lebewesen über sich selbst, beispielsweise über den Sinn des Lebens, bewusst nachdenken kann. Das führte zu unzähligen

Überlegungen über den Sinn des Lebens. Die Einzelzelle und der Mehrzeller kämpfen gemäß den Hardware Geboten lediglich um das Überleben, nur der Mensch kann mit seinem Gehirn über die Endlichkeit des Lebens bewusst nachdenken und sich damit auseinandersetzen. Denn mit der Spezialisierung von Zellen bekommt ein neuer Aspekt Gewicht in der Evolution – der vorprogrammierte Tod des Mehrzellers. Nach Verstreichen der Lebenszeit eines Organismus setzt der Prozess des Sterbens ein. An dessen Ende bleibt von allem, was einmal lebendig war, nur eine Leiche. Die spezialisierten Zellen sind danach, wie alle organischen Verbindungen der Verwesung unterworfen – all die Apparate, Fangmechanismen und hochspezifischen Organe sind dazu bestimmt zu sterben, um als Nahrungsquelle für andere Lebewesen zu dienen und dadurch das weitere Leben auf unserem Planeten zu sichern. Das ist der Kreislauf des Lebens und Sterbens, der sich aus der Spezialisierung ergibt, da keine Zelle ewig lebt. Einzeller verjüngen sich über die Zellteilung, mit der sie sich gleichzeitig fortpflanzen. Bei Mehrzellern jedoch ist fast die gesamte Zellmasse sterblich. So bestehen wir Menschen zum Beispiel je nach Schätz beziehungsweise Berechnungsmodell aus insgesamt rund 30 bis 100 Billionen Zellen, von denen nur die Keimzellen, die bei der Fortpflanzung zu neuem Leben werden, überleben. Die Anzahl der überlebenden Keimzellen entspricht dabei der Anzahl der Nachfahren eines Individuums. Beim Menschen liegt diese im weltweiten Durchschnitt bei gerade einmal etwas mehr als zwei. Folglich bleibt nicht nur der Großteil der Keimzellen ungenutzt, sondern auch alle sonstigen Körperzellen gehen zwangsweise zugrunde. Dies dürfte der Grund dafür sein, dass während des Übergangs vom Menschenaffen ohne Spiritualität, zum heutigen Menschen mit Spiritualität, sich letzten Endes auch die verschiedensten Glaubensrichtungen entwickelten. Denn der vorprogrammierte Tod beschäftigt uns Menschen permanent, insbesondere da wir im Gegensatz zu allen anderen Lebewesen die geistigen Fähigkeiten besitzen, darüber nachzudenken. Wir alle empfinden uns als individuell einzigartig und können nicht verstehen, dass unser Dasein plötzlich zu Ende sein soll und das Leben auf der Erde ohne uns weitergeht. Mit diesem Bewusstsein hat sich die Sichtweise auf den Tod mit den verbundenen Begleitumständen zu einer Art Mysterium entwickelt.

Abb. 14: Der Tod als Folge der Entwicklung zum Mehrzeller. Fast alle Zellen des Menschen opfern sich für die Keimzellen und sterben. Wir vererben eine Keimzelle pro Kind, der Rest stirbt. Soziale Zusammenarbeit der Körperzellen ohne Eigennutz.

Das Leben nach dem Tod ist beispielsweise ein zentrales Thema aller Glaubensrichtungen. Alle Religionen, wenn auch in unterschiedlichen Formen, bieten eine Erklärung wie es nach dem Tod weitergeht. Meistens wechselt das Individuum nach dem Tod in einen anderen Seinszustand. Die wissenschaftliche Annahme, dass der Tod ein endgültiger Zustand ist und das Individuum nur noch in der Erinnerung der Mitmenschen existiert, ist keine bevorzugte Vorstellung der Menschen. Uns Menschen würde es halt besser passen, wenn nicht nur die Keimzelle, sondern auch das individuelle Bewusstsein sich selbst erhalten könnte.

Der Glaube an ein ewiges Leben nach dem Tod, insbesondere wenn die Glaubensrichtung ein Paradies verspricht, hilft vielen Menschen, besser mit dem Tod umgehen zu können. Dieses Thema haben alle Religionen besetzt. Religionen sind daher bis heute ein fester Bestandteil unseres sozialen Zusammenlebens. In diesem Buch werde ich an anderer Stelle nochmals über den großen Einfluss der Religionen, auf unser soziales Zusammenleben, eingehen.

5.2 Soziale Zusammenarbeit von Mehrzellern – Wettbewerb und Vorteile der Zweigeschlechtigkeit

Um die Hardware-Gebote zu erfüllen und das eigene Überleben sowie die Weitergabe der eigenen Gene in den Keimzellen zu sichern, ist es entscheidend, sich gegenüber konkurrierenden Lebewesen – sowohl Artgenossen als auch anderen mehrzelligen Lebewesen – durchzusetzen. Auf Zellbasis ist dafür ausschlaggebend, bessere Proteinwerkzeuge als eine andere Zelle beziehungsweise ein anderer Einzeller zur Verfügung zu haben. Diese werden in der Regel durch Mutationen an den ererbten Chromosomen erlangt und anschließend im Wettbewerb mit anderen getestet. Die Mutationen, das heißt Veränderung der Chromosomen durch Fehler und Umwelteinflüsse, die sich dabei als vorteilhaft herausstellen, sichern dem jeweiligen Individuum das Überleben und werden somit weitervererbt. Ungünstige Veränderungen führen hingegen zu Krankheit und Tod. Insbesondere bei den Mehrzellern hat es anscheinend zahlreiche Vorteile, wenn sich die Chromosomen zweier Individuen mischen, da dies die mögliche Anzahl von Mutationen erhöht und damit die Entwicklung und Weitergabe neuer nützlicher Proteinwerkzeuge offensichtlich beschleunigt. Generell werden drei Arten der Fortpflanzung unterschieden: die asexuelle ein und desselben Individuums, die zwittrige und die partnerschaftliche beziehungsweise gemeinsame sexuelle Fortpflanzung zweier Individuen. Insbesondere bei den Mehrzellern hat es anscheinend zahlreiche Vorteile, wenn sich die Chromosomen zweier Individuen mischen, da dies die mögliche Anzahl von Mutationen erhöht und damit die Entwicklung und Weitergabe neuer nützlicher Proteinwerkzeuge offensichtlich beschleunigt. Bei den Keimzellen mehrzelliger Lebewesen gibt es dabei die Besonderheit, dass durch den Prozess der Meiose der Chromosomensatz, der in allen anderen Zelltypen aus Sicherheitsgründen zweimal enthalten ist, halbiert wird. Sie besitzen somit nur einen einfachen Chromosomensatz. In diesem ist allerdings trotzdem der Bauplan für sämtliche Proteinwerkzeuge gespeichert.

Der Austausch der Chromosomen war der wahrscheinliche Start der geschlechtlichen Fortpflanzung und der Entwicklung von Männern und Frauen bei uns heutigen Menschen. Forscher gehen davon aus, dass schon erste Einzeller Baupläne für bessere Molekülwerkzeuge ausgetauscht haben und damit die Entwicklung der Geschlechter begann.

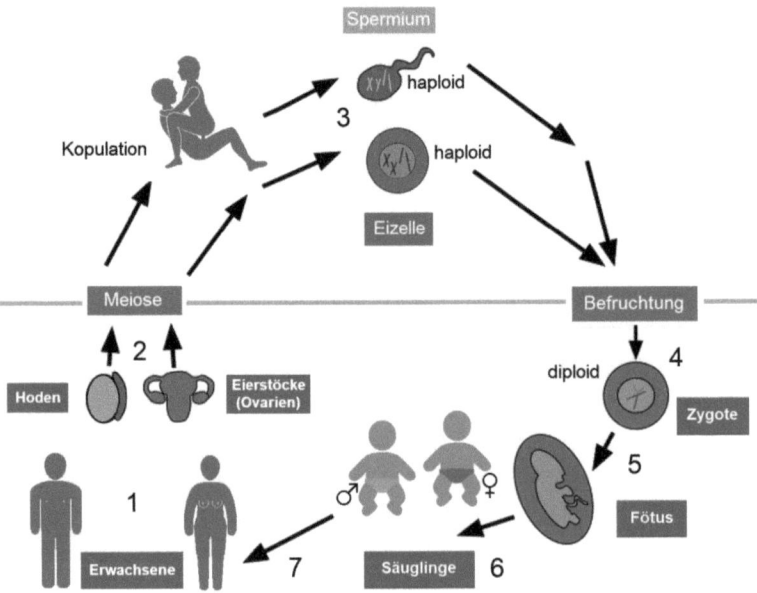

Abb. 15: Der Zyklus der geschlechtlichen Fortpflanzung. Durch den Austausch der Gene erhöht sich die Möglichkeit von positiven Mutationen. Während der Meiose wird der doppelte Chromosomensatz halbiert und durch die Befruchtung wieder vervollständigt. Der Austausch von Chromosomen trägt offensichtlich zur Beschleunigung von nützlichen Fähigkeiten bei.

Wie ich noch darlegen werde, hat diese geschlechtsspezifische Entwicklung einen wichtigen Einfluss auf das soziale Miteinander von uns Menschen. Doch wie lässt sich der Unterschied im Verhalten von Männern und Frauen erklären?

Kennzeichnend für die Einordung oder Definition von männlich und weiblich ist der Größenunterschied der Keimzellen – weibliche Keimzellen sind um ein Vielfaches größer als männliche. Das rührt vermutlich daher, dass es in der Evolution völlig ausreichend und somit effektiver ist, wenn nur eine der beiden Keimzellen die zum Weiterleben benötigten Zellorganellen, das heißt die überlebenswichtigen organischen Proteinwerkzeuge, zur Verfügung stellt. Folglich ist die weibliche Keimzelle so groß, weil sie eine erheblich größere Anzahl an Zellorganellen aufweist als ihr männliches Pendant. Zellorganellen wie die Mitochondrien werden daher aber auch nur über die weibliche Keimzelle vererbt. Doch es bleibt die Tatsache, dass zur Fortpflanzung der doppelte Chromosomensatz benötigt wird, weswegen sich zwei Keimzellen vereinigen müssen. Für die Fortpflanzung wird folglich immer ein Partner beziehungsweise eine Partnerin des jeweils anderen Geschlechts benötigt. Um Nachkommen zu zeugen, verschmilzt eine große weibliche Keimzelle mit einer sehr viel kleineren männlichen Keimzelle. Diese Ungleichheit hat sich offenbar im Verlauf der Evolution, als die für viele Mehrzeller vorteilhafte Reproduktionsmethode erwiesen. Die männlichen Keimzellen haben sich deshalb im Laufe der Zeit auf die notwendigsten Komponenten reduziert. Sie bestehen nunmehr zum größten Teil aus dem halben Chromosomensatz, den sie in die Fortpflanzung einbringen.

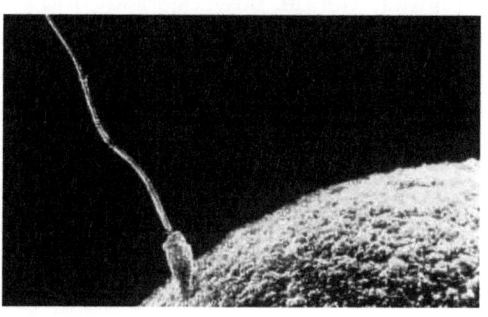

Abb. 16: Moment des Eindringens der viel kleineren, männlichen Spermie in die wesentlich größere, weibliche Keimzelle.

gen. Daneben haben sie lediglich noch eine Geisel zur Fortbewegung, damit sie überhaupt zur Eizelle gelangen können, und eine Art Such-Kopf mit Sensoren, um diese zu orten. Sind die beiden

Keimzellen einmal miteinander verschmolzen, kann aus dieser befruchteten Eizelle jede noch so spezialisierte Zelle, die für die Entstehung eines neues Mehrzellers nötig ist, gebildet werden. Befruchtete Eizellen sind folglich universell.

Evolutionär hat sich diese Strategie als erfolgreich erwiesen und somit durchgesetzt, aber auch einen extremen, männlich orientierten Wettbewerb der Spermien gefördert. Kleinere Spermien benötigen weniger Platz und weniger „Molekül-Bauteile". Der Organismus kann somit eine höhere Anzahl an Spermien produzieren. Deshalb waren Männchen deren Spermien kleiner als diejenigen der anderen Konkurrenten waren, evolutionär im Vorteil. Sie konnten ihr eigenes Erbgut auf mehr Keimzellen verteilen und sie wesentlich mehr streuen. Dank dieses Vorteils breiteten sie sich stärker aus, weswegen sich die kleineren männlichen Keimzellen evolutionär durchgesetzt haben. Der Erfolg hinsichtlich Reproduktionschancen erzeugte einen extremen Wettbewerb der Männchen untereinander. Menge, Beweglichkeit und Geschwindigkeit unter den Spermien, waren wichtig im Wettlauf um die Befruchtung einer weiblichen Keimzelle. Aufgrund dieser Faktoren kristallisierte sich über viele Generationen hinweg die heutige Fortpflanzungsordnung heraus, bei der viele kleine männliche Spermien im Wettbewerb sind, um eine große weibliche Keimzelle zu befruchten. Aufgabe der Weibchen war, durch diese Entwicklung bedingt, nicht nur ihre Erbanlagen an die Nachkommen weiterzugeben, sondern auch alle Baustoffe für das Wachstum der befruchteten Keimzelle zu liefern. Die Männchen profitieren dabei enorm vom zusätzlich erforderlichen Aufwand der Weibchen und erhöhen durch die Anzahl der Spermien ihre Chancen ihr Erbgut möglichst breit zu streuen. Die Weibchen hingegen investieren nicht nur sehr viel mehr Aufwand in die Produktion ihrer großen Keimzellen, sondern sind nach der Paarung bei den meisten Mehrzellern auch viel stärker für die Hege der Nachkommen zuständig. All diese Faktoren sind dafür verantwortlich, dass Weibchen prinzipiell nicht so viele

Nachkommen zeugen können wie Männchen. Folglich suchen sie sich ihre(n) Fortpflanzungspartner sehr viel gründlicher aus als die Männchen, die mehr auf die Masse setzen.

Bei Säugetieren – und somit auch bei uns Menschen – produzieren die Männchen sehr häufig riesige Mengen an Keimzellen, denen allerdings nur wenige weibliche Keimzellen, die Eizellen, gegenüberstehen. Bei einem Befruchtungsvorgang werden Millionen von Spermien freigesetzt, aber nur wenige – beim Menschen sogar in der Regel nur eine – Eizelle/n. Nicht nur unter den Männchen als Individuen, sondern auch unter den Spermien eines Männchens herrscht somit eine riesige, interne Konkurrenz um die Befruchtung einer Eizelle. Das führte zu einem ausgeprägten, intensiven Wettbewerb unter den Männchen. Insbesondere bei den Säugetieren mündet dieser Wettbewerb oft in Kampf und Gewalt und erklärt die teilweise hohe Aggressivität unter den Männchen. Das Geschlechtshormon Testosteron, dass bei Männchen in sehr viel größerer Menge vorhanden ist als bei Weibchen, sorgt zudem für einen stärkeren Muskelaufbau, welcher die Kampffähigkeit zusätzlich erhöht. Der Kampf geht aber darüber hinaus und setzt sich fort bis zur Ebene der männlichen Keimzellen. In diesem Wettbewerb entscheiden Schnelligkeit und Orientierung der Spermien über den Erfolg. Dabei wenden die Spermien teils perfide und aggressive Tricks an, um ihre Siegchancen zu erhöhen. So konnte nachgewiesen werden, dass die Spermien einiger Arten Giftstoffe freisetzen, um die Orientierung anderer Spermien zu behindern. Auch wenn es kaum möglich erscheint, kämpfen sogar Spermien verschiedener Männchen gegeneinander. Bei Ratten wurde beispielsweise beobachtet, dass abgestorbene Spermien eines Männchens in der Gebärmutter einen Pfropfen bildeten, um den Spermien anderer Männchen den Weg zu versperren. Die männlichen und weiblichen Keimzellen unterscheiden sich jedoch nicht nur durch ihre Größe und Anzahl. Ein weiterer wesentlicher Unterschied ist der Umstand, dass Männchen ab Erreichen der Geschlechtsreife ihr gesamtes Leben lang Spermien produzieren, was nochmals die

Anzahl aller Spermien erhöht. Zwar nimmt die Qualität der Spermien mit zunehmendem Alter des Männchens ab, aber die Fruchtbarkeit bleibt dennoch erhalten. Die Eizellen der Weibchen hingegen sind bereits von Geburt an im Körper vorhanden, ihre Anzahl ist somit determiniert. In regelmäßigen Abständen – bei menschlichen Frauen etwa einmal pro Monat – reift eine Eizelle heran und kann befruchtet werden. Wie die Auswahl dieser zur Reifung und Befruchtung bestimmten Eizelle vonstattengeht, darüber rätselt die Forschung noch. Das Überangebot hinsichtlich Anzahl der Keimzellen förderte den Wettbewerb unter den männlichen Teilnehmern. Es geht nicht primär um das individuelle Überleben, sondern um den Zugang zu der begrenzten Menge an Eizellen. Diese Entwicklung ist also durch einen mörderischen Wettbewerb gekennzeichnet. Muskelkraft, Aggressivität und Größe sind Faktoren, die diesen Wettbewerb günstig beeinflussen und haben sich evolutionär durchgesetzt.

Diese evolutionäre Aggression unter den männlichen Artgenossen, ist vielleicht der Grund, warum auch bei uns Menschen, die Männer prinzipiell eine größere Affinität für Kampf und Wettbewerb aufweisen als die Frauen.

5.3 Soziale Zusammenarbeit von Mehrzellern – Herden, Rudel und Schwärme

Die Evolution folgt anscheinend immer dem gleichen Schema. Moleküle arbeiten zusammen, um eine Zelle zu bilden, Zellen schließen sich zusammen, um einen Mehrzeller zu bilden, Mehrzeller arbeiten zusammen und bilden Herden, Schwärme und Gruppen. So begannen die Mehrzeller, irgendwann in der Vergangenheit, sich in Herden oder zu Rudeln zusammenzufinden. Das Ergebnis und Ziel dieser Zusammenarbeit war, wie schon bei den Molekülen und Zellen, dass sie im Wettbewerb mit anderen Lebewesen, in der Gemeinschaft bessere Überlebenschancen haben. Die soziale Zusammenarbeit dient folglich der Erfüllung der Hardware-Gebote – sie schafft bessere Voraussetzungen beim „survival of the fittest". Die Gruppenbildung half den Mehrzellern dabei, sich selbst zu erhalten und sich im Wettbewerb um lebenswichtige Ressourcen gegen andere Arten durchzusetzen. Egal, ob Nahrungsbeschaffung, Schutz vor Fressfeinden oder Widerstandsfähigkeit gegen Umwelteinflüsse – die Kapazitäten einer Gruppe bieten stets einen Überlebensvorteil gegenüber denen einzelner Lebewesen. Doch welche Vorteile genau haben Mehrzeller, die sich zu Gruppen zusammenschließen? Es ist naheliegend, dass die Evolution ihrem Weg treu bleibt und dass die Gründe denen von Einzellern, die zusammenarbeiten, gleichen. Denn auch die komplexeren Lebewesen streben schlussendlich nach Erfüllung der Hardware-Gebote. Im Folgenden betrachte ich stellvertretend für die Mehrzeller, die Gruppe der Säugetiere detaillierter, da dies die Gruppe ist, zu der auch wir Menschen gehören. Viele Erkenntnisse zu sozialen Aspekten aus der Evolution der Säugetiere sind daher leicht auf uns Menschen übertragbar. Und genau darauf liegt der Fokus – die Handlungsmotivation der Menschen verstehen zu lernen.

Für Säugetiere hat das Leben in Gruppen, also Schwärmen, Rudeln und dergleichen direkte Vorteile im täglichen Kampf ums Überleben:

- In der Gruppe ist ein Individuum besser vor sämtlichen Einflüssen von außen geschützt und kann sich gegen überlegene Feinde oder stärkere Tiere zur Wehr setzen.

- In einer Gemeinschaft kommt es zum sogenannten Konfusionseffekt – die einzelnen Mitglieder verschwinden in der Masse, was für Feinde bei der Jagd hinderlich ist, weil sie sich durch die Vielzahl von sich bewegenden Tieren nur schwer auf ein Beutetier konzentrieren können.

- Die einzelnen Tiere helfen sich gegenseitig bei der Aufzucht der Jungen und arbeiten für die Gemeinschaft. Dadurch erhöht sich die Leistungsfähigkeit der gesamten Gruppe, da die Mitglieder die gewonnene Zeit zur Nahrungssuche oder zur Erholung einsetzen können.

- Durch die Vielzahl der Tiere ist eine effektivere Suche nach Nahrungsquellen möglich.

- Das Zusammenleben erleichtert die Suche nach einem Fortpflanzungspartner und vergrößert die Auswahl der Kandidaten.

- Neu erworbene Fähigkeiten und erlangtes Wissen werden in der Gruppe weitergegeben, wovon alle profitieren.

Doch natürlich gibt es auch einige Nachteile der Gruppenbildung:

- Krankheiten können sich durch die soziale Nähe der Tiere schneller ausbreiten.

- Größere Gruppen können von Konkurrenten und Feinden leichter lokalisiert werden, da sie einfacher zu sehen sind.

- Um das Überleben aller Mitglieder zu sichern, müssen stets größere Nahrungsressourcen vorhanden sein.

- Stress innerhalb der Gruppe hinsichtlich möglicher Rangordnung.

Nicht nur in der Anzahl, sondern auch qualitativ, überwiegen die Vorteile gegenüber den Nachteilen der Gruppenbildung jedoch bei Weitem. Soziales Miteinander lohnt sich, oder ist sogar die Basis jeglicher Weiterentwicklung allen Lebens. Vor allem bei den Säugetieren hat sich die Zusammenarbeit deshalb im Laufe der Evolution immer weiter intensiviert. Durch die Gruppenbildung und die damit verbundene Arbeitsteilung werden an die einzelnen Individuen unterschiedlichste Anforderungen gestellt. Es gilt, auch altruistische, also selbstlose, gemeinnützige Tätigkeiten zu verrichten, bei denen Aufwand und persönlicher Nutzen für die Gruppenmitglieder nicht unbedingt in einem ausgewogenen Verhältnis stehen. So müssen beispielsweise einige Tiere ihr Leben riskieren, um die ganze Gemeinschaft bei Angriffen vor Fressfeinden zu schützen oder zum Beispiel den besten Weg durch einen gefährlichen Fluss zu finden. Manche Gruppenmitglieder verzichten sogar auf eigene Nachkommen und unterstützen stattdessen andere Mitglieder bei der Aufzucht ihrer Jungen. Denn zu viele (hilflose) Jungtiere würden die Gruppe schwächen. Außerdem könnten die vorhandenen Ressourcen für eine zu große Gruppe nicht reichen. Deshalb bildete sich über viele, viele Generationen hinweg das bis heute bestehende Gleichgewicht zwischen Anzahl der Tiere einer Gruppe und den zur Verfügung stehenden Nahrungsquellen heraus. Voraussetzung für ein solches soziales Miteinander ist aber natürlich, dass alle Gruppenmitglieder in ihrem Sozialverhalten übereinstimmen und sich an dieselben Regeln halten. Manche der gruppenspezifischen Verhaltensweisen und internen Prinzipien werden von Generation zu Generation weitergegeben und auf diese Weise teilweise sogar in den Genen einer Rasse verankert.

Im Wesentlichen lassen sich dabei zwei Arten von Gruppen unterscheiden: Anonyme und nicht anonyme Gruppen. Bei ersteren kennen sich die einzelnen Mitglieder nicht besonders gut. Dazu zählen Gemeinschaften mit großen Mitgliederzahlen, wie Vogelschwärme, Gnu oder Karibu-Herden. In nicht anonymen Verbänden, wie Wolfsrudel oder Affenhorden, kennen sich hingegen alle Mitglieder und haben eine feste Sozialbeziehung zueinander. In diesen Gruppen werden bestimmte Verhaltensweisen, die das soziale Miteinander eines jeden Individuums mit den anderen Gruppenmitgliedern regeln, von Generation zu Generation weitergegeben. Jedes Mitglied der Gruppe muss diese erlernen, um das Funktionieren der Gemeinschaft zu gewährleisten. Das ranghöchste Tier bekommt in solch einem Gefüge die meiste Nahrung sowie Privilegien bei der Erreichung des obersten Ziels, der Fortpflanzung, also dem Erhalt der eigenen Gene. Wird die Rangordnung von einem anderen Gruppenmitglied nicht respektiert, kommt es zu aggressiven kämpferischen Auseinandersetzungen bis hin zu Attacken oder Duellen. Zwischen der Anwendung von Gewalt und der Erfüllung der Hardware-Gebote gibt es folglich eine enge Korrelation. Aus den geschilderten Beobachtungen lässt sich schlussfolgern, dass in der Natur alle Prozesse und Entwicklungen den immer gleichen Regeln und Gesetzmäßigkeiten unterliegen. Ergo gibt es auch soziale Zusammenarbeit auf allen Ebenen des Lebens. Angefangen von den Molekülen über einzelne Zellen bis hin zu Zellverbänden jeglicher Größe findet Kooperation statt. Und auch die Mehrzeller untereinander arbeiten zusammen – teilweise sogar artübergreifend. Immer mit dem einen großen Ziel im Blick, die Hardware-Gebote besser erfüllen zu können und im Wettbewerb des Lebens erfolgreich zu sein.

5.4 Soziale Zusammenarbeit unter Säugetieren – unser Erbe aus dem Tierreich

Soziales Verhalten begann also bereits sehr früh in der Evolution und setzte sich über die Säugetiere und schließlich bis zu uns Menschen fort. Viele menschliche Verhaltensweisen sind bereits in vorhergehenden Evolutionsphasen angelegt. Diese Wurzeln sind tief in uns verankert, weswegen wir uns von vielen eigentlich archaischen Verhaltensmustern nicht lösen können. Besonders nahe stehen uns dabei die Säugetiere, da auch der Mensch zu dieser Gruppe zählt. Ein wesentliches Merkmal von Säugetieren das ihre Vertreter von anderen Lebewesen unterscheidet, ist ihre hohe Körpertemperatur, die zwar einerseits ein hohes Energielevel ermöglicht, andererseits aber mit einem hohen Energiebedarf einhergeht, um die Ausbildung der spezialisierten Zellverbände, die eine hohe Gehirnleistung und viele weitere vorteilhafte Eigenschaften zu ermöglichen. Für den Nachwuchs ist es daher besonders wichtig, schon direkt nach der Geburt, ihm diese Energiezufuhr zu gewährleisten. Hierzu war es nötig, die Ernährung der Neugeborenen von der aktuellen Nahrungssituation zu entkoppeln. Deshalb entwickelte sich die Strategie des Säugens beziehungsweise Stillens. Dadurch können Junge in jeglicher Situation ihren hohen Energiebedarf decken. Der Nachteil dieses Konzepts ist jedoch, dass ausschließlich und somit zwangsweise die Mütter für die Versorgung der Jungen zuständig sind, bis diese sich selbst ernähren können. Umso wichtiger ist in dieser Zeit das soziale Miteinander in einem Gruppenverband, sodass sich die Tiere gegenseitig bei der Aufzucht der Jungen unterstützen können.

Der Zusammenschluss von kleineren zu größeren Gruppen hat überdies den Vorteil, dass schneller und einfacher neue Ressourcen erschlossen werden können. Außerdem werden andere Lebewesen im ständig herrschenden Wettbewerb ums Überleben verdrängt und bereits vorhandene Ressourcen durch Arbeitsteilung und Spezialisierung immer effektiver genutzt. Jedes Mitglied einer Gruppe nimmt an diesem Wettbewerb teil und will dabei die individuellen Hardware-Gebote erfüllen, weswegen es einer Lösung bedarf, um diese Aufgabe für alle Individuen sozial und gerecht auszugestalten. Mit Blick auf die sozialen Verhaltensweisen von Säugetieren, lässt sich auch das Verhalten der Menschen in vielen Aspekten erklären, weshalb es sich lohnt diese näher zu betrachten.

Oberstes Ziel ist immer die Erfüllung der Hardware-Gebote. Somit ist beispielsweise der Trieb einen Sexualpartner zu finden, evolutionär in Säugetieren angelegt. Somit ist es nicht sonderlich überraschend, dass auch bei uns Menschen die Sexualität und Fortpflanzung ein wichtiger Bestandteil unseres sozialen Miteinanders ist. Bei Säugetiergruppen haben sich strikte Strukturen entwickelt. Die notwendigen, überlebenswichtigen Aufgaben wurden sehr unterschiedlich auf die Geschlechter verteilt. Die weiblichen Mitglieder versorgen die Jungen – zunächst mit Muttermilch, später mit fester Nahrung. Sie bringen also viel Energie auf, um den Arterhalt zu gewährleisten. Zudem können sie, während sie ein Junges austragen, keinen weiteren Nachwuchs zeugen. Die Männchen hingegen haben mit der Aufzucht der Jungen meist nichts zu tun und deshalb einen wesentlich kleineren Aufwand bei der Arterhaltung. Zudem können Männchen – gewährleistet durch den Umstand der im Übermaß produzierten Spermien – beliebig viele Weibchen in kurzer Zeit befruchten – was sie nicht selten auch versuchen. Durch die quantitativ hohe Anzahl an interessierten Männchen und Spermien, ist es logisch, dass sich die Weibchen ihren Partner sehr viel gründlicher aussuchen als Männchen. Hauptkriterium dabei, im Sinne eines möglichst erfolgreichen Nachwuchses, sind Stärke und Gesundheit. Ein gesundes, gut entwickeltes Männchen verspricht gesunde Nachkommen. Kraft und Stärke, stehen nicht nur für die Gesundheit der Nachkommen, sondern können auch zum Schutz während Schwangerschaft und Aufzuchtzeit beitragen. Bei manchen Säugetierarten ist die Auswahl zudem vom Rang eines Männchens in der Gruppe abhängig. Die meisten Säugetierverbände sind nicht-anonyme Gruppen. Das heißt, die Tiere kennen sich untereinander und stehen in mehr oder weniger enger Beziehung zueinander. In der

Regel gibt es einen Gruppenführer oder Gruppenführerin – häufig die ältesten und erfahrensten Tiere. Bei Männchen aber nicht selten auch die stärksten und aggressivsten. Ein Männchen muss sich die Position des sogenannten Alphatieres hart erkämpfen. Dafür besitzt es dann das Recht der bevorzugten Fortpflanzung. Leben mehrere Männchen in einer Gruppe, herrscht unter ihnen eine strenge Rangordnung. Und je höher ein Männchen in dieser Hierarchie gestellt ist, desto privilegierter ist es und erhält bevorzugten Zugang zu Nahrungsressourcen und Weibchen für die Paarung. Die Reproduktionchancen eines Individuums hängen daher bei vielen Säugetieren stark vom Rang beziehungsweise von seiner hierarchischen Stellung in der Gruppe ab.

Bei der Einordnung eines Mitgliedes in solch eine Rangfolge können die Nachkommen von ranghohen Eltern profitieren, entscheidend ist aber Gewalt und Kampf. Meist setzen sich bei Duellen die aggressivsten, kräftigsten und stärksten, männlichen Tiere durch und behaupten sich gegenüber ihren Artgenossen. Damit erwerben sie ein exklusives Vorrecht bei der Fortpflanzung. Solche Kämpfe werden deshalb mit

Abb. 17: Ein kampfbereites Pavianmännchen. Die riesigen Reißzähne werden nur gebraucht, um im Kampf gegen andere Männchen um die Alphaposition erfolgreich zu sein. Oft werden diese Kämpfe bis zum Tod des Konkurrenten geführt. Aggressive und wettbewerbsorientierte Männchen sind in einer Gruppe bis zu den Menschenaffen evolutionär erfolgreich.

äußerster Härte geführt und enden nicht selten für einen der Beteiligten tödlich. Evolutionär sind folglich aggressive, gewaltbereite und zudem kräftige Männchen erfolgreicher. Abb. 17 zeigt ein Pavianmännchen und dessen riesige Reißzähne. Sie werden nicht zur Jagd gebraucht, sondern nur um Rivalen effektiv bekämpfen zu können und in der Gruppe den Mitgliedern seinen Willen aufzuzwingen oder in der Rangfolge aufzusteigen.

Den Weibchen bleibt bei solchen Rangkämpfen nur die Zuschauerrolle und sie haben somit wenig bis keinen Einfluss auf die Entscheidung, wer das Alphatier wird. Sie paaren sich anschließend mit dem Sieger, um dessen Schutz, Stärke und Gesundheit für ihre Nachkommen zu sichern. Wenn ein Männchen sich die Position des Alphatieres, also Anführers, erobert hat, kann es frei aus den Weibchen auswählen und seine Gene somit mit denen der bestmöglichen Partnerin vereinen und an den Nachwuchs weitergeben. Dies ist das bestimmende Ziel der männlichen Säugetiere.

Trotz des aggressiven und bestimmenden männlichen Verhaltens hat sich für zahlreiche Säugetierarten das Zusammenleben in Gruppen als vorteilhaft erwiesen. Bei vielen Säugetierarten sind Einzelgänger sogar nicht überlebensfähig. Sie sind auf die Zusammenarbeit in ihrer Gruppe angewiesen. Aus diesem Grund leben einige Säugetierarten ausschließlich in Verbänden mit Artgenossen. Dieses Zusammenleben folgt essenziellen Regeln, die von Geburt an erlernt werden müssen. Hinzu kommt, dass Säugetiere völlig hilflos geboren werden. Sie sind allein nicht überlebensfähig. Schon zu Beginn des Säugetierdaseins wird demnach deutlich, wie wichtig soziale Zusammenarbeit und auch körperliche Nähe sind, um in der Natur bestehen und den Auftrag aus den Hardware-Geboten erfüllen zu können. Nicht von ungefähr dauert es im Vergleich zu anderen Tierarten oft sehr lange, bis Säugetierjungen selbstständig werden und die Regeln des sozialen Verhaltens gelernt haben. Zunächst sind die Jungen fast ausschließlich auf ihre Mutter fixiert, die ihnen Nahrung, Schutz und körperliche Nähe bietet. Die Muttertiere wiederum besitzen einen (wahrscheinlich genetisch verankerten) Mutterinstinkt, der sie zu unglaublichen Leistungen und Aktionen antreibt, um ihren Nachwuchs aufzuziehen, zu begleiten und zu schützen. Die meisten Säugetier-Jungen, müssen wie wir Menschen, kriechen, krabbeln und laufen lernen, um sich in ihrer Umgebung zurechtzufinden und selbstständig zu werden. Dieser Lernprozess ist wichtig für ihre Entwicklung und hilft ihnen, ihre Muskeln zu stärken und ihre motorischen Fähigkeiten zu verbessern. Jedes Säugetier hat jedoch seine eigenen spezifischen Entwicklungsphasen, und die Zeit, die es benötigt, um diese Fähigkeiten zu erlernen, kann variieren. Soziale Aspekte haben in dieser Phase der Entwicklung zunächst einmal keine Bedeutung. Ab einem gewissen Alter werden erste Kommunikationsversuche unternommen. Es werden Sinneseindrücke erworben, im Gehirn verarbeitet und verfestigt. Das Gehirn speichert die damit verbundenen Erfahrungen und Gefühle und ordnet sie in Kategorien nach gut und schlecht ein. Während der Aufzucht werden außerdem die Regeln des sozialen Miteinanders gelernt und ausgetestet. Diese Prägung bestimmt das soziale Verhalten eines jeden Individuums später in der Gruppe.

5.5 Soziale Strukturen bei Menschenaffen- Schimpansen

Für die Betrachtung der sozialen Entwicklung von den Säugetieren zum heutigen Menschen ist eine Studie des Miteinanders unserer nächsten Verwandten unabdingbar – insbesondere den Schimpansen. Die Schimpansen haben die größte genetischen Übereinstimmung mit dem Menschen.

Vor 10 Jahren entdeckten Forscher das Fossil des wahrscheinlich letzten gemeinsamen Vorfahren von Menschen und Menschenaffen: der Nyanzapithecus alesi. Der gefundene Kinderschädel des Nyanzapithecus alesi stammt aus Kenia und ist etwa 13 Millionen Jahre alt (Abbildung 18 zeigt ein Foto dieses Kinderschädels). Sehr wahrscheinlich lebten diese Affen bereits in Gruppen, deren Sozialstruktur leider nicht bekannt ist.

Abb. 18: Nyanzapithecus alesi, hier ein gefundener Kinderschädel- der letzte bekannte, gemeinsame Vorfahre von Mensch und Menschenaffe. Er lebte vor ca. 13 Millionen Jahren in Ostafrika.

Auch in Europa gibt es entsprechende Funde von potenziellen Vorfahren des Menschen wie Knochen des Danuvius guggenmosi, die auf ca. 12 Millionen Jahre datiert wurden. Vor rund sechs bis sieben Millionen Jahren trennten sich die Stammeslinien von Menschen und Schimpansen.

Bei näherer Betrachtung der einzelnen Menschenaffenarten lässt sich feststellen, dass die Männchen stets schwerer (etwa doppelt so schwer) und über wesentlich größere Eckzähne verfügen als die Weibchen. Das lässt darauf schließen, dass eine solche auf Stärke, Aggressivität und Kampf ausgerichtete körperliche

Ausstattung sich in der der Evolution der Säugetiere für Männchen als vorteilhaft erwiesen hat. Dabei ist zu beachten (Abb. 17), dass diese physischen Merkmale hauptsächlich nur für den Kampf mit Artgenossen gebraucht werden. Sie dienen dazu, in der Hierarchie aufzusteigen und den Rang des Alphatieres zu erobern, beziehungsweise den eigenen Rang zu verteidigen. Interessant ist außerdem, dass es anscheinend einen Zusammenhang zwischen der Größe der Eckzähne und der des Gehirns gibt: Je kleiner die Reißzähne sind, desto größer ist das Hirn. Wie Abbildung 19 zeigt, bildeten sich in der Entwicklung vom Menschenaffen zum Menschen zuerst die Eckzähne zurück, bevor sich das Gehirn vergrößerte.

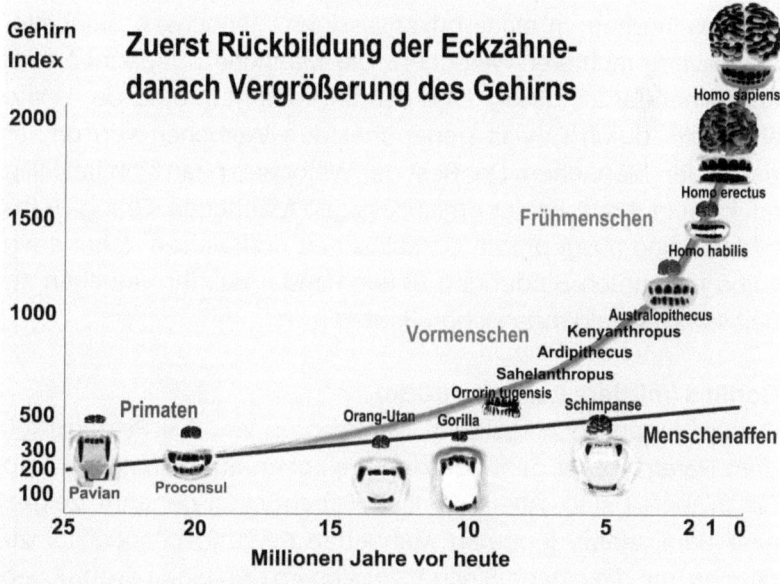

Das lässt den Rückschluss zu, dass eine verminderte Kampffähigkeit und Aggressivität einen positiven Einfluss auf die Intelligenz und damit ein sozialeres

Abb. 19: Stammbaum des modernen Menschen im Hinblick auf das Verhältnis der Eckzahngröße zur Gehirngröße. Hieraus ist zu vermuten, dass mit der sozialen Weiterentwicklung der aggressive Wettbewerb, der körperliche Kampf um Weibchen, keinen evolutionären Vorteil ergab.

Miteinander begünstigt. Somit ermöglichte, beziehungsweise verursachte oder begleitete, die Rückbildung der Eckzähne überhaupt erst die Entwicklung zum modernen Menschen. Die Größe der Reißzähne könnte dabei ein Maß für die Aggressivität der Männchen untereinander und gegenüber anderen Gruppen sein. Auffällig wird dieser Zusammenhang beim Vergleich der Eckzahngröße bei den einzelnen, noch existierenden Menschenaffen, kombiniert mit dem Blick auf die entsprechenden sozialen Strukturen:

Orang-Utans (große Eckzähne)

Orang-Utans sind Einzelgänger, die nur losen Kontakt zu Artgenossen pflegen. Es gibt ortsansässige Tiere, Pendler und Wanderer. Das Territorium eines ortsansässigen Männchens beinhaltet die Reviere mehrerer Weibchen. Die Männchen begegnen sich untereinander feindselig. Eine Paarung erfolgt in etwa der Hälfte aller Fälle durch Gewalt gegenüber den Weibchen von umherziehenden Männchen. Der Rest der Weibchen paart sich freiwillig mit dem in ihrem Revier ortsansässigen Männchen. Orang-Utans bilden keine ausgeprägte Gemeinschaft und weisen daher auch keine markanten Bindungen untereinander auf. Ihr Verhalten ähnelt somit einzelgängerischen Raubkatzen.

Gorillas (mittlere Eckzahngröße)

Gorillas leben vorwiegend in Haremsgruppen. Die Paarung mit dem Haremsführer geht von den Weibchen aus, sobald sie empfängnisbereit sind. Ältere Gorillas, Silberrücken genannt, zeigen eine Bereitschaft, jüngeren Männchen Paarungschancen einzuräumen, um die eigene Stellung zu sichern und einen eventuellen Kampf zu vermeiden.

Schimpansen (große und kleine Eckzähne)

Schimpansen sind die nächsten Verwandten des Menschen im Tierreich, – 98,6 % der Gene, mit denen die funktionalen Molekülwerkzeuge codiert werden, sind bei Schimpansen und Menschen gleich. Deshalb möchte ich auf die sozialen Strukturen bei Schimpansen ausführlicher eingehen. Schimpansen werden in zwei Gruppen unterteilt – Gemeine Schimpansen und Zwergschimpansen (ugs. Bonobos). Diese beiden Arten leben in Gebieten, die vor etwa ein bis zwei Millionen Jahren durch den Kongo getrennt wurden. Da Schimpansen nicht schwimmen können, bildeten die beiden Gruppen unabhängig voneinander zwei verschiedene soziale Systeme aus. Beide weisen ausgefeilte Sozialstrukturen auf, unterscheiden sich aber wesentlich im Verhältnis zwischen Männchen und Weibchen.

Der Gemeine Schimpanse

Gemeine Schimpansen leben in Gruppen mit bis zu 250 Mitgliedern, die manchmal in Untergruppen aufgeteilt sind. Sie bewohnen ein festes Territorium, an dessen Grenzen es zu Auseinandersetzungen mit anderen Schimpansen Gruppen kommt. Dabei geht es in erster Linie um den Zugang zu Nahrungsressourcen, aber auch um Paarungsmöglichkeiten. Kleinere Gruppen von Männchen patrouillieren entlang der Grenzen, um diese zu sichern, und starten auch ohne Provokation Angriffskriege gegen Nachbargruppen. Ähnlichkeiten mit heutigen Kriegen sind nicht zufällig und wird später noch näher beleuchtet.

Die Forscherin Jane Goodall beschrieb erstmals einen Schimpansen Krieg, bei dem sich in Gombe in Afrika zwei Gruppen gegenseitig bekämpften. An dessen Ende wurden alle Männchen sowie ein Weibchen der unterlegenen Gruppe getötet. Zwei Weibchen verschwanden und drei wurden von der siegreichen Gruppe übernommen. Wenn sich die Weibchen, vielleicht auch schon aufgrund Emotionen zu den getöteten Männchen, nicht eingliedern wollten, erlitten sie das gleiche Schicksal wie die Männchen der unterlegenen Gruppen. In diesem Kampf ging es nicht um Fairness, sondern nur ums Ergebnis. So wurde beispielsweise ein männliches Mitglied der unterlegenen Gruppe von sechs feindlichen Schimpansen Männchen gestellt und getötet.

In diesen Schimpansen Kriegen unterliegt in der Regel die Gruppe mit weniger männlichen Mitgliedern. Diese „Kriege" werden folglich über die Anzahl an Kriegern entschieden. Deshalb müssen möglichst viele Männchen in eine Gruppe integriert werden, um im Kampf erfolgreich zu sein. Daher bilden die Männchen untereinander soziale Netzwerke aus, innerhalb derer aggressive Kämpfe um die Rangfolge so gut es geht vermieden werden sollen. Die Männchen müssen sich trotzdem ihren Platz in der Gruppe erkämpfen. Dabei pflegen sie ihr Netzwerk, um Unterstützung von anderen Männchen zu erhalten. warten auf einen geeigneten Moment oder Unterstützung durch andere Männchen, um einen Angriff zu starten und den Führer der Gruppe abzulösen. Gleichzeitig kämpft sie als Gruppe gemeinsam gegen andere Gruppen.

Prinzipiell kämpfen auch die Männchen innerhalb einer Gruppe gegeneinander, um in der Rangfolge aufzusteigen. Je höher der Rang eines Männchens ist, desto mehr muss es damit rechnen, Ziel eines Angriffs rangniedrigerer Männchen zu werden. Und die Männchen werden nicht nur für die Rangordnung, sondern auch für Sex gewalttätig – sie nötigen empfängnisbereite Weibchen durch Bisse und andere Aktionen zur Paarung. Für diese sexualisierte Gewalt gegen Weibchen bilden die Männchen ebenfalls „Allianzen" untereinander, eine Art Männerbund/Männerbande. Diese Männerbanden bilden strenge Hierarchien, um ihren Platz in der Gruppe zu festigen, messen sich die Männchen regelmäßig in Machtkämpfen. Aggressives Verhalten und Kampfbereitschaft sind wichtige Werkzeuge, um in der Hierarchie aufzusteigen aber auch gute Beziehungen zum Alphamännchen.

Die ständigen Machtkämpfe und die Bedrohung durch rivalisierende Gruppen führen zu erheblichem Stress bei den männlichen Mitgliedern. Die hier beschriebene soziale Dynamik, charakterisiert durch Hierarchie, Konkurrenz und Aggression, findet sich nicht nur beim Gemeinen Schimpansen, sondern zeigt auch Parallelen zum sozialen Verhalten des Menschen und wird im weiteren Verlauf des Buches noch genauer beleuchtet.

Bonobos

Bei der zweiten Unterart der Schimpansen, den Bonobos, hat sich ein wesentlich sozialeres Miteinander herausgebildet, das sich von dem der Gemeinen Schimpansen stark unterscheidet. Männchen und Weibchen haben bei Bonobos gleich große Eckzähne. Ein Anzeichen, dafür, dass die sozialen Strukturen wesentlich ausgeglichener sind als beim Gemeinen Schimpansen. So haben die Weibchen die Führungsposition innerhalb der Gruppen. Die Männchen bilden keine Allianzen, interne Kämpfe und aggressive Gewalt ist deutlich weniger intensiv ausgeprägt. Wesentlich häufiger sind bei den Bonobos dagegen Sexualkontakte, die oft und exzessiv stattfinden, was den Zwergschimpansen den Beinamen „Hippie-Affe" einbrachte.

Sex gibt es sowohl zwischen Männchen und Weibchen, aber auch ausgeprägt zwischen Geschlechtsgenossen. Er dient vor allem dazu, Beziehungen untereinander zu stärken. Dieser soziale Sex wird daher auch ausserhalb der empfängnisbereiten Zeit der Weibchen praktiziert.

Abb. 20: Die sogenannten Hippieaffen, Bonobos, in Aktion. Häufige und vielseitige Sexualaktionen auch ohne Gewalt und Nötigung. Die Eckzähne von Männchen und Weibchen sind nahezu gleich groß.

Bonobos weisen unter den Menschenaffen die gewaltfreieste Sozialstruktur in ihren Gruppen auf. Ein durchgeführter Intelligenztest unter Menschenaffen gewann eine Bonobo Dame mit dem Namen Dianoa aus dem Zoo von Antwerpen. Mit ihrer Gruppe siegte sie locker bei Intelligenztests gegen den Gemeinen Schimpansen und anderen Menschenaffen. Sie gilt seitdem als weltweit intelligentester Menschenaffe. Dies wäre ein weiterer Beleg dafür, dass ein friedlicheres und sozialeres

Miteinander, die Ausbildung von Intelligenz nicht nur fördert, sondern sogar die wichtigste Grundlage darstellt. Bei den Tests waren Leckereien zu gewinnen und es wurde beobachtet das die erfolglosen Männchen der Gemeinen Schimpansen entsprechend aggressiv wurden, wenn das Ziel nicht erreicht wurde. Die Bonobos scheinen damit hinsichtlich ihrer evolutionären Fortentwicklung dem Menschen nachzufolgen. Interessant ist zudem, dass die Gemeinen Schimpansen und die Bonobos näher mit dem Menschen verwandt sind als untereinander.

Parallel zu diesen Fortpflanzungsstrategien können sich bei beiden Schimpansen Arten auch persönliche Beziehungen zwischen zwei Einzeltieren herausbilden. Ohne dass das Alphatier es bemerkt, haben die Weibchen Sex mit ausgesuchten männlichen Gruppenmitgliedern. Diese fördern dies mit Geschenken an ihre Herzensdame oder durch ausgeprägte Fellpflege. Wie anhand genetischer Untersuchungen herausgefunden wurde, macht auf diese Weise gezeugter Nachwuchs einen beträchtlichen Teil des Gesamtnachwuchses aus. Soziales Verhalten gegenüber einem Weibchen kann sich demzufolge für ein Männchen lohnen und den Wettbewerbsstress mit anderen Männchen reduzieren. Würden diese zwei Schimpansen Arten in freier Wildbahn zusammen treffen kann man davon ausgehen, dass die aggressiveren Männerbanden sich durchsetzen.

Viele evolutionär herausgebildeten Strategien der Menschenaffen haben sich beim Menschen erhalten. So folgt die menschliche, soziale Kooperation uralten Mustern aus dem Tierreich. Die Regeln für das soziale Miteinander müssen dabei sowohl von Tier als auch von Menschenkindern erst erlernt und trainiert werden. Das geschieht durch Nachahmung und Erziehung. Die enge Bindung eines Kindes zu seinen Eltern und vor allem zur Mutter endet in der Regel mit Beginn der Geschlechtsreife. Dann fangen die Jungen an, ihren eigenen Weg zu gehen, nicht selten werden sie sogar – meistens von den Müttern – aus dem Gruppenverband vertrieben und in die Selbstständigkeit entlassen. Bei uns Menschen beginnt dieser Abnabelungsprozess mit der Pubertät, der Zeit, in der sich die Individualität zunehmend entwickelt. All das sind Vorbereitungen dafür, den Auftrag aus den Hardware-Geboten zu erfüllen.

5.6 Die ursprüngliche Wohlstandsgesellschaft- die soziale Grundausstattung von uns modernem Menschen

Wie könnte die entscheidende, soziale Entwicklung vom gemeinsamen Vorfahren Nyanzapithecus alesi, zu uns modernen Menschen, dem Homo Sapiens Sapiens, verlaufen sein und welche neuen sozialen Regeln des Zusammenlebens haben sich ergeben?

Vor ca. 8 Millionen Jahren startete die Entwicklung des modernen Menschen aus der großen Gruppe der Menschenaffen. Es begann ein neuer Abschnitt in der Evolution – die Menschwerdung. Unter den Bedingungen der Hardware-Gebote erfolgte der Übergang der sozialen Zusammenarbeit von den Menschenaffen zum heutigen modernen Menschen. Während dieser Zeit entwickelten sich die Grundlagen des menschlichen, sozialen Miteinanders, in gewisser Weise unsere soziale Grundausstattung. Ausschlaggebend war dabei die Steigerung der Gehirnleistung mit der entsprechenden Denkfähigkeit. Durch ein soziales, nicht-aggressives Miteinander, bildeten sich die Eckzähne zunehmend zurück und es konnte sich ein größeres Gehirn mit eigenem Bewusstsein ausbilden. Wie bei vielen Geschehnissen in der Evolution lässt sich nicht genau festlegen, wann genau die Menschwerdung anfing und wann der moderne Mensch, der Homo Sapiens Sapiens, erstmals auftrat. Die Forschung geht aktuell davon aus, dass sich vor circa 8 Millionen Jahren die Linie der Vorfahren des modernen Menschen, von der der Menschenaffen trennte und die Entwicklung zum Homo Sapiens Sapiens startete. Der älteste, nachgewiesene menschliche Vorfahre mit gleicher Eckzahngröße von Männchen und Weibchen namens Ardipithecus ramidus existierte vor rund 4,5 Millionen Jahren. Soziales Miteinander war somit der eigentliche Startpunkt zur Menschwerdung. Das Gehirn wuchs, was die weitere Entwicklung von Werkzeugen, Jagdwaffen, der Gebrauch von Feuer und unseren Weg an die Spitze der Nahrungskette ermöglichte.

Diese Entwicklung war vor etwa 315.000 Jahren, als die ersten Vertreter des Homo Sapiens Sapiens in Afrika auftraten, abgeschlossen. Alle zurzeit lebenden Menschen auf der Erde gehören dieser Gruppe an. Daneben gab es einstmals weitere Menschenarten, deren Vertretern der Homo Sapiens Sapiens auch begegnet ist, wie beispielsweise die Neandertaler (400000 – 40000 vor Christus) und die Denisova-Menschen. Die Denisova Menschen haben den gleichen Vorfahren wie die Neandertaler und sind wie diese jedoch aus bislang unbekannten, beziehungsweise nicht belegbaren Gründen ausgestorben. Diese beiden Menschenarten haben jedoch nicht nur eine Zeit lang nebeneinander auf der Erde existiert, sie haben sich sogar mit dem Homo Sapiens Sapiens gepaart und Nachkommen gezeugt. Noch heute können circa zwei bis 4 Prozent der Gene des modernen Menschen auf Neandertaler und Denisova-Gene zurückgeführt werden.

Doch wie haben sich neben dieser evolutionären Entwicklung das Zusammenleben und das soziale Miteinander weiterentwickelt? Hierzu betrachten wir das entsprechende soziale Miteinander das sich beim Auftreten des Homo Sapiens Sapiens vor etwa 315.000 Jahren etabliert hatte. Der Homo Sapiens Sapiens lebte zu diesem Zeitpunkt in einer sogenannten Jäger- und Sammlergesellschaft, die auch als ursprüngliche Wohlstandsgesellschaft bezeichnet wird. Seit sich vor etwa sieben Millionen Jahren die Linie des modernen Menschen von der Säugetiergruppe der Menschenaffen abtrennte, begann sich die ursprüngliche Wohlstandsgesellschaft des Homo Sapiens Sapiens herauszubilden. Dieser betrat schließlich vor etwa 315.000 Jahren die Bühne der Evolution und lebte in und mit dieser Gesellschaftsordnung. Diese detaillierte Sozialstruktur der ursprünglichen Wohlstandsgesellschaft hatte sich in dieser langen Zeit von ca. 8 Millionen Jahren aus den sozialen Regeln der Menschenaffengruppen entwickelt. Sehr wahrscheinlich wurden dabei verschiedenste soziale Strukturen, wie bei den Schimpansen auch, ausprobiert und gemäß Hardware-Gebot 5 nach den Prinzipien „trial and error" und „survival of

the fittest" erhalten oder eliminiert. Die ursprüngliche Wohlstandgesellschaft hat sich offensichtlich als höchst effizient, intelligenz-
steigernd und vor allem nachhaltig erwiesen – denn bis heute gibt
es Naturvölker –, meist in entlegenen Gebieten, wie den Regenwäl-
dern und Wüsten – die in dieser sozialen Struktur organisiert sind.
Die ursprüngliche Wohlstandgesellschaft ist somit die älteste und
am längsten bestehende Wirtschafts und Gesellschaftsform des
modernen Menschen und hat sich beständig an deren soziale Bedürfnisse angepasst und damit ständig weiterentwickelt.

Abb. 21: San-Siedlung aus dem frühen 19. Jahrhundert – so könnte eine Siedlung einer ursprünglichen Wohlstandsgesellschaft ausgesehen haben. Das evolutionäre Grundgerüst des Homo Sapiens Sapiens basiert auf dieser Gesellschaftsform.

Die Basis dieser ständigen Weiterentwicklung war ein immer größer werdendes Gehirn, mit einer damit verbundenen, verbesserten Denkleistung. Das brachte den Menschen an die Spitze der Nahrungspyramide. Die Herstellung von Werkzeugen, die Entwicklung von Sprache und die Beherrschung von Feuer ermöglichten
die Vergrößerung der zur Verfügung stehenden Ressourcen. Mit
der Reduzierung der Eckzahngröße und der Aggressivität untereinander wurden neue soziale Regeln des Zusammenlebens entwickelt, die wiederum die Entwicklung des Gehirns begünstigten.
Im Folgenden werde ich untersuchen, welche, seit dem letzten

gemeinsamen Vorfahren Nyanzapithecus alesi vor 10-12 Millionen Jahren, erhalten und welche neu hinzukamen, um das Erfolgsmodell Homo Sapiens Sapiens zu ermöglichen. Die ursprüngliche Wohlstandgesellschaft hat offenbar einen sehr ausgewogenen und nachhaltigen Charakter hinsichtlich des sozialen Miteinanders von Menschen und bildet die Basis unserer sozialen Grundausrüstung, die mit der Entwicklung hin zum Homo Sapiens Sapiens eng verknüpft war.

Die ursprünglichen Wohlstandgesellschaften bestanden im Mittel aus ungefähr fünfzig bis einhundert Mitgliedern. Diese recht limitierte Anzahl resultiert aus den natürlichen Grenzen der Nahrungsressourcen in der Umgebung eines Verbandes. Die ersten Menschenstämme sind vermutlich umhergezogen und haben

ihren Aufenthaltsort an den des zu jagenden Wildes oder den Jahreszeiten und Fruchtwechsel angepasst. Jeder Stamm hatte, wie bei den Menschenaffen, ein eigenes Territorium, das es zu verteidigen galt.

Abb. 22: Ein relativ entspanntes und konfliktarmes Zusammenleben in der ursprünglichen Wohlstandsgesellschaft. Die soziale Grundausstattung von uns Menschen.

Die Stärke einer Gruppe bei der Verteidigung, hing dabei von der Anzahl der männlichen Gruppenmitglieder ab. Deshalb musste ein System gefunden werden, das viele Männer in einer Gemeinschaft integrierte, ohne dass diese viel Energie für interne Kämpfe vergeuden mussten. Mit einem System ähnlich dem der Bonobos, gelang dies schließlich. Ein wesentlicher Fortschritt in der Organisation des Zusammenlebens war die Arbeitsteilung innerhalb einer Gruppe, insbesondere zwischen Männern und Frauen. Die Männer übernahmen die körperlich anstrengenderen Arbeiten oder Aufgaben, für die ein Verlassen des Lagerplatzes nötig war. Längere Jagdausflüge, Bau von Waffen, Verteidigung gegen Raubtiere, Erklettern von Bäumen usw., aber auch den Bau der Unterkünfte.

Die Frauen blieben eher am Lagerplatz und waren für die Betreuung der Kinder zuständig. Die Säuglinge waren vollkommen von den Müttern abhängig, weil sie gestillt werden mussten. Außerdem sammelten die Frauen Wurzeln, Beeren und weitere essbare pflanzliche Bestandteile und sicherten damit die Grundversorgung der Gemeinschaft. Denn Jagderfolge waren nicht gänzlich planbar und die ausschließliche Ernährung von erjagtem Wild hätte daher die Überlebenschancen der Gruppe stark reduziert. Also lagen die Versorgung und die Erziehung des Nachwuchses fast ausschließlich in der Verantwortung der Frauen, die dadurch wiederum an den Lagerplatz gebunden waren. Mit dem Erreichen des Erwachsenenalters der Kinder wuchs die Zahl der aktiven Stammesmitglieder. War eine Gruppe im Überlebenskampf erfolgreich, nahm die Anzahl ihrer Mitglieder zu. Einige jüngere Mitglieder lösten sich dann aus der Gruppe und gründeten eigene, neue Verbände, wodurch sie neue, unbewohnte Gebiete erschlossen. Auf diese Weise erfolgte die Ausbreitung des Homo Sapiens Sapiens von Afrika aus in die ganze Welt, wesentlich basierend auf der erfolgreichen sozialen Zusammenarbeit der Gruppenmitglieder. Eine wesentliche Veränderung durchlief die Rolle der Männer im Vergleich zu Männchen in Menschenaffengruppen. Die Dominanz der Männer nahm zugunsten eines ausgeglichenen Verhältnisses von weiblichen und männlichen Gruppenmitgliedern ab. Das soziale Verhalten der

Männer, hinsichtlich dem Sozialverhalten der Bonobos, war folglich erfolgreicher als das Haremsmodell der Gemeinen Schimpansen mit aggressiver Unterdrückung durch eine verbündete Männerbande.

An dieser Stelle konnte man spekulieren, ob die Neandertaler und die Denisova-Menschen eher das soziale Verhalten der Gemeinen Schimpansen weiterentwickelt haben und deshalb in der Evolution nicht erfolgreich waren. Vielleicht wird ja dieses Rätsel von unseren Wissenschaftlern noch gelöst.

In der sozialen Struktur der ursprünglichen Wohlstandgesellschaft des Homo Sapiens Sapiens gab es folglich keine Benachteiligung des einen oder anderen Geschlechts, da nur die Zusammenarbeit und Arbeitsteilung zwischen den Geschlechtern das Überleben und die Vermehrung sicherte. Jedes Mitglied eines Verbandes war gleich wichtig, um den Gesamterfolg sicherzustellen. Da die Männer gleichrangig waren, hatten alle die Chance, eine Fortpflanzungspartnerin zu finden. Hierzu war es wichtig Regeln zu etablieren, an die sich alle Gruppenmitglieder zu halten haben. Durch die Gleichstellung aller Gruppenmitglieder wurden Zusammengehörigkeitsgefühl, Respekt und soziale Verantwortung zu zentralen Punkten im Zusammenleben. Dieses funktionierende soziale Miteinander ermöglichte es, die Hardware-Gebote besser erfüllen zu können als Systeme mit größerem sozialem Reibungspotential. Die einzelnen Gruppenmitglieder hatten allerdings unterschiedlichste Charaktere und Eigenschaften. Die Herausforderung war daher, die Individuen für die richtigen Aufgaben gemäß ihren Fähigkeiten einzusetzen. Dafür waren die Stammesältesten gefragt, die aufgrund ihrer Erfahrung und Autorität Führungsaufgaben innehatten.

In der ursprünglichen Wohlstandsgesellschaft sind die Männer gleichrangig und alle bekommen die Chance, eine Fortpflanzungspartnerin zu finden. Daraus ergibt sich aber auch ein Wettbewerb unter den Frauen und Männern um den/die attraktivsten Partner/in und es lohnt sich die Beziehung zwischen Mann und

Frau detaillierter zu betrachten. Um interne Kämpfe zu vermeiden, bedarf es einer sozialen Kommunikation und Regeln untereinander, die sich aus der neuen Konstellation, der Gleichberechtigung der Frau, ergaben. Ausgehend von der aggressiven Männerbande hat sich der Mann in gewisser Weise sozialisiert. Hinsichtlich Fortpflanzung kamen durch „try and error", neue Regeln und Verhaltensweisen dazu. Aber auch die besondere Gefühlsebene des Homo Sapiens Sapiens, hinsichtlich Liebe und Zuneigung, muss sich in dieser Zeit entwickelt haben. Es ist schwierig den evolutionären Vorteil von Liebe, wie viele von uns leider bitter erfahren mussten, zeitlich begrenzt ist, zu beurteilen. Vielleicht macht es die Liebe einfacher, das sich Mitglieder verschiedenster Gruppen, fortpflanzen. Die Liebe als Entwicklung zur verbesserten Durchmischung von Genen durch sexuelle Kontakte von Menschen außerhalb ihrer üblichen Gruppe. Früher waren dies fremde Stämme, heute vielleicht Menschen aus anderen Ländern oder gesellschaftlichen Klassen. Dann würde die Liebe eine bedeutende Rolle spielen, um den Genpool gesund zu halten und durchzumischen.

6. Die Software-Gebote – die Regeln der sozialen Grundausstattung von uns Menschen

Durch die lange Entwicklungszeit, die geprägt war von Versuchen mit unterschiedlichsten Modellen des sozialen Zusammenlebens, hat das Konzept der ursprünglichen Wohlstandgesellschaft das soziale Verhalten des Menschen entscheidend geprägt. Insbesondere das ausgeglichene, auf Vernunft und Zusammenarbeit basierende Verhältnis von Mann und Frau hat sich als erfolgreiches Konzept durchgesetzt. Die Regeln des sozialen Miteinanders haben eine gleich große Bedeutung für das Überleben jedes Einzelnen wie die Hardware-Gebote. Deshalb möchte ich sie als Software-Gebote bezeichnen, sie beschreiben die Grundlagen des sozialen Miteinanders von uns heutigen Menschen.

Die Software-Gebote sind größtenteils nicht genetisch verankert, sondern müssen erlernt werden. Sie sind in ihrer Ausformulierung zu einem gewissen Grad variabel und werden während der langen Erziehungszeit an den Nachwuchs weitergegeben. Die Hardware-Gebote bilden die feste, unumgängliche Basis des (Über) Lebens und ist die Ursache von Egoismus. Die Software-Gebote sind eher weiche Verhaltensregeln, die je nach Situation geändert und angepasst werden können. Die Software-Regeln sind die Gegenspieler des Egoismus und auf ein möglichst friedvolles, erfolgreiches Zusammenleben ausgelegt. Insbesondere muss sich die soziale Zusammenarbeit für alle Mitglieder in gleichem Maße lohnen.

Die Software-Gebote der ursprünglichen Wohlstandgesellschaft bilden aufgrund der langen Ausbildungszeit, das soziales Grundgerüst von uns heutigen Menschen. Diese lassen sich auf Basis der ursprünglichen Wohlstandgesellschaft wie folgt definieren:

Software-Gebot 1: Gruppenzugehörigkeit
Der Mensch sucht und braucht Gruppenzugehörigkeit. Innerhalb einer Gemeinschaft erfährt er eine tiefe Zusammengehörigkeit, Akzeptanz als Person, Solidarität und gegenseitige Unterstützung.

Software-Gebot 2: Gruppenmitglieder kennen sich persönlich und sind gleich gut informiert
Die Mitglieder einer Gruppe kennen sich persönlich, sind einander gleichgestellt und alle umfassend über alles, auch über die persönlichen Eigenschaften, informiert.

Software-Gebot 3: Transparente Führungsentscheidungen
Sämtliche Entscheidungen werden gemeinsam getroffen, wobei die individuellen Eigenschaften der Gruppenmitglieder berücksichtigt werden.

Software-Gebot 4: Gleichberechtigung aller Gruppenmitglieder – Frauen wie Männer
Alle haben die gleichen Rechte, insbesondere Frauen sind gleichberechtigte Gruppenmitglieder und werden in alle Entscheidungen einbezogen. Sie sind, trotz der Erziehungsaufgaben für die Kinder, von den Männern unabhängig und selbstständig.

Software-Gebot 5: Stellung in der Gruppe gemäß individueller Eignung und Nutzen für die Gemeinschaft
Der Rang eines Individuums in der Gruppe hängt von seinem Nutzen für die Gemeinschaft ab. Unter dieser Vorgabe werden Führungspositionen nach persönlicher Eignung und individuellen Fähigkeiten vergeben.

Software-Gebot 6: Verteilungsgerechtigkeit hinsichtlich Eigentumes
Es herrscht Gleichheit des Reichtums. Ausgeprägte Eigentums-beziehungen und Besitzansprüche existieren nicht.

Software-Gebot 7: Vermittlung der Software-Gebote während der Kindheit

Das Zusammenleben folgt einfachen Regeln, die gleich, ohne Unterschiede, an jedes Kind weitergegeben werden. Die Aufgabe der Erziehung liegt gemeinsam bei den Frauen. Dabei werden sie vorbehaltlos durch die Männer unterstützt.

Software-Gebot 8: Gewalt nur in absoluten Extremsituationen

Zu Gewalt und Aggressivität kommt es in der Regel nur, wenn sich die Hardware-Gebote nicht erfüllen lassen, und es um das eigene Überleben geht. Die Gruppensolidarität kann aber bewirken, dass sich Mitglieder ohne eigenen Vorteil opfern.

Software-Gebot 9: Asoziales Verhalten wird nicht geduldet

Asoziales und kriminelles Verhalten wird daher möglichst geheim gehalten. Da sich alle Gruppenmitglieder persönlich kennen ist der Ruf wichtig, der von bekannt gewordenen, egoistischen Handlungen bestimmt wird.

Software-Gebot 10: Individuelle Vorteile werden nur akzeptiert, wenn besondere Leistungen für die ganze Gruppe erbracht werden

Vorteile für einzelne Gruppenmitglieder werden nur dann akzeptiert, wenn sie durch besondere Leistungen für die Allgemeinheit verdient wurden. Besonders wichtig, sie sind zeitlich begrenzt.

Diese 10 Gebote sind das Resultat einer langen Zeit der Anpassung, um in einer nicht-anonymen Gruppe ein möglichst stabiles, gewaltloses und soziales Miteinander zu erreichen. Unser heutiges moralisches und soziales Empfinden basiert immer noch auf diesen erfolgreichen Software-Geboten der ursprünglichen Wohlstandgesellschaft.

Die Software-Gebote sind im Gegensatz zu den Hardware-Geboten nicht von Geburt an im Menschen verinnerlicht. Sie müssen deshalb erlernt beziehungsweise anerzogen werden. Durch die größere Komplexität der menschlichen Interaktionen verlängerte sich die Zeit zum Erlernen der Software-Gebote im Vergleich zu den Säugetieren deutlich. Menschliche Babys kommen komplett unselbstständig auf die Welt. Ein Kind wird in eine Gemeinschaft hineingeboren, deren Regeln es erst verstehen und erlernen muss. Aus evolutionärer Sicht ist es für den Nachwuchs entscheidend die Hardware-Gebote zu erfüllen und die Fortpflanzungsfähigkeit zu erlangen, um seine Gene weiterzugeben. Allerdings kann ein Kind dies nicht allein bewältigen, da es auch die sozialen Normen und Werte, die Software-Gebote, erlernen muss. Das Erlernen sozialer Zusammenarbeit ist deshalb von großer Bedeutung, um das eigene Überleben und den Fortbestand zu sichern. Ohne soziale Zusammenarbeit

Abb. 23: Zwei Frauen der San auf der Suche nach Wurzeln und Pflanzen. Die Kinder sind immer dabei, daher ist die Suche nur im engen Umkreis ums Lager möglich.

und Arbeitsteilung ginge der Homo Sapiens Sapiens zugrunde. Und ohne soziale Kontakte gingen die Kinder zugrunde. Der erste Sozialkontakt eines Menschen findet in der Regel mit der Mutter statt, die als wichtige Bezugsperson die Grundlagen für eine gute und erfolgreiche Erziehung legt.

Nach den ersten Entwicklungsschritten, die das Training der Bewegungssteuerung, der Muskulatur, der Sinne und die Herausbildung der dazugehörenden Steuerung im Gehirn umfassen, folgen die sozialen Inhalte. Die Sinne werden geschärft, Koordination geübt und beispielsweise erlernt, essbare Nahrungsmittel zu erkennen. Bei den San, siehe Abbildung 23, sind die Kinder in den ersten Jahren ständig mit der Mutter in Kontakt und werden selbst bei anstrengenden Ausflügen zur Nahrungsbeschaffung mitgenommen. Die Kinder entwickeln ein soziales Urvertrauen. Kinder sind von Natur aus zum Lernen geschaffen und können in kürzester Zeit Informationen aufnehmen und speichern. So erlernen sie beispielweise das Sprechen durch Nachahmung. Diese Fähigkeit zum Lernen durch Beobachten und Nachahmen nimmt mit dem Alter jedoch stark ab. Während Erwachsene auch nach Jahren in einem fremden Land die dortige Sprache trotz Unterrichts noch nicht einwandfrei beherrschen, sprechen Kinder sie ganz von allein innerhalb kurzer Zeit. Bei all diesen Lernprozessen speichert das Gehirn die damit verbundenen Erfahrungen und Gefühle und ordnet sie nach gut und schlecht ein. In den ersten Monaten nach ihrer Geburt sind Babys nur mit sich selbst beschäftigt und müssen von anderen mit allem Lebensnotwendigen versorgt werden. In dieser Zeit lernen sie, sich fortzubewegen, mit den Händen ihre Umwelt zu (be) greifen, feste Nahrung zu sich zu nehmen und viele weitere überlebenswichtige Fertigkeiten. Da bleibt kaum Raum für soziale Beziehungen. Diese sind daher auf das engste Umfeld beschränkt – andere Kinder sind noch völlig uninteressant. Die für den sozialen Austausch wichtigen Fähigkeiten, wie das Sprechen, erwirbt ein Kind erst in späteren Entwicklungsphasen. Die Voraussetzungen zur Erfüllung der Hardware-Gebote bringt ein Kind von Geburt an mit – es kann sein eigenes Überleben sichern. Zwar kann es das noch nicht allein, aber der Selbsterhaltungstrieb verleiht ihm die Fähigkeit, andere zur Unterstützung zu bewegen: Da es noch nicht anderweitig kommunizieren kann, schreit es bei jeglichem Anlass, um auf sich aufmerksam zu machen. Egal, ob es Hunger hat, ihm zu kalt ist oder es die sichere Nähe der Mutter sucht, ein Baby weiß sich mit Schreien zu helfen. Denn um das eigene Überleben zu sichern, tritt ein Mensch ab seiner Geburt in Konkurrenz zu anderen Lebewesen. Lediglich Hardware-Gebot 2 wird erst mit Erreichen der Geschlechtsreife relevant, auch wenn bereits vorher alles daraufhin steuert. Hauptbezugsperson ist dabei in der Regel am Anfang die Mutter, die Schutz, Nahrung und vor allem bedingungslose Liebe bietet. Der Mutterinstinkt bei (den allermeisten) Frauen ist wahrscheinlich genetisch verankert – er sichert das Überleben der Kinder und befähigt die Mütter teilweise zu unglaublichen Leistungen. Sie tun alles für ihren Nachwuchs, manchmal sogar unter Einsatz ihres Lebens. Alles, um den Nachwuchs zur Fortpflanzungsreife zu bringen und so den Fortbestand der eigenen Gene zu sichern.

Ab einem gewissen Alter beginnen Kinder, sich für andere Kinder und die restlichen Gruppenmitglieder zu interessieren. Beim Spielen und Herumtollen von Kindern werden nicht nur körperliche Fähigkeiten trainiert, sondern auch erste soziale Interaktionen mit anderen gestartet. In dieser Zeit wird die Basis für ein soziales Miteinander gelegt. Dabei werden auch die Regeln des eigenen Verbandes sowie die Grundlagen von Körpersprache und Kommunikation erlernt. Ebenso werden die hervorstechenden Eigenschaften anderer Mitglieder wahrgenommen und eingeordnet. Eine Art Rangfolge hinsichtlich der individuellen Fähigkeiten etabliert sich. Jedes Kind kennt schlussendlich die individuellen Stärken jedes einzelnen Mitglieds, die für die Erfüllung dazu passender Aufgaben eingesetzt werden. Dies ist die bestmögliche Vorbereitung auf ein Leben als akzeptiertes Mitglied in der Gemeinschaft. Im Spiel werden ebenso erste Systemordnungen erstellt und jedes Kind sucht und findet seine Position im sozialen Gefüge. Die Erwachsenen, vor allem die Mütter der beteiligten Kinder, greifen korrigierend ein, wenn sich eine Interaktion in die falsche Richtung entwickelt. In dieser Phase der Erziehungszeit werden somit die wesentlichen Grundlagen sozialer Kooperation angelegt. Der wichtigste Meilenstein in der Weiterentwicklung des sozialen Miteinanders von den Säugetieren zu den Menschen ist und bleibt aber die Entwicklung der Sprache, die in verschiedensten Nuancen und Tönen zur Kommunikation eingesetzt werden kann. Dadurch wurde ein anderes, völlig neues, soziales Zusammenleben ermöglicht. Es gibt sogar die Theorie, dass erst die Sprache die Herausbildung der menschlichen Intelligenz ermöglichte, die den Homo Sapiens Sapiens weiter von den Tieren abhebt. Selbst die Fähigkeit zu lügen bildete sich wahrscheinlich heraus, um das soziale Miteinander

Abb. 24: Ein typischer Slum, gekennzeichnet durch viele Kinder. Frauen sind hier nahezu rechtelos, Vergewaltigungen an der Tagesordnung. Dies und die geringe Bildung sind Hauptursache für die hohe Anzahl an Kinder. Kinder nehmen die Welt wie sie ist und haben trotzdem Spaß, zumindest bis sie in die Pubertät kommen. Dann lauern Prostitution, Kriminalität und sonstige Ausbeutung.

zu verbessern. Das mag sich zunächst seltsam anhören, ist aber im Zusammenleben von großer Bedeutung, da „kleine" Lügen heikle Situationen entspannen können. Die Unterscheidung zwischen sogenannten sozialen Lügen, die dem Belogenen helfen sollen, und asozialen Lügen, die für den Belogenen Nachteile mit sich bringen, ist dabei ganz wesentlich.

All diese Aspekte und Verhaltensweisen sozialen Miteinanders werden von den Nachkommen erlernt und nachgeahmt. Die Welt, wie sie sie während ihrer Erziehung kennenlernen, wird von Menschenkindern als normal und selbstverständlich wahrgenommen und akzeptiert.

Daher versuchen sie, sich darin zu integrieren und zurechtzufinden. Durch das gemeinsame Aufwachsen jedes Kindes mit anderen Kindern wird eine stabile soziale Entwicklung gewährleistet. Kinder sind dabei außerordentlich lernfähig und anpassungsfähig. Wachsen Kinder beispielsweise in einem Slum zwischen Müll und in Armut auf, dann ist das die für sie die normale Umgebung und „ihre" Welt. Kinder nehmen daher auch Strukturen als gegeben und wahr an, die offensichtlich sozial ungerecht sind. Erst mit dem Erwerb von Bildung und Wissen wird diese Prägung relativiert.

7. Die besondere Beziehung von Mann und Frau

Wie bereits erörtert herrschte bei der ursprünglichen Wohlstand-gesellschaft eine Gleichberechtigung aller Mitglieder, was zum einen die Fortpflanzungschancen der einzelnen Männer erhöhte, aber zum anderen waren sie dem Wettbewerb um die Gunst des attraktivsten Fortpflanzungspartners ausgesetzt. Nicht jedes Individuum ist gleich interessant als Sexualpartner für die Nachwuchszeugung. Die ursprüngliche Wohlstandgesellschaft hat eine Vielzahl an Strategien entwickelt, um die Fortpflanzungschancen möglichst gerecht aufzuteilen, ähnlich wie bei der Bonobo Gesell-

Besser als Yoga oder Pillen

Sex löst Aggressionen auf

Montag, 08.09.2014, 14:31

Viele psychische Probleme, etwa Depressionen, entstehen auch durch aufgestaute Aggressionen. Zusätzlich treiben die unterdrückten Disharmonien den Blutdruck in die Höhe, verengen die Gefäße, aktivieren große Mengen von Stresshormonen und machen angriffslustig. Befriedigender Sex wirkt hier wie ein Ventil, das dabei hilft, Aggressionen abzubauen.

schaft. Die Wesentlichste davon ist, dass sich jede Frau mit mehreren Männern paaren kann, sofern sie das möchte. Denn dadurch ist nicht sicher, welcher Partner schluss-endlich Vater des Kindes

Abb. 25: Nach dem Kampf oder aggressivem Handeln erwartet der Mann Sex, umgekehrt reduziert Sex die Aggressivität. Wenn Männer in den Krieg ziehen, wird Sex erwartet, insbesondere vom Sieger. Sexualisierte Kriegsgewalt findet bei jeder kriegerischen Auseinandersetzung statt. Armee- und Lagerbordelle sind neben den allgegenwärtigen Vergewaltigungen typische Erscheinungsformen. Wenn Männer im Kampf ihr Leben riskieren, wird wie bei den Männerbanden anschließend Sex erwartet und gefordert.

ist. Jeder Mann muss davon ausgehen, dass er es sein könnte. Deshalb liefern alle den maximalen Einsatz, um die jeweilige Frau während Schwangerschaft und Aufzucht der Kinder zu beschützen und zu versorgen. Kindererziehung ist in solchen Verbänden folglich eine Gemeinschaftsaufgabe, wodurch tiefe soziale Bindungen zwischen allen Mitgliedern entstehen, die den Zusammenhalt der Gruppe stärken.

Überdies sind sexuell erfolgreiche Männer wesentlich weniger aggressiv, was Spannungen untereinander zusätzlich verringert. Wie bereits erläutert kommen Männer hinsichtlich des sozialen Umganges mit Frauen aus dem Konzept der aggressiven Männerbande wie beim Gemeinen Schimpansen. Doch sie wurden im weiteren Verlauf sozialisiert. In dieser Zeit, vom gemeinsamen Vorfahren bis zur Entwicklung des Homo Sapiens Sapiens und der ursprünglichen Wohlstandsgesellschaft, wurden andere, wesentlich friedlichere Eigenschaften wichtig, auf die ich nochmals eingehen möchte. Die Sozialstruktur in der ursprünglichen Wohlstandsgesellschaft ähnelt der friedlicheren Struktur der Bonobo-Gruppen, mit der entsprechenden Gleichberechtigung der Geschlechter und dem Zusammenhang von Eckzahngröße und Hirnleistung. Die Männer des Homo Sapiens Sapiens hatten keine größeren Reißzähne mehr. Diese hatten sich auf Grund der friedlicheren Struktur zurückgebildet, da diese lediglich für aggressive Kämpfe untereinander genutzt wurden. Die immer besser werdende Denkleistung war eine wichtigere Eigenschaft als die reine aggressive Kraft. Anstatt Energie mit Kampf und Wettbewerb zu vergeuden, war die Entwicklung von Kleidung, Waffen und weiteren nützlichen Werkzeugen wesentlich effektiver.

Eine weitere erfolgreiche Strategie, die auch bei Menschenaffen beobachtet werden konnte, ist, dass die Männchen den Weibchen Geschenke machen, um eine engere Beziehung aufzubauen. Damit erhöhten sie ihre Chancen, Nachwuchs zu zeugen. Auf diese Weise bilden sich innerhalb einer Gruppe Paare, die besonders oft zusammen sind und eine emotional intensive Beziehung zueinander aufbauen. Diese Vorläufer der Liebe spielen auch in der ursprünglichen Wohlstandgesellschaft eine große Rolle. Wie dieses wohltuende Gefühl ausgelöst wird – ob durch Hormone oder Pheromone oder etwas ganz anderes – ist nach wie vor nicht gänzlich wissenschaftlich geklärt. Der Mensch kann eine sehr tiefe emotionale Liebe empfinden und dies stellt ein äußerst starkes Verbindungsglied zwischen den Partnern dar. Dieses Gefühl ist so stark, dass es fast den Rang eines Hardware-Gebotes einnehmen könnte. Unzählige Taten, positive wie negative, werden durch eine starke Liebe motiviert. Im negativen Fall kann dies bis hin zu Mord reichen, im positiven Fall bis zur selbstlosen Aufopferung. Die Bedeutung der Liebe für uns Menschen lässt sich auch anhand von heutigen Unterhaltungsmedien erkennen: Unzählige Lieder, Bücher, Filme und andere Werke ranken sich um dieses Gefühl und seine Folgen. Wie schon erwähnt ist der evolutionäre Nutzen der Liebe schwer abzuschätzen. Sicher hat sie etwas mit der Fortpflanzung zu tun, daher vermute ich eine Erhöhung der Paarungsbereitschaft zwischen Frauen und Männern, die sich nicht so gut kennen. Enge soziale Zusammenarbeit und die Gleichstellung von Mann und Frau waren Grundvoraussetzungen für das Überleben des modernen Menschen und der Korrelation mit der Weiterentwicklung des menschlichen Gehirns – Das „Männchen" aus der Säugetiergruppe wurde auf dem Weg zum „Mann" sozialisiert.

Den Antrieb zur sozialen Zusammenarbeit, bilden weiterhin die Hardware-Gebote. Diese geben implizit vor, dass jedes Lebewesen, also auch die Hominiden, ihre eigenen Gene bei der Fortpflanzung mit gesunden Genen eines geeigneten Partners kombinieren sollten, um den Auftrag zur Zeugung überlebensfähiger Nachkömmlinge bestmöglich erfüllen zu können. Denn prinzipiell soll der Nachwuchs dank seiner verfügbaren biologischen Werkzeuge möglichst effektiv seine Existenz sichern können. Das vererbte Gesamtpaket sollte deshalb vor allem Gesundheit, Stärke, Intelligenz und soziale Kompetenz enthalten, um die Überlebenschancen nachhaltig zu steigern. Um den eigenen Kindern eine möglichst gute Ausgangsposition zu ermöglichen, ist die Auswahl eines geeigneten Fortpflanzungspartners entscheidend. Hierzu ein paar grundsätzliche Betrachtungen zur Suche eines möglichst idealen Geschlechtspartners. Die dabei eingesetzten Strategien haben sich in der Evolution, unter anderem abhängig vom sozialen Ordnungsgrad und gruppeninternen, anerzogenen Ritualen, herausgebildet. Wie bereits erläutert, ist die im Paarungszeitraum verfügbare Anzahl männlicher Spermien deutlich größer als die der weiblichen Eizellen. Kurz gesagt gibt es unzählige kleine Spermien, aber nur wenige große Eizellen. Trotz des Ungleichgewichts ist die Anzahl der Frauen und Männer gleich. Es entstehen in etwa genauso viele männliche wie weibliche Nachfahren, was das Überangebot an Spermien aufrechterhält. Aus diesem grundlegenden Fakt lassen sich entscheidende Kriterien für die Partnersuche bei Säugetieren und insbesondere auch beim Menschen ableiten. Die nachfolgenden Betrachtungen starten bei den Säugetieren und sind rein logisch und biologisch zu sehen, da es auf dem Weg zur ursprünglichen Wohlstandsgesellschaft noch keine menschlich definierten Moralvorstellungen gab.

Das Weibchen wird bei der Partnersuche, aufgrund ihrer begrenzten Zahl an Ei und somit Keimzellen, darauf achten, dass die Chancen gesunden Nachwuchs zu zeugen möglichst groß sind. Deshalb sind Attribute wie Gesundheit und gute Gene, also eine gute Ausstattung von Proteinwerkzeugen, wichtig. Diese Attribute lassen sich in der Regel anhand von Äußerlichkeiten, wie Stärke und Schönheit erkennen. Zum anderen ist ein wichtiger Aspekt den Nachwuchs sicher aufziehen zu können. Dazu gehören Faktoren wie eine ausreichende Versorgung mit Nahrung und ein geschütztes Umfeld für den Nachwuchs. Diese Faktoren sind wiederum abhängig von der Stellung des Männchens innerhalb der Gemeinschaft.

Ein Männchen aus der Säugetiergruppe hingegen verfolgt völlig andere Ziele. Es will seine Chancen auf Fortpflanzungserfolg durch möglichst viele Befruchtungen steigern. Da er sich nicht primär um den Nachwuchs kümmern muss, tangiert es ihn wenig, wie viele Nachkommen er in die Welt setzt, da die Fürsorge vor allem von den Weibchen und/oder von allen Mitgliedern einer Gruppe getragen wird. Es kann seinen gewohnten Alltag fortführen, auch wenn er zahlreiche Kinder hat. Dieses Erbe aus der männlichen Vergangenheit der Säugetiere musste mit der ursprünglichen Wohlstandsgesellschaft in Einklang gebracht werden. Wie bereits ausgeführt, wurde der Mann dabei „sozialisiert". Es herrschte Gleichberechtigung und Arbeitsteilung, die Fortpflanzung war jedem Gruppenmitglied, unabhängig vom Rang oder Ansehen in der Gruppe, möglich. Die Zusammenarbeit von Frau und Mann und die Aufgabe, die Fortpflanzung in der Gruppe sozial zu regeln, waren von großer Bedeutung für das Überleben des gesamten Verbandes.

Ein Mann wusste nie, ob er wirklich der Erzeuger eines Kindes war, weil sich die Frauen aufgrund der weggefallenen Rangordnung mit mehreren Männern paaren konnten und durften. Diese Freiheit förderte wahrscheinlich die Herausbildung der Gefühlsebene bei der menschlichen Partnerwahl. Die Liebe im heutigen Sinne hat sich wahrscheinlich erst mit der ursprünglichen Wohlstandgesellschaft entwickelt. Bis heute ist es jedoch rätselhaft, warum sie in manchen Fällen ein Leben lang und in anderen nur ein paar Wochen oder Monate hält. Wir können sicherlich davon ausgehen, dass für jeden eine große Anzahl an potentialen Partnern hinsichtlich Liebe infrage kommen dürften. Falls es nur die eine Liebe gäbe, wäre die Wahrscheinlichkeit äußerst gering, dass sich diese beiden Partner auf unserer Welt treffen und zusammenkommen würden. Eine stabile und langwährende Liebesbeziehung erhöht allerdings für beide Partner die Wahrscheinlichkeit für eine erfolgreiche Aufzucht ihrer Nachkommen. Es könnten jedoch auch wesentlich rationalere Gründe, wie das Hardware-Gebot der Fortpflanzung, hinter den Mechanismen der Liebe stecken. In wen sich ein einzelner Mensch verliebt, ist ganz individuell und das ist gut so. Denn hätten alle Frauen denselben Mann als Zielobjekt, würden viele Männer leer ausgehen, was einerseits Konflikte hervorrufen, andererseits den

Genpool zunehmend verkleinern würde. Beides wäre fatal für den Fortbestand des Homo Sapiens Sapiens. Durch aggressive Kämpfe würden sich die Gruppenmitglieder gegenseitig ausrotten, durch mangelnde Genvielfalt steigt die Gefahr für Inzucht und damit die Anfälligkeit für Krankheiten. Durch die Durchmischung der Gene fördert die Liebe unter anderem die Fitness der Mitglieder.

Die Gemeinschaftsform der ursprünglichen Wohlstandsgesellschaft ist, insbesondere hinsichtlich des Verhältnisses zwischen Mann und Frau, auf Konsens und Gleichheit aufgebaut. Die Frauen sind ebenso wichtig, wenn nicht sogar wichtiger für das Überleben der Gruppe, wie die Männer. Sie gewinnen in der ursprünglichen Wohlstandsgesellschaft an Bedeutung und Einfluss und werden mit hoher Wahrscheinlichkeit zur treibenden Kraft bei der sozialen Entwicklung. Abbildung 24 zeigt den Einfluss der Sexualität und deren Bedeutung in den frühen Gesellschaften und die hervorgehobene wichtige Stellung von Frauen.

Abb. 26: Eine der ältesten gefundene Darstellung drei nackter Frauen in einer Steinzeithöhle in Angles-sur-l'Anglin – ca. 20.000 Jahre alt unterstreicht die mindestens gleich berechtigte, eher eine höhere Stellung der Frauen in der damaligen Gesellschaft.

Wie bereits aufgeführt, sind aufgrund der Arbeitsteilung zwischen den Geschlechtern, die Frauen in erster Linie für die Versorgung und Erziehung des Nachwuchses zuständig. Da jedoch auch unter den Frauen die Arbeit aufgeteilt wird, werden alle Kinder von allen Frauen gemeinsam betreut, was die einzelnen Mütter entlastet und ihnen Freiräume schafft, die sie zum Beispiel zur Nahrungsmittelbeschaffung oder für handwerkliche Tätigkeiten nutzen können. Dies wiederum erhöht die Überlebenschancen. Manche Gruppen in der ursprünglichen Wohlstandsgesellschaft haben die Regel eingeführt, dass Männer und Frauen in getrennten Unterkünften leben und sich nur zur Paarung treffen. Damit sollten etwaige Besitzansprüche und Aggressionen vermieden werden. Nach der Geburt eines Kindes ist einer Frau die Unterstützung der Gruppe, auch aller männlichen Mitglieder, sicher und der Nachwuchs kann ohne irgendwelche größeren persönlichen Einbußen, auch ohne Unterstützung des leiblichen Vaters großgezogen werden. Der Beitrag der Männer zur Kindererziehung ist somit wesentlich geringer als der der Frauen. In der Pubertät wird, meist verbunden mit einer zeremoniellen Feier, eine Art Stammesritual, der Übergang der Jungen in die Männerwelt eingeleitet. Erst dann verlassen

sie den Bereich der Frauen und werden von den männlichen Stammesmitgliedern weiter erzogen. Dabei erlernen sie die für ihre männlichen Aufgaben wichtigen Fertigkeiten, wie Waffenherstellung, Jagen und Hausbau.

Abb. 27: Mitglieder des indigenen Volkes der Canela, die mit der Ankunft der Europäer, letzten Endes mit Gewalt, zur Aufgabe ihrer Gesellschaftsordnung gezwungen wurden, die ein sehr offenes, sexuelles Miteinander pflegten.

Da aus den bereits erwähnten Gründen grundsätzlich immer mehr fortpflanzungsbereite Männer als Frauen zur Verfügung stehen, gibt es in einigen der heute noch existierenden ursprünglichen Wohlstandsgesellschaften gewisse Regelungen, beispielsweise die Mehrmänner-Ehe. Das heißt, eine Frau lebt mit mehreren Partnern zusammen und paart sich mit jedem von ihnen. Dadurch ist die Vaterschaft eines Nachkommen, wie schon beschrieben, nicht eindeutig geklärt. Auf diese Weise kann der Überschuss an männlicher Paarungsbereitschaft kompensiert werden, was die interne Aggressivität enorm reduziert. Dieser offene Umgang mit Sex und der Verteilung von Geschlechtsakten über eine Gruppe hinweg hat sich bei einigen indigenen Völkern bis heute erhalten. So war beispielsweise beim, im brasilianischen Amazonasgebiet beheimateten indigenen Volk der Canela (siehe Abbildung 27) außerehelicher Geschlechtsverkehr erlaubt. Männer und Frauen sind angehalten, diese Möglichkeit zu nutzen. Die Ablehnung des Geschlechtsaktes mit einem willigen Partner wird als bösartig wahrgenommen.

Der außereheliche Geschlechtsverkehr war daher eine beliebte Freizeitbeschäftigung. Es herrschte der Glaube vor, dass eine Eizelle von den Samen mehrerer Partner befruchtet werden kann und jeder dieser Männer seine vorteilhaften Eigenschaften an das Kind weitergibt. Aufgrund christlicher Missionierungen hat sich das Sexualleben dieses Stammes mittlerweile jedoch den Maßstäben der westlichen Welt angeglichen.

Weitere Beispiele von Gesellschaften mit einem sehr offenen Verständnis von Sexualität sind die Muria in Indien, die Sirionó in Bolivien sowie die Völker der Kulina, Pirahä und Mati in Brasilien. Zwar gibt es heute nahezu keine Menschen mehr, die noch nicht mit der modernen Welt in Kontakt gekommen sind, aber bei manchen indigenen Völkern wie beispielsweise den Murias in Indien haben sich trotzdem Reste der traditionellen Strukturen erhalten.

Bei den Muria (siehe Abbildung 28) besteht ein besonderes Geschlechter-Verhältnis: Alle Jungen und Mädchen eines Dorfes

leben gemeinsam im „Ghotul" – das Haus der Kinder. Lediglich Babys und Kleinkinder leben bei ihren Eltern. Tagsüber sind die Kinder in der Schule oder verrichten landwirtschaftliche Arbeiten. Am Abend treffen sich alle Kinder im

Abb. 28: Bei den Murias in Indien wird viel getanzt und gelacht. Es sind glückliche und harmonische Menschen. Es gibt keine Art von Kriminalität. Freizügiger natürlicher Umgang mit viel kuscheln der Geschlechter.

Ghotul. Ein Mädchen und ein Junge werden als Chef und Chefin des Hauses gewählt, die darüber wachen, dass die Regeln im Haus eingehalten werden. Die Eltern mischen sich nicht ein und betreten auch das Haus der Kinder nicht. Im Ghotul teilen sich je ein Mädchen und ein Junge einen Schlafplatz. Die Paarungen werden altersunabhängig jeden Abend von den Kindern gemeinsam und im Einvernehmen mit den Chefs des Hauses festgelegt. Das Haus der Kinder dient keineswegs ausschließlich der sexuellen Erziehung, vielmehr ist es ein Mittelpunkt dörflicher Aktivitäten. Es ist ein Ort, indem die Minderjährigen unabhängig nach ihren eigenen Gesetzen leben und lieben können. Alle kommen dabei hinsichtlich Zärtlichkeit und Zuwendung auf ihre Kosten, was zu einem freien und entspannten Zusammenleben führt. Alle Mitglieder erhalten nahezu dieselbe Aufmerksamkeit wie alle anderen. Dadurch werden Gemeinschaft und Zugehörigkeitsgefühl gestärkt. Solange die Minderjährigen im Kinderhaus leben – sobald sie heiraten müssen sie ausziehen – dürfen sie nur dreimal mit dem gleichen Partner die Nacht teilen, was bei älteren Kindern/Jugendlichen wahrscheinlich zwangsläufig zu unterschiedlichen Sex-Partnern führt. Die Murias leben in sexueller Harmonie und sind ein äußerst, fröhliches und glückliches Volk – ein Leben im „Paradies". Ein absoluter Sonderfall im ansonsten sehr prüden Indien. Ein erfülltes Sexualleben gepaart mit Zärtlichkeiten sorgt offensichtlich für ein friedliches und einvernehmliches Miteinander aller Mitglieder einer Gruppe.

8. Altruismus contra asoziales Verhalten – Software-Gebote versus Hardware-Gebote, der permanente Konflikt

Die Grundlagen des menschlichen Zusammenlebens sind von Beginn an, während der Evolution, über einen langen Zeitraum geschaffen und optimiert worden. Die Basis von allem sind die Hardware-Gebote der Evolution, ohne die die Entstehung und Weiterentwicklung von Leben nicht möglich gewesen wäre. Im Prinzip sind diese evolutionären Vorgaben die menschlichen Triebe, die kaum ausgeschaltet werden können. Die Hardware-Gebote sind essenziell – wir müssen und wollen überleben. Deshalb sind Nahrungsbeschaffung und Fortpflanzung zum Erhalt der eigenen Gene der entscheidende Ansporn aller Lebewesen auf der Welt. Selbst die einfachsten Organismen folgen diesen Prinzipien. Sie sind daher häufig auch der Grund für unsoziale Verhaltensmuster beim Menschen.

Um den Auftrag der Hardware-Gebote zu erfüllen, ist ein gewisses Maß an Egoismus erforderlich oder zumindest hilfreich. Die Hardware-Gebote verlangen also egoistisches Verhalten, das Überleben kann hingegen nur mit einem sozialen und ausgewogenen Miteinander gesichert werden. Dieser Widerspruch führt immer wieder zu verschiedensten Konflikten bis in unsere heutige Zeit. Den Anforderungen aus den Hardware-Geboten muss nachgekommen und das eigene Leben mit allen zur Verfügung stehenden Mitteln erhalten werden, um die Reproduktion der Gene zu ermöglichen und zu gewährleisten. Daraus folgt ein in den Instinkten angelegter Egoismus, der das eigene Überleben sichert. Die Hardware-Gebote machen uns Menschen also prinzipiell zum Egoisten. Egoistisches, teilweise asoziales oder sogar kriminelles Verhalten ist hilfreich, um sich im Wettbewerb ums Überleben gegenüber anderen Gruppenmitgliedern zu behaupten. Wenn erlernte Moralvorstellungen und Regeln des sozialen Zusammenlebens über Bord geworfen und somit die Software-Gebote ignoriert werden, kommt es nicht selten zu kriminellen Handlungen, für die einzig und allein die Hardware-Gebote als Motivation infrage kommen. Die Erfüllung der Hardware-Gebote rangiert meist über dem Befolgen der Software-Gebote. Natürlich gibt es auch Situationen, bei denen die Software-Gebote die Oberhand gewinnen: Zum Beispiel Kriege, hier opfern sich viele Menschen, vor allem Männer, vermeintlich für das Gemeinwohl. Gemäß dem Software-Gebot „Gruppenzugehörigkeit" oder vermutlich die Sorge um die Familie und damit der Schutz der Verwandten ist in diesem Fall die treibende Kraft.

Gleichzeitig bringt das soziale Miteinander in einer Gruppe – selbst für die asozialen Mitglieder – viele Vorteile mit sich, weswegen ein gewisser Grad an sozialer Zusammenarbeit ebenso wichtig ist. Die Diskrepanz zwischen egoistischem und selbstlosem Verhalten begleitet mehr oder weniger die soziale Zusammenarbeit von Lebewesen. Bereits innerhalb der ersten Bakterienverbände mussten Entscheidungen getroffen werden, welche Zellen beispielsweise in Hungerzeiten überleben durften, und welche sterben mussten. Ein Mensch besteht aus vielen Zellen die sozial zusammenarbeiten, alles fängt an mit der befruchteten Eizelle. Diese teilt sich wieder und wieder. Zunächst sind dabei alle neuen Zellen gleich. Doch irgendwann muss entschieden werden, wie sich welche Zelle spezialisiert und vor allem, welche Zellen sich zu Keimzellen entwickeln dürfen. Denn die Keimzellen sind die einzigen potenziell unsterblichen Zellen, sofern es zur Fortpflanzung kommt. Aus ihnen entsteht das neue Leben. Mit der Entscheidung der Spezialisierungsart sind die meisten Zellen des menschlichen Körpers folglich dem Untergang, beziehungsweise Tod geweiht. Sie tragen selbstlos nur dazu bei, das Überleben der Keimzellen zu sichern. Irgendwann im Laufe einer Schwangerschaft wird also entschieden, welche Zellen zu Keimzellen, zu neuen Lebewesen, zu potenzieller Unsterblichkeit, bestimmt sind und welche zu selbstlosem

Handeln verpflichtet werden und somit dem Tod geweiht sind. Es ist deshalb davon auszugehen, dass diese Entscheidung nicht freiwillig erfolgt, sondern irgendwie von irgendetwas gesteuert wird.

Dabei kommt es manchmal zu einem Paradoxon: In einigen Individuen brechen einzelne Zellen aus dieser Steuerung aus und beginnen, die Hardware-Gebote für sich selbst zu erfüllen – sie vermehren sich ungehemmt. Dadurch schaden sie dem Organismus, was in vielen Fällen bis zum Tod führt. Wie schon erläutert wird dieser Vorgang als Erkrankung eingestuft – Krebs. Die jeweiligen Zellen sind also der Wachstumsbeschränkung und der Steuerung des Körpers entkommen. Das ist im Grunde asoziales Verhalten einzelner Zellen gegenüber dem gesamten Organismus. Selbst die Klarheit darüber, dass dieses Verhalten zum Tod des gesamten Mehrzellers und somit zum Tod der Krebszellen selbst führt, beendet den Prozess nicht. Durch dieses egoistische Verhalten einzelner Zellen wird das ausgewogene Gleichgewicht aller Zellen gestört, da die Funktionalität der befallenen Körperteile und Organe nicht mehr gegeben ist.

Doch zurück zur Diskrepanz der Aufträge aus den Hardware-Geboten und dem sozialen Miteinander des Homo Sapiens Sapiens. Auch er kann nur in der Gruppe überleben und muss mit den anderen Mitgliedern sozial zusammenarbeiten. Erforderlich hierzu ist ein möglichst gerechtes System von Geben und Nehmen. Vertrauen ist beim Homo Sapiens Sapiens in der ursprünglichen Wohlstandsgesellschaft eine der wichtigsten Voraussetzungen, damit sich einzelne Gruppenmitglieder auch ohne eigenen Vorteil unterstützen. Jeder verlässt sich darauf, dass für alle das Wohlergehen der gesamten Gruppe Priorität hat. Denn darauf basiert die Bereitschaft, selbstlos anderen zu helfen, ohne einen individuellen Vorteil daraus zu ziehen. Deshalb werden egoistische Handlungen, die zwar durch die Hardware-Gebote vorgegeben, aber verpönt sind, nur heimlich oder anonym ausgeführt, um das Vertrauen der Gemeinschaft und die eigene soziale Stellung nicht zu gefährden. Vor allem in Krisenzeiten wird, wenn es keiner bemerkt, deshalb heimlich zum eigenen Vorteil betrogen. Gleichzeitig wissen das alle und gehen darum davon aus, dass auch die anderen Gruppenmitglieder so vorgehen. Nach außen hin möchte jeder in einem guten Licht dastehen, um nicht für einen Egoisten gehalten zu werden und seinen Ruf zu wahren. Insbesondere in der heutigen Zeit wird hinter den Kulissen gelogen, gemobbt, verraten, gestohlen und ausgebeutet. Alles, was heimlich passiert, ist folglich von egoistischen Motiven getrieben und hat meistens einen asozialen Charakter. Ein Mitglied einer Gruppe findet einen kleinen Vorrat an Honig, der nicht für alle reicht. Die Chance unentdeckt zu bleiben ist groß und daher auch die Versuchung ihn allein zu essen. Es erfolgt eine Abwägung wie groß die Chance ist erwischt zu werden oder nicht, dann fällt die Entscheidung. Eigene positive Taten werden gerühmt und negative Taten, wenn möglich, verschwiegen.

Diese Diskrepanz ist in unserem heutigen gesellschaftlichen Miteinander ständig gegenwärtig. Müllentsorgung am Straßenrand, Sachbeschädigungen und kleine Lügen sind beispielsweise kleinere asoziale Handlungen auf Kosten der Allgemeinheit. Wir erwarten sogar förmlich von anderen asoziales und egoistisches Handeln und achten auf entsprechende Anhaltspunkte, um dieses zu entlarven. Selbst das kulturelle Schaffen dreht sich darum – in Filmen, Büchern und dergleichen geht es nicht selten um den Kampf von Gut gegen Böse. Ein asozialer, krimineller oder egoistischer Bösewicht tritt an, um Unruhe und Unordnung zu stiften. Doch nach allen Lügen, Intrigen und bösen Machenschaften zieht er am Ende meist den Kürzeren gegen den guten und sozial agierenden Helden. Ohne diese Grundstruktur wären viele Geschichten langweilig, weil die Leser/Zuschauer eben wissen, dass das Egoistische, Asoziale zur Realität gehört. Und dass in der Fiktion meist das Gute siegt, hinterlässt ein befriedigendes Gefühl, obwohl klar ist, dass dies wiederum im realen Leben nicht der Fall ist.

Doch schlussendlich kann der Mensch nur in der Gruppe überleben. Deshalb wird und wurde egoistisches Verhalten in der Regel, wenn es öffentlich wird, bestraft. Die höchste Strafe, für wahrscheinlich schlimmste Vergehen, war in der ursprünglichen Wohlstandsgesellschaft der Ausschluss aus der Gemeinschaft. Dieser führte häufig zum Tod, wenn der Ausgeschlossene auf sich allein gestellt war, was letzten Endes die Todesstrafe bedeutete. Ausgrenzung aus der Gruppe ist bis heute eine der drastischsten Strafen, auch wenn die Folgen nicht mehr ganz so fatal sind. Schlussendlich will niemand offiziell als Verräter oder asozialer Egoist abgestempelt werden. Je kleiner eine Gruppe ist, desto schlimmer ist es, wenn eine Verfehlung bekannt und abgestraft wird. Mitunter kann verlorenes Vertrauen nie mehr zurückgewonnen werden. Deshalb ist es insbesondere innerhalb eines engen Verbandes, wie einer Familie, meist sehr belastend, wenn ein solches Fehlverhalten entdeckt wird. Nicht nur die Betrogenen leiden unter dem Vertrauensbruch, sondern auch der Betrüger, der vom Kreis seiner engsten Angehörigen ausgeschlossen wird. Andererseits wird sozial vorteilhaftes Verhalten belohnt – mit Anerkennung und durchaus auch materiellen Zuwendungen. Damit sollen die Chancen gesteigert werden, in Notsituationen Hilfe für sich selbst zu generieren.

Um innerhalb einer Gemeinschaft für ein funktionierendes soziales Miteinander zu sorgen, werden zahlreiche Regeln aufgestellt, an die sich alle Mitglieder zu halten haben. Um die Einhaltung dieser Regeln zu überprüfen und bei Vergehen Strafen aussprechen zu können, wird in jeder Gemeinschaft ein Regelwerk erstellt, in dem festgehalten ist, welches Verhalten nicht geduldet wird und wie entsprechenden Strafen aussehen. Diese Regeln werden an die Kinder weitergegeben und im Rahmen der Erziehung vermittelt. Je kleiner eine Gruppe ist und je näher sich die Mitglieder stehen, desto offener ist der Informationsfluss zwischen den Individuen. Mit dem anerzogenen Gewissen minimiert dies die Chancen zu egoistischem Verhalten. Das gilt auch in ursprünglichen Wohlstandsgesellschaften, in denen aufgrund der Nähe der Mitglieder heimliches, asoziales Verhalten schwierig umzusetzen ist. Zudem sind die Vorteile eines solchen Verhaltens in ihrem materiellen und zeitlichen Umfang begrenzt. So kann vielleicht nach einem geheimen Jagderfolg ein Teil der Beute einbehalten werden – doch der daraus resultierende Nutzen ist von kurzer Dauer. Falls dennoch heimlicher Egoismus und asoziales Verhalten bekannt werden, werden Strafmaßnahmen der Gruppe eingeleitet, um die Gerechtigkeit wiederherzustellen. Gegenseitige Kontrolle, Vertrauen und ein offener Informationsfluss sind die Grundvoraussetzungen für ein funktionierendes Zusammenleben. Wie diese wichtigen Funktionen von einzelnen Mitgliedern in der ursprünglichen Wohlstandgesellschaft umgesetzt werden, werde ich im Folgenden erläutern. Jedes Mitglied hat einen gewissen Rang oder Ruf in der Gruppe, worauf sich eine Art Rangfolge der Gruppenmitglieder nach persönlichen Eigenschaften zum Vorteil für die Gruppe ergibt. Heimlichkeiten und geheimes Verhalten deuten mehr oder weniger deutlich darauf hin das der entsprechende Hintergrund egoistische Motive hat.

9. Die Neolithische Revolution – das Ende der ursprünglichen Wohlstandgesellschaft

Vor etwa 12000 Jahren veränderte sich das menschliche Verhalten und Handeln. Aufgrund der neolithischen Revolution verschwanden die überall existierenden ursprünglichen Wohlstandsgesellschaften –bis auf wenige Ausnahmen – und wurden durch neue Gesellschaftsformen ersetzt. Ein Vorgang der noch bis in unsere Zeit anhält. Die indigenen Stämme in Amerika und Australien wurden vor nicht allzu langer Zeit gewaltsam durch die Kolonialmächte nahezu vernichtet. In der heutigen Zeit gibt es nur noch wenige indigene Stämme, die übrig geblieben sind und zumindest noch teilweise nach den Software-Geboten der ursprünglichen Wohlstandsgesellschaft leben. Die ursprüngliche Wohlstandsgesellschaft ist ein optimiertes Konzept für das Zusammenleben einer Gesellschaft von Jägern und Sammlern. Es ist die soziale Ordnung, die sich evolutionär in Millionen von Jahren, als erfolgreich erwiesen und deshalb durchgesetzt hatte, auch weil sie am ehesten den Anforderungen des menschlichen Zusammenlebens entspricht. Bis heute wird unser soziales Verhalten von denselben Software-Geboten bestimmt, die schon für ein friedliches Miteinander in der Ursprünglichen Wohlstandgesellschaft gesorgt haben. Innerhalb kürzester Zeit bildete sich aber eine völlig andere Form des gesellschaftlichen Lebens heraus. Die größte Veränderung im Vergleich zur ursprünglichen Wohlstandsgesellschaft war dabei die enorme Zunahme der Mitgliederanzahl eines Verbandes. Der Bruch mit den perfekt optimierten sozialen Strukturen der ursprünglichen Wohlstandsgesellschaft begann gegen Ende der letzten Eiszeit vor rund 12.000 Jahren, als die Menschen Ackerbau und Viehzucht für sich entdeckten. Diese Entwicklung ging mit dem Sesshaft werden einher. Aus nomadisch umherziehenden Stämmen von Jägern und Sammlern wurden ortsansässige Bauerngesellschaften. Diese Phase wird als neolithische Revolution bezeichnet. Sie markiert den Übergang zur Jungsteinzeit.

Diese Veränderung führte zum Zusammenleben in sehr viel größeren Gruppen, deren Mitgliederzahlen weit über die der früheren, einzelnen Stämme hinausgingen. Nutztier und Vorratshaltung machten die Menschen unabhängig von Jagderfolg und Jahreszeiten. Es war immer ausreichend Nahrung vorhanden. Gleichzeitig musste eine größere Anzahl von Mitgliedern, die lokal gebunden waren, versorgt werden. Dadurch veränderte sich die Arbeitsteilung – die einzelnen Gruppenmitglieder spezialisierten sich auf eine oder wenige Aufgaben. Die Vielseitigkeit der einzelnen Menschen nahm damit zwar ab, dafür wurden die von Spezialisten erzielten Ergebnisse immer besser.

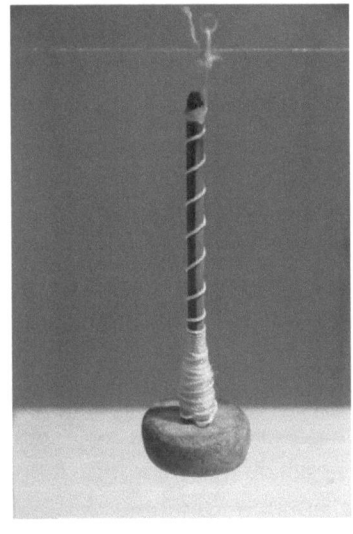

Abb.29: Mit der Spindel konnten Schnüre und Fäden für Textilien hergestellt werden, die weitere Verbesserungen hinsichtlich Existenzerhaltung ermöglichten. Kleidung, Netze oder Segel bewirkten eine außerordentliche Effizienz Steigerung.

Auch die Rolle der Frauen veränderte sich gravierend. Während sie in der ursprünglichen Wohlstandsgesellschaft ihre Kinder noch mehrere Jahre lang gestillt hatten, bis diese feste Nahrung essen konnten, konnten sie den Nachwuchs nun ersatzweise mit Tiermilch oder Getreidebrei ernähren. Während bis dahin Kinder bis zu vier Jahre lang gestillt wurden, reduzierte sich diese Zeit nun erheblich. Durch das frühere Abstillen wiederum konnten die Frauen schneller neuen Nachwuchs gebären. All dies führte zu einer wahren Bevölkerungsexplosion. Die wiederum steigerte den Nahrungsbedarf weiter, wodurch die Menschen noch mehr auf Landwirtschaft, Viehzucht und Fischfang angewiesen waren, da der Lebensmittelbedarf für eine solch große Anzahl an Gruppenmitgliedern nicht mehr über Jagen und Sammeln gedeckt werden konnte. Die Menschen wurden also sesshaft, erzeugten ihre Lebensmittel selbst. Sie nutzten die freie Zeit für Neuentwicklungen und die ständige Verbesserung von technischen Gerätschaften. Die Metallherstellung, der Bau von Getreidemühlen, die Entdeckung von Methoden zur Konservierung von Lebensmitteln und viele andere Errungenschaften fallen in diese Zeit. All das erhöhte die Effektivität, Produktivität und verbesserte die Ressourcenausnutzung.

Als Resultat begannen die Verbände immer stärker zu wachsen, sodass sie bald deutlich mehr Mitglieder als in der ursprünglichen Wohlstandgesellschaft hatten. All das war schlussendlich der Start zu einer Distanzierung von den alten und bewährten

Abb. 30: Die Erfindung der Getreidemühlen ermöglichte die Erschließung neuer Nahrungsquellen wie Weizen durch den Ackerbau. Voraussetzung für das weitere Bevölkerungswachstum.

Regeln der ursprünglichen Wohlstandsgesellschaften und somit zu einer Entfremdung von den Software-Geboten für das sozial ausgewogene Miteinander. Damit einher ging eine weitere bis heute wesentliche Änderung: Plötzlich zählte Besitz. Besitz in Form von fruchtbaren Böden, wohlgenährten Tieren, ertragreichen Fischfang-gebieten, Vorräten an Lebensmitteln, ausgefeilten Werkzeugen und Waffen oder Rohstoffvorkommen, wie zum Beispiel Salz zur Konservierung oder Metallerze. Damit begann der Wettbewerb unter den Menschen, gepaart mit Missgunst, Neid und Machtansprüchen, insbesondere wenn die Hardware-Gebote nicht erfüllt werden konnten. Besitz brachte deshalb mit sich, dass er verteidigt werden musste. Statt zu kooperieren, begannen die Menschen, ihr Hab und Gut zu verteidigen, nicht zu teilen und gleichzeitig anderen den Besitz streitig zu machen. Die Rangordnung innerhalb eines Verbandes wurde nicht mehr über das Gemeinwohl definiert sondern über den Besitz festgelegt. Kämpfe und Auseinandersetzungen waren und sind die Folgen.

Durch das immense Bevölkerungswachstum wurden die Menschen überdies immer abhängiger von der Landwirtschaft als Nahrungsgrundlage. Und die wiederum war ein äußerst fragiles System – lokale Klimaschwankungen konnten eine ganze Ernte verderben und so die Versorgung mit Lebensmitteln unterbrechen. Unterstützt durch das extreme Bevölkerungswachstum kam es immer wieder zu Hungersnöten, wodurch auch die Befolgung der Hardware-Gebote gefährdet wurde. Denn wenn es ums blanke Überleben geht, lässt die Bereitschaft zu sozialem Verhalten stark nach und die Hardware-Gebote rücken verstärkt in den Vordergrund. Die Folge war ein Wettbewerb um die Ressourcen unter den verschiedenen Stämmen und Gesellschaften.

Die neolithische Revolution markiert somit in vielerlei Hinsicht eine einschneidende Wende. Solange genug Ressourcen zur Verfügung standen, war das Zusammenleben innerhalb einer Gemeinschaft friedlich und auch die Erschließung neuer Gebiete, um der wachsenden Bevölkerung Raum zu geben, verlief problemlos. Doch sobald die Ressourcen zur Neige gingen, kam es zu Kämpfen um Gebiete oder Besitztümer. In dieser Zeit begannen die Menschen deshalb mit dem Bau der ersten befestigten Städte, um sich vor kriegerischen Angriffen zu schützen. Hier passt die Stadt Jericho ins Bild die vor ca. 8000 Jahren vor Christus schon Verteidigungsmauern aufwies.

Neben äußeren Schutzmaßnahmen war für einen Erfolg bei kriegerischen Auseinandersetzungen auch die Gruppengröße entscheidend. Denn je größer die Gruppe, desto größer die Anzahl der Krieger. Somit wuchsen mit zunehmender Gruppenstärke

Abb. 31: Jericho, eine der ältesten Städte der Welt ca. 10.000 v. Chr, ab ca. 8300 v. Chr. durch eine Stadtmauer geschützt.

auch die Überlebenschancen bei Streitigkeiten. Auch die Effektivität im Kampf wurde immer wichtiger. Dafür war eine hierarchische, streng organisierte Struktur von großem Vorteil. Die kontinuierlich größer werdenden Gesellschaften standen in einem permanenten Wettbewerb miteinander, der nicht selten über Krieg und Kampf entschieden wurde. Damit entfernten sich diese Gruppen zunehmend von den Software-Geboten der ursprünglichen Wohlstandgesellschaft. Denn bei solchen Kämpfen treten die Hardware-Gebote in den Vordergrund, das heißt Nahrungsbeschaffung, Fortpflanzung, Wachstum und vor allem Selbsterhalt.

Ab dem Zeitpunkt der neolithischen Revolution waren für das Bestehen einer Gruppe also nicht mehr Jagderfolg und Nahrungsquellen in der Umgebung die wichtigsten Faktoren, sondern die Anzahl der Gruppenmitglieder und die Kampfkraft war entscheidend, um im Wettbewerb um Nutzflächen und Ressourcen bestehen zu können. Fast die gleichen Bedingungen wie bei der aggressiven Ordnung der Gemeinen Schimpansen. Da dieser Wettbewerb häufig zu kriegerischen Auseinandersetzungen führte, war zudem die Bereitschaft der einzelnen Mitglieder, sich für die Gemeinschaft zu opfern, um das Überleben der Großgruppe zu sichern, entscheidend. Denn die Männer des unterlegenen Volkes starben meist im Kampf oder wurden anschließend getötet. Überlebende – in der Regel Frauen – wurden vom siegreichen Volk versklavt. Dieses profitierte davon, da die Sklaven alle harten und unangenehmen Arbeiten übernehmen konnten.

Abb. 32: Eine frühe Darstellung von Sklaven im ägyptischen Reich. Innerhalb kürzester Zeit wurde Gewalt und Aggression zur Normalität. Elitäre, hierarchische Männerverbände, bestehend aus Armee, Verwaltung und Religion übernehmen die Kontrolle. Gesellschaftlich ein Rückschritt in das soziale Miteinander wie bei den Gemeinen Schimpansen. Die Männerbande übernimmt die Macht, die Frauen und ihr sozialer Einfluss werden immer stärker unterdrückt.

Weibliche Sklaven wurden zudem als Sexobjekte ausgebeutet. Ein Sieg bedeutete zusätzlich eroberte Vorräte und Viehbestände, die den Besitz eines Verbandes vergrößerte. Dies führte zur Entstehung einer von Männern dominierten Kriegsgesellschaft. Die einzelnen Gemeinschaften benötigten eine starke, kriegsorientierte Struktur und eine militärische Hierarchie, um erfolgreich Kriege bestreiten zu können. Diese Organisationsmuster erhielten sich auch in Friedenszeiten, weswegen der Krieg, selbst wenn die Waffen gerade ruhten, das gesamte Gesellschaftsgefüge bestimmte. Diese Entwicklung führte folglich mehr zurück in die Richtung der sozial aggressiven Ordnung der Gemeinen Schimpansen. Vom sozialisierten Mann zurück in Richtung „Gemeines Schimpansen-Männchen" mit seinem aggressiven Verhalten gegenüber anderen Gruppen, als auch beim internen Wettbewerb. Die Bildung von strengen Hierarchien, deren Aufrechterhaltung mittels Gewalt, passt in dieses Bild. Die Männerbanden etablieren sich in der Verwaltung, und in den Armeen, um die eigenen Privilegien zu erhalten.

Dieser neuen Situation mussten sich auch die Frauen anpassen, die seit jeher mit dem Kriegsdienst (fast) nichts zu tun haben. Sie mussten sich den neuen Hierarchiestrukturen unterordnen und ihre gegenüber Männern gleichberechtigte Stellung aufgeben. Denn es ging ihnen trotz allem im eigenen Stamm besser, als wenn sie nach dem Sieg eines fremden Stammes versklavt und dementsprechend ausgebeutet wurden. Durch das fortwährende Bevölkerungswachstum wurde der Kampf um die vorhandenen Ressourcen immer wichtiger, kriegerische Auseinandersetzungen nahmen zu. Dadurch verfestigten sich die hierarchischen männlich-dominierten Strukturen.

Doch nicht nur die permanenten Kämpfe wurden zum Problem, auch die zunehmende Knappheit von fruchtbaren Böden und freien Flächen. All das führte dazu, dass immer mehr Menschen aus ihren Heimatgebieten aufbrachen, um neue Siedlungsgebiete zu finden. Aufgrund der Vergrößerung der Gruppen wurden ganze Völkerwanderungen ausgelöst, die wiederum in kriegerischen Auseinandersetzungen endeten.

Rückblickend ist es erstaunlich, wie schnell sich die über Jahrtausende existierende, recht frei organisierte, ursprüngliche

Wohlstandsgesellschaft mit ihren kleinen Verbänden zu streng männerdominierten, hierarchisch strukturierten Gesellschaftsformen entwickelte. Der gesamte Prozess war innerhalb von etwa 5000 Jahren abgeschlossen. Die ersten kleinen Städte wurden circa 10.000 vor Christus gegründet und beispielsweise die patriarchisch aufgebaute Kultur der Ägypter erlebte um 3000 vor Christus ihren Höhepunkt. Daher ist es nicht verwunderlich, wenn das soziale Miteinander in solch großen Gruppen bis heute noch nicht völlig ausgewogen ist, da wir Menschen evolutionär betrachtet erst seit ziemlich kurzer Zeit in dieser Form zusammenleben. Bis heute steht der Homo Sapiens Sapiens noch ganz am Anfang dieses Evolutionsprozess der sozialen Beziehungen in einer unübersichtlichen Großgruppe. In dieser noch nicht fertig entwickelten Gruppendynamik in Großgruppen steckt deshalb ein großes Konfliktpotenzial, worauf viele Probleme der heutigen Zeit zurückzuführen sind. Das Bevölkerungswachstum während der neolithischen Revolution wurde, wie bereits erwähnt, nur dadurch ermöglicht, dass die Menschen sesshaft wurden, mit Landwirtschaft und Viehhaltung begannen und sich stetig technisch weiterentwickelten. Die Kultivierung von Nutzpflanzen, die Anlage von Bewässerungssystemen, der Beginn der Metallverarbeitung, die Entdeckung und Nutzung der Regeln der Mathematik und vor allem der Einsatz von Waffen sind nur einige Beispiel dafür. Dieser Prozess des ungebremsten Wachstums führt zu immer mehr kriegerischen Auseinandersetzungen – um Land, Nahrungsmittel, Wasser, Energieträger, Bodenschätze und vieles mehr. Alle Gesellschaften sind fortan darauf aus, ihr Territorium und damit die Anzahl der Krieger zu vergrößern und dieses vor Angriffen zu schützen.

Dafür werden kleinere, schwächere Reiche erobert und ins eigene Staatsgebiet einverleibt. Ein weiteres Problem dabei ist, dass nach den Kämpfen die hierarchischen Strukturen nicht aufgelöst wurden. Während in der ursprünglichen Wohlstandsgesellschaft nach einer Auseinandersetzung wieder zur alten Ordnung zurückgekehrt wurde und ergo wieder Gleichberechtigung herrschte, blieb die Rangordnung in den Großgruppen bestehen. Durch die zunehmende Spezialisierung und Arbeitsteilung wurde dieser Effekt noch verstärkt. So stieg zwar die Effektivität in der Produktion, aber gleichzeitig war es den einzelnen Gruppenmitgliedern kaum möglich, ihre Position zu verändern und vor allem zu verbessern. Wer einmal Bauer war, war darauf so spezialisiert, dass er ein Leben lang Bauer blieb. Gleiches gilt für Handwerker und alle sonstigen Berufe. Dabei waren die einzelnen Berufe gleichzeitig mit sehr unterschiedlichen Verdiensten und mit stark differierenden Rangpositionen verknüpft. Auch der Besitz war für die Position eines Individuums in der Hierarchie wichtig. Dadurch bildete sich eine gewisse Elite heraus, die von der neuen Organisationsstruktur profitierte. Und wer dazuzählte, hatte eine exponierte Stellung inne, die es ermöglichte, den Auftrag aus den Hardware-Geboten besser zu erfüllen. Die größten Verlierer waren in diesem System allerdings gar nicht die Menschen, die wenig hatten, sondern vor allem die Frauen. Denn je mehr die Hardware-Gebote in den Fokus rückten, desto mehr wurden die Software-Gebote verdrängt – und damit auch die gleichberechtigte Stellung von Frauen und Männern. Die Frauen wurden mehr und mehr auf ihre Aufgaben zur Fortpflanzung reduziert und in ihre Rolle als gebärfähige Wesen und Mütter geschoben, insbesondere ohne Mitspracherecht bei der Partnerwahl. Das heißt, sie waren hauptsächlich für die Kinder da.

Für die Männer waren die eigenen Kinder wichtig, um die erkämpften Privilegien zu bewahren, damit Rang und Status später vererbt werden konnten. Abhängige Frauen waren dabei aus Sicht der Männer ideal, um sicherzustellen, dass die gezeugten Kinder tatsächlich von ihnen stammten. Dieser neue Aspekt der Vererbung von Privilegien und Besitz entsprach überhaupt nicht mehr den Software-Geboten der ursprünglichen Wohlstandsgesellschaft. Das Dilemma, was sich aus dieser strengen Hierarchie ergab, zeigte sich im Kriegsfall. Denn die Gruppenmitglieder in niederen Positionen waren erst mal nicht so motiviert, die gesamte Gemeinschaft zu verteidigen. Trotzdem sollten sich auch und sogar vor allem, die armen Mitglieder der Gesellschaft uneigennützig für die Gemeinschaft einsetzen. Sie sind unverzichtbar, denn sie müssen in erster Linie für die Eliten, also die Personen in ranghohen Positionen in den Krieg ziehen und ihr Leben riskieren, um deren Besitztümer zu verteidigen. Letzten Endes soll – gerade im Krieg – die altruistische Solidarität, auch bis zum eigenen Tod, wie in der ursprünglichen Wohlstandgesellschaft, zur Motivation ausgenutzt werden. Allerdings eben ohne die anderen sozialen Aspekte der Software-Gebote des sozialen Miteinanders. Die Gemeinschaften entfernten sich folglich immer mehr von der Basis der Software-Gebote, die kontinuierlich weniger beachtet wurden.

Durch die immer häufiger werdenden kriegerischen Auseinandersetzungen ab der Neolithischen Revolution, vergrößerten sich, wie schon erläutert, die Mitgliederzahlen der siegreichen Gruppen stetig. Der Besitz und die dazugehörigen Ackerflächen von kriegerisch erfolgreichen Gruppen oder Stämmen erhöhten sich beständig. Auf kleine folgten große Dörfer und schließlich erste Städte. Diese schlossen sich zu größeren Verbänden zusammen und so entstanden die ersten Länder oder Reiche. Auch diese wuchsen permanent, sodass sich Großreiche bildeten, die in der Regel von einem Herrscher und den Eliten mehr oder weniger zentral regiert wurden. Zu den ersten sogenannten Großreichen der Menschheitsgeschichte zählte das ägyptische Reich, dessen Entstehung um 4000 vor Christus begann. Die Bevölkerung des alten Ägypten wird auf zwei bis acht Millionen Bürger geschätzt, was für die damalige Zeit eine ziemlich große Anzahl ist. In der Hierarchie ganz oben stand ein Pharao, der als Herrscher niemandem gegenüber Rechenschaft über seine Taten ablegen musste. Die Pharaonen beanspruchten für sich, über alles und jeden allein entscheiden zu können, was die Abkehr von den Geboten der Software der ursprünglichen Wohlstandgesellschaft deutlich macht.

10. Die Rolle der Religionen in den verschiedenen Gesellschaftsformen

Je größer ein Verband, ein Reich wurde, desto stärker entfernten sich dessen Mitglieder und die Ordnung innerhalb der Gruppe von den Software-Geboten insbesondere der Gruppenzugehörigkeit. Deshalb wurde bald nach anderen Ansätzen gesucht, um die Solidarität und die Opferbereitschaft vor allem für den Krieg, herzustellen und damit die Macht des Herrschers und der Eliten zu sichern. Auch entdeckten die Menschen durch die neue Sesshaftigkeit viele Dinge, für die sie keine Erklärung hatten. So stellten sie fest, dass das Wetter sich an ein und demselben Ort ständig änderte, und rätselten, warum es einerseits Trockenzeiten und Missernten, andererseits Überschwemmungen gab. Auch wie, beziehungsweise wodurch, Krankheiten verursacht wurden und viele weitere nicht erklärbare Tatsachen beschäftigten die Menschen. Und da niemand gern mit ungeklärten Fragen lebt, machten sich die Menschen einen eigenen Reim auf all die Ungereimtheiten – sie erfanden Geister und Gottheiten, die entweder für einzelne Phänomene oder gleich für alles, was auf der Erde passierte, verantwortlich sein sollten. Auch der Glaube an Hexen und andere Fabelwesen entstand wahrscheinlich zu diesen Zeiten. Daraus erwuchs die Idee, sich mit den Göttern gut stellen zu müssen, sie nicht verärgern zu dürfen, um das eigene Leben, den Besitz und die Ernte zu schützen. Dazu wurden verschiedenste Regeln aufgestellt und Rituale entwickelt, um die Götter gnädig zu stimmen. Die Anfänge dieser Entwicklung lagen sicherlich schon bei den ursprünglichen Wohlstandsgesellschaften. Hinzu kam die Frage nach dem, was nach dem Tod passiert. Denn, wie bereits erwähnt, war mit der Entstehung von Mehrzellern und der damit verbundenen Spezialisierung der Zellen der Tod das vorbestimmte Ende, auf das jedes Lebewesen hinsteuert. Diese Tatsache ist den Menschen dank ihres Bewusstseins allgegenwärtig. Das zu verarbeiten, fiel den Menschen nicht leicht, insbesondere wenn der Tod eines Individuums unge-recht erschien oder überraschend eintrat. Die Menschen konnten oder wollten das nicht akzeptieren – bis heute fällt es uns schwer, anzunehmen, dass sich nach unserem Ableben die Erde einfach weiterdreht und wir alles, was danach passiert, schlicht nicht mehr mitbekommen. Viele glauben daher an die Existenz einer unsterb-lichen Seele, die über den Tod hinaus Bestand hat und folglich gesichert werden muss. Deshalb suchten die Menschen seit jeher nach einer Geschichte oder einer Erklärung dafür, was nach dem Tod passieren könnte. Sie erschufen eine geistige Welt, die Geburt, Tod und alle anderen Rätsel der Welt erklärten. Das war vermutlich der Anfang aller religiösen Vorstellungen. Die ältesten Gräber auf unserer Erde schätzt man auf 120000 – 240000 Jahren vor Chris-tus. Religiöse Riten sind also schon sehr früh aufgetreten, das ältes-te Grab stammt sogar von einem sehr kleinen Vormenschen dem Homo naledi. Beim Neandertaler und Homo Sapiens Sapiens liegt das Alter der gefundenen Gräber bei ungefähr 100000 Jahren vor Christus.

Der Glaube an eine gemeinsame Götterwelt bot jedoch nicht nur trostspendende Erklärungen für (fast) alles Unerklärliche, son-dern festigte durch zu Ehren der Götter initiierte Riten, Tänze und Feste das soziale Zusammenleben. Der Glaube verband die Mit-glieder einer Gemeinschaft miteinander. Als Vertretung und/oder Verbindung zu den Gottheiten wurden einzelne Mitglieder erwählt. Diesen wurden oftmals besondere Fähigkeiten nachgesagt. Diese Schamaninnen und Schamanen, waren Spezialisten hinsichtlich Medizin und Glauben. Sie übten ihre Tätigkeit als Vermittler zu den Gottheiten zunächst nebenbei, beziehungsweise nach Bedarf, zu-sätzlich zu ihren sonstigen Aufgaben aus. Doch je größer die Grup-pen wurden, desto weniger funktionierte das. Denn immer mehr Menschen ersuchten die Vermittler um Rat oder Hilfe. Daher wur-de deren Arbeit zunehmend zum Hauptberuf. Das heißt, sie wur-den von allen anderen Aufgaben für die Gemeinschaft freigestellt und von den anderen Mitgliedern versorgt. Um die Verbindung zu den Göttern herstellen oder ihre Kräfte wirken lassen zu können, waren gute Kenntnisse über die Wirkung von Pflanzen vonnöten. Denn diese wurden häufig bei rituellen Handlungen eingesetzt und auch die heilenden oder berauschenden Eigenschaften vieler Kräuter waren bereits bekannt. Da dieses Wissen in der ursprünglichen Wohlstandgesellschaft vermutlich in den Bereich der Frauen als Sammlerinnen fiel, waren auch die ersten Schamanen sicherlich weiblich, also Medizinfrauen. Der hohe Stellenwert der Frauen hinsichtlich Ernährung und Fortpflanzung, zeigt zum Beispiel die Frauendarstellung der Venus von Willendorf.

Diese über 25.000 Jahre alte Skulptur zeigt eine wohlgenährte Frau mit offensichtlichen Merkmalen ihrer exzellenten Fruchtbarkeit, wie (Abb. 33) unterstreicht. Auch die Grundlagen der neolithischen Revolution wurden wahrscheinlich von Frauen geschaffen, die als Sammlerinnen von Samen einen direkten Bezug zu den späteren Nutzpflanzen hatten. Dadurch stellten sie fest, dass sich Pflanzen durch Aussaat gezielt züchten ließen, wodurch zuverlässig und sicher Nah-

Abb. 33: Die Venus von Willemdorf. Gut genährt und ca. 25000 Jahre alt, zeugt von der Bedeutung der weiblichen Fruchtbarkeit und vom herausragenden Rang in der Gruppe

rung erzeugt werden konnte. Die Frauen markierten somit den Beginn der neolithischen Revolution. Sie verbesserten die Versorgung der Gemeinschaft, ohne jedoch zu ahnen, dass sie damit letzten Endes ihre eigene Unterdrückung einleiteten.

Die ersten Religionen waren daher folgerichtig noch weiblich geprägt. Die ältesten gefundenen Götterstatuen sind weiblich. Mit der neolithischen Revolution wandelte sich dies jedoch wie viele andere Gesellschaftsbereiche, die zunehmend von Männern bestimmt wurden. Die aggresive, wettbewerborientierte Männerbande übernahm die Kontrolle über die weitere Entwicklung, unter anderem auch hinsichlich Religion und Glauben.

Evenisation

The Sumer-Akkadian women figure contra
women oppression in monotheistic literature

In den ersten Hochkulturen der Sumerer (etwa 4000 v. Chr. bis 2000 v. Chr.) und Ägypter (etwa 3000 v. Chr. bis 300 v. Chr.) bestimmten noch zahlreiche weibliche Gottheiten das Geschehen.

Die Sumerer hatten sogar eine Hauptgöttin – Ishtar, die Himmelskönigin. Anhand der Abbildungen kann man die starke Stellung der weiblichen Göttin erkennen. Sie steht mit Flügeln auf Löwen und nackte Männer huldigen der Göttin. Die

Abb. 34: Ishtar die Hauptgöttin der frühen Sumerer wird in diesem Relief mit Waffen und Machtattributen dargestellt. Übergang von weiblichen zu männlichen Gottheiten.

Ägypter glaubten dann bereits an einen männlichen Hauptgott – den Sonnengott Re. Dieser hatte aber immerhin zahlreiche Nebengöttinnen. Doch die Göttinnen verschwanden mehr und mehr und wurden durch männliche Götter ersetzt. Diese Transformation ging erstaunlich schnell vonstatten.

Da die Religion ein starkes Instrument war und ist, um Gruppenbindung zu erzeugen und aufrechtzuerhalten, waren Solidarität und Opferbereitschaft wichtige Konzepte innerhalb einer religiösen Gemeinschaft. Eine Religion, also der gemeinsame Glaube an dieselbe(n) Gottheit(en) bildete zudem nicht selten den Ausgangspunkt für die Bildung einer neuen Gemeinschaft. Über den Glauben ließ sich ganz einfach eine Gruppe firmieren und festigen. Die Religion war dabei das zentrale Mittel, um den Gemeinschaftssinn zu fördern, die Kampf-

Abb. 35: Hier wird die besondere und herausragende Stellung von Ishtar in der Gesellschaft der Sumerer sichtbar. Ein nackter Mann bringt Geschenke oder sogar Opfer. Vase aus Uruk ca. 3200 – 3000 Jahre vor Christi.

bereitschaft zu stärken und schlussendlich auch die Bereitwilligkeit, für die Gruppe zu sterben, zu erhöhen. Der Religion kam dabei zugute, dass es keiner realen Fakten bedurfte, um sie zu begründen. Der Glaube, dass alles „von oben" (von wem auch immer) geplant und somit in Ordnung sei, reichte als Rechtfertigung für alles. Das schuf die Möglichkeit für immense Manipulationen und somit Kontrolle und Einflussnahme, insbesondere wenn der Herrscher selbst sich zum Gott ernannte. Denn über die religiöse Ordnung wurden Informationen von der Führungsperson an die Gruppenmitglieder kommuniziert und konnten dabei natürlich im Sinne des Herrschenden angepasst, verändert oder gar erfunden werden.

Bis heute ist die Religion in vielen Ländern ein starkes Instrument zur politischen Kontrolle und Einflussnahme, um gemäß den Software-Geboten, die Opferbereitschaft von Gruppenmitgliedern zugunsten der Eliten zu erhöhen. Diese Verbindung von Religion und Staatsmacht reicht also weit zurück bis zu den Anfängen unserer heutigen Gesellschaftsordnungen. Unterstützt und gefestigt wurde sie durch die Einführung der Erbmonarchie mit ihren zughörigen Verwaltungsstrukturen. Die Macht, sogar Gott sein, wurde folglich von einem Herrscher direkt an seine Nachkommen vererbt und Gott blieb in der Familie. Damit niemand dagegen rebellieren konnte, unterhielten die Machthaber eigene Armeen, Geheimdienste und Polizei, die jeden Widerstand im Keim ersticken sollten. Denn wie bei den Gemeinen Schimpansen bestand für den Herrscher durch die hierarchische Ordnung und seine isolierte Position an deren Spitze immer die Gefahr eines Angriffs. Loyalität gegenüber dem Anführer wurde darum belohnt, abtrünnige Mitglieder wurden (und werden bis heute) hart bestraft. Die Oberhäupter unterhielten deshalb eine persönliche Leibgarde und sicherten sich eine bevorzugte Lebensmittelversorgung, um ihr Leben zu schützen und interne Bedrohungen abzuwehren. Diese Bevorzugung war und ist einem Volk nur schwer zu vermitteln. Es wurde eine Art Legitimität benötigt, um die Privilegien zu sichern. Dafür waren die Götter zur Unterstützung bestens geeignet. Es entwickelte sich somit eine Führung durch Gottes Auftrag. Dem Volk wurde vermittelt, Gott habe diese Konstellation so gewollt. Für alle Gläubigen war dies die höchste erdenkliche Legitimation, insbesondere wenn man glaubt, nach dem Tod für alle Ewigkeit in das Paradies zu kommen. Im Alten Ägypten, also schon direkt nach der Abkehr von der ursprünglichen Wohlstandgesellschaft, wurden die Pharaonen selbst als Götter angesehen. Diese Allianz zwischen Religion und Führungselite, vergleichbar mit der Struktur der Männerbande wie beim Gemeinen Schimpansen, hat bis heute Bestand. Könige und Kaiser werden nach wie vor von den Religionsführern in ihrer Führungsrolle bestätigt und nicht selten in Gotteshäusern gekrönt.

Und immer noch gibt es in vielen Regionen die Einheit von Religionsführer und weltlichem Herrscher, also eine Art Gottkaiser.

Die machthabende Elite hatte dadurch immense Vorteile hinsichtlich der Erfüllung der Hardware-Gebote. Denn die Bewahrung der eigenen Gene, war durch die exponierte, hierarchische Stellung, gesichert und bedeutet den freien Zugang zu Frauen. Stärke, Aggressivität und Kampfbereitschaft innerhalb der eigenen Verwaltung und gegenüber anderen Herrschern wurden folglich wieder zu wichtigen Merkmalen, die Erfolg bei der Fortpflanzung versprachen. Das römische Reich wurde beispielsweise zunächst als Stadtstaat gegründet und in Form einer Republik mit einem gewählten Senat aufgebaut. Doch mit seiner Expansion zum Weltreich wurden diese demokratischen Strukturen mehr und mehr verdrängt. Dabei trat allerdings das Problem zutage, dass in verschiedenen Regionen unterschiedliche Götter angebetet wurden. Auf dem Höhepunkt der römischen Ausdehnung gab es eine regelrechte Inflation bezüglich lokaler Götter, die nach der Annexion zum römischen Götterkanon hinzukamen. Doch schließlich wurde auch Rom von einem Gottkaiser regiert – Julius Cesar hatte die Republik in eine Erbmonarchie umgewandelt. Der religiöse Bereich hatte fortan ein weltliches Oberhaupt.

Einmal an der Spitze der Hierarchie angekommene Eliteangehörige verabschieden sich nur äußerst ungern von eroberten Privilegien, was natürlich auch auf die heutige Zeit zutrifft. Da sie jedoch wissen, dass ihre Positionen nicht durch irgendeinen Verdienst an der Allgemeinheit legitimiert sind, haben sie eine permanente Angst vor dem Verlust ihrer Macht. Ist absolute Macht erst mal vorhanden, wird deshalb versucht, die eigenen Gene über die Erbfolge weiterzugeben und zu erhalten. Die Hardware-Gebote mit dem daraus resultierenden Egoismus bestimmen letzten Endes das Handeln weit weg von den Software-Geboten.

So entwickelten sich über kurz oder lang alle Religionen analog zur Gesellschaft, weg von gleichberechtigten Systemen, hin zu männerdominierten, auf kriegerischer Stärke und Gewalt beruhenden, streng hierarchischen Konzepten. Kern aller Religionen wurde ein männlicher Gott. Der Polytheismus, bei dem es für jeden Bereich einen eigenen Gott oder eben eine Göttin gab, wurde verdrängt von den monotheistischen Weltreligionen, bei denen ein allumfassender männlicher Gott über allem stand, was dem männlichen Führungsanspruch besser entsprach. Den Frauen wurde folglich über die Erziehung und Religion, der männliche Führungsanspruch, unter anderem deutlich gemacht.

Abb. 36: Auch im frühen Europa war die Züchtigung von Frauen in Familie und Gesellschaft normal. Einen Höhepunkt stellten im Mittelalter sicherlich die Hexenverbrennungen dar, um die Frauen einzuschüchtern und den eigenen Machtanspruch sehr deutlich zu zeigen.

Heute gibt es fünf große Weltreligionen, zu denen jeweils diverse Glaubensrichtungen und Strömungen zählen. Die größte ist das Christentum mit etwa 2,3 Milliarden Anhängern, gefolgt vom Islam mit rund 1,6 Milliarden Gläubigen. Deutlich weniger Mitglieder haben der Hinduismus mit 940 Millionen, der Buddhismus mit 460 Millionen und das Judentum mit 15 Millionen. All diese Weltreligionen, die nach der neolithischen Revolution entstanden sind, haben eines gemeinsam: Der Hauptgott ist männlich. Doch nicht nur am Geschlecht des Hauptgottes ist die Entwicklung, dass Frauen seit der neolithischen Revolution zunehmend an Bedeutung und Einfluss verloren, erkennbar. Auch die zugehörigen Organisationsstrukturen wurden entsprechend männlich dominiert. Religionsbezogene Ämter, wie das des Priesters, wurden nur noch von Männern besetzt.

Ein trauriger Höhepunkt dieser Entwicklung waren beispielsweise die sogenannten Witwenverbrennungen in Indien. Dabei wurde nach dem Tod eines Soldaten dessen Frau ebenfalls getötet oder zum Selbstmord gezwungen. Auch mussten in einer Ehe lediglich die Frauen ewige Treue und Keuschheit schwören und wurden bei Nichteinhaltung grausam bestraft. Diese Praktik

Abb. 37: Zwei typische männliche, hochrangige Vertreter zweier heutiger Weltreligionen. Frauen sind komplett aus der Führungsriege verschwunden.

von Religionen hat sich in vielen Regionen bis heute gehalten. So werden noch immer im Iran Frauen für unehelichen Sex bestraft. Die Urteile werden dabei selbstverständlich von Männern gefällt und vollstreckt. Aber auch in Europa wurden im Mittelalter Frauen durch Hexenprozesse reglementiert und gezüchtigt.

Das geschah und geschieht nur, damit Männer ihren vermeintlichen Anspruch auf Macht aufrechterhalten können. Die Evolution wurde somit umgekehrt und machte eine Rückentwicklung hin zu den Strukturen von Säugetierverbänden mit Alphamännchen, wie beispielsweise bei den schon beschriebenen Gemeinen Schimpansen. Die menschliche, soziale Gemeinschaft, die sich über viele Millionen Jahren entwickelt hatte, fiel damit auf die soziale Stufe des Gemeinen Schimpansen, mit ihrer Führungsstrukturstruktur der aggressiven Männerbande, zurück.

Neben der männlichen Dominanz innerhalb der Religions-gemeinschaften gibt es auch ein großes Problem, das von außen für Unruhe sorgt. Denn da jede der großen Weltreligionen den Anspruch stellt, die einzig gültige, mit dem einzig wahren Gott zu sein, kommt es immer wieder, wie bei den Männerbanden, zu Kriegen zwischen den einzelnen Religionsgruppen. Um bei diesen Kriegen erfolgreich zu sein, müssen wiederum die Mitglieder dazu gebracht werden, die Hardware-Gebote zu ignorieren und ihr Leben für die Gemeinschaft zu riskieren. Deshalb sind die Mitglieder einer Glaubensgemeinschaft dazu aufgerufen, die Regeln ihrer Religion zu befolgen. Sie sollen bereit sein, ihren Glauben auch mit Waffen zu verteidigen, wenn es notwendig ist. Für ihren Einsatz und ihre Treue werden sie von Gott nach dem Tod belohnt. Die großen Religionen versprechen ein besseres Leben nach dem Tod als ihr derzeitiges Leben auf der Erde es ihnen je bieten könnte. Oft wurden und werden gefallene Krieger zu Märtyrern hochstilisiert und verehrt, was weitere Gläubige dazu animieren soll, denselben Weg für sich zu wählen und in den göttlichen Krieg zu ziehen. Dabei werden die seltsamsten Dinge erfunden. So werden im Islam

Märtyrern 72 Jungfrauen zu ihrem Vergnügen versprochen. Es handelt sich dabei laut den Berichten in den heiligen Schriften der Hadithen um großäugige Jungfrauen, die noch nicht von anderen

Abb. 38: Frauen werden bis heute von Männern im Namen der Religion gezüchtigt, niemals andersherum.

Männern „benutzt" wurden, mit einer anregenden Vagina und straffen Brüsten. Den wenigen weiblichen Märtyrerinnen wird für die Zeit im Jenseits großzügig immerhin ein Mann, „mit dem sie zufrieden sein werden", in Aussicht gestellt.

Alle Religionsgemeinschaften streben mit solchen Kriegen nach Vergrößerung – sie wollen ihren Einflussbereich sowohl hinsichtlich der Mitgliederzahl als auch hinsichtlich ihres Einflussgebietes permanent ausdehnen. Die Folge war und sind immer noch aggressive

Missionierungen. Die Einwohner kriegerisch eroberter Gebiete müssen den Glauben der siegreichen Gesellschaft annehmen. Da jede Gruppe jedoch mit ihrem Gott und ihrem Glauben zufrieden und glücklich ist, kann eine solche Expansion nur mit Gewalt erfolgen. Nicht selten werden noch heute Mitglieder der besiegten Gruppe, die nicht konvertieren wollen, exekutiert. Diese Kriege führen jedoch zu einem großen inneren Widerspruch, denn der Gott ist in allen Weltreligionen friedlich gesinnt und wünscht keine Kämpfe. Um trotzdem im Namen der Religion ausbeuten und töten zu können, muss dieser Zwiespalt gelöst werden. Dafür werden die Gläubigen angehalten, regelmäßig zu beten, um ihre Sünden verziehen zu bekommen und nach dem Tod mit einem unendlichen Leben im Paradies belohnt werden.

Diese gesamte Entwicklung hin zu Erbmonarchien und göttlichen Herrschern mitsamt den dazugehörigen Eliten verlief völlig konträr zu den Errungenschaften der ursprünglichen Wohlstandsgesellschaft mit ihrem altruistischen, sozialen Miteinander. In der Welt danach bestimmten Kriege und interne Kämpfe sowie Erbstreitigkeiten fortan das gesellschaftliche Leben. In der heutigen Zeit ist der Einfluss der Religionen auf das Staatsgeschehen in vielen Ländern stark reduziert worden und Herrschende werden nicht mehr mit Göttern gleichgesetzt. Aber es gibt nach wie vor eine enge Beziehung zwischen diesen beiden Bereichen. Immer noch werden in vielen Ländern Amtseinführungen von Königen oder Kaisern religiös begleitet. Krönungen finden nicht selten in Gotteshäusern statt. In Deutschland können die Abgeordneten des Deutschen Bundestages entscheiden, ob sie ihren Amtseid auf die Bibel schwören wollen. Zudem werden für die Kirchen vom Staat Steuern vereinnahmt und weitergeleitet. Es gibt für alle Religionen Bildungseinrichtungen, in denen bereits Kindern die religiöse Sicht der Weltordnung beigebracht wird. Und nicht zuletzt haben beispielsweise die Kirchen in Deutschland bei den öffentlichen Medien ein Mitspracherecht bezüglich der Inhalte. Diese Privilegien stellen lediglich einen kleinen Teil dar und sind sicherlich nicht vollständig.

11. Gesellschaftsformen in der Zeit nach der Neolithischen Revolution

Seit der neolithischen Revolution und der im selben Zeitraum stattfindenden Erschließung neuer Energiereserven wuchs die Bevölkerungszahl beständig weiter an – sowohl in jedem einzelnen Verband als auch weltweit. Die von Männern dominierte kriegerische und aggressive Gesellschaftsstruktur setzte sich dadurch mehr und mehr durch. Kriegerische Stärke wurde dabei vor allem an der Anzahl potenziell kampfbereiter Gruppenmitglieder und den Flächenressourcen eines Volkes gemessen. In der zweiten Hälfte des 18. Jahrhunderts kam dann im Zuge der Industrialisierung ein weiterer wichtiger Faktor hinzu. Mit der Entdeckung und Nutzung fossiler Brennstoffe wurde eine völlig neue Ressource entscheidend für den Erfolg einer Gesellschaft. Die Nutzung von Energieträgern, wie Kohle, Erdöl und Erdgas, führte zu großen Erleichterungen für die Menschen, was wiederum ein enormes Bevölkerungswachstum nach sich zog. Je einfacher es wurde zu (über)leben, desto mehr Nachwuchs wurde gezeugt und vor allem auch herangezogen. Bestand Besitz bis dahin vorrangig aus Bodenfläche, kam nun das Kapital in Form von industriellen Produktionsanlagen und den dort hergestellten Gütern hinzu. Die verschiedenen Eliten vermischten sich mit der Zeit und der Geldadel als neue hierarchische Einheit entstand. Alle heutigen Gesellschaftsformen resultieren aus diesen historischen Entwicklungen. Im Folgenden werde ich nun verschiedene Organisationsstrukturen von heutigen Großgruppen näher betrachten und erläutern.

Erbmonarchien – ein anderes Wort für Diktatur

Die absolutistische Erbmonarchie war von den ersten Großreichen bis zum Beginn der industriellen Revolution die vorherrschende Gesellschaftsstruktur auf der Welt. Ein einzelner Herrscher hatte dabei die gesamte Staatsgewalt inne. Die Überlebenschancen einzelner Bürger hingen stark von der Tatsache ab, ob sie Grundbesitz hatten oder nicht. Sämtliche Errungenschaften, wie gesellschaftliche Stellung und Reichtum, wurden an die Nachkommen vererbt – und eben auch politische Macht und Einfluss. Es wurde strengstens darauf geachtet, dass nur rechtmäßige Erben auf dem Thron folgten. Dafür, diesen Anspruch abzusichern, sorgten Militär, Religion, Polizei und Verwaltung. Sie waren für die Einhaltung der Rechte der Erben verantwortlich, trieben Steuern ein und verteidigten den Besitz. Alle Zuarbeiter wurden und werden für diese Solidarität gut bezahlt. Eventuelle Kritiker des Systems wurden gezielt ausgeschaltet. Die Instrumente der Machterhaltung sind in der Abbildung 39 zu sehen. Grausame Strafen waren an der Tagesordnung. Diese im Dienst des Machthabers stehenden Eliten erbrachten folglich keine

Abb. 39: Im Mittelalter wurde mit grausamen Strafen der feudalen Herrscher und der profitierenden Eliten, die Macht aufrechterhalten. Auch hier sehen wir ausschließlich Männer, die Foltern, Köpfen, Rädern, Verbrennen. Der Fantasie der Gräueltaten waren damals keine Grenzen gesetzt.

123

produktive Leistung, sondern mussten vom Volk versorgt werden. Wagte jemand gegen diese Ungleichheit aufzubegehren, wurde er grausam bestraft, um eine möglichst große Abschreckungswirkung zu erzielen.

Um einen Monarchen zu stürzen beziehungsweise seine Macht zu beenden, gab es daher nur zwei Möglichkeiten: einen internen Putsch durch einen anderen Adligen oder Eliteangehörigen oder einen extern angezettelten Krieg gegen den Machthaber. Die Verteidigung der eigenen Macht im Krieg übernahm dabei aber natürlich nicht der Herrscher selbst, sondern es wurden die hierarchisch rangniedrigen Mitglieder der Gesellschaft in den Kampf geschickt. Diese sollten dann ihr Leben für den Monarchen einsetzen. Und dass, obwohl sich für sie, unabhängig davon wie die Auseinandersetzung ausging, schlussendlich nichts änderte. Denn, ob ein Wechsel des Machthabers gelang oder nicht – die Gesellschaftsform als solche blieb die alte. Lediglich der Monarch und die zugehörigen Eliten wurden getauscht. Die Arbeit beispielsweise eines Bauern, blieb gleich, nur die Empfänger der von ihm zu leistenden Abgaben änderten sich.

Ein großes Problem der Erbmonarchie lag allerdings im System selbst begründet. Denn da es nur einen Herrscher geben konnte, gingen viele Verwandte leer aus. Nur das erstgeborene Kind hatte einen direkten Anspruch auf die Macht. Nur wenn dieses zu Tode kam oder aus anderen Gründen den Thron nicht besteigen konnte, kam das jeweils nächste Familienmitglied in der Erbfolge zum Zug. Es gab somit viele potenzielle Nachfolger für nur einen Thron und etliche Familienmitglieder blieben unberücksichtigt, was eine permanente direkte Bedrohung für den jeweiligen Herrscher entstehen ließ. Die Tötung von Familienmitgliedern war daher keine Ausnahme, sondern eine häufig angewandte Methode, um den eigenen Status zu sichern. Ein noch weitaus größeres Problem war jedoch die genetische Qualität in der Erbfolge. Denn nicht selten gab es inzestuöse Beziehungen innerhalb einer Herrscherfamilie.

So zeugten beispielsweise Cousins mit Cousinen oder Onkel mit Nichten Nachkommen. Doch je mehr direkte Nachfahren aus demselben Genpool entstehen, desto größer ist die Wahrscheinlichkeit für Missbildungen, Behinderungen oder geistige Defizite. Solche genetischen Störungen und geistiger Wahnsinn waren deshalb relativ häufig in Erbmonarchien anzutreffen. Durch die Vererbung der Macht erhöhte sich daher die Wahrscheinlichkeit, einen, warum auch immer, ungeeigneten Herrscher zu inthronisieren. So kamen einige wahnsinnige oder anderweitig ungeeignete Herrscher dank Vererbung an die Macht.

Autokratische Systeme – Monarchien ohne Erbfolge

Autokratische Systeme funktionieren genauso wie Monarchien, nur dass die Herrscher nicht über eine adelige Erbfolge bestimmt werden. Oft sind autokratische Gesellschaftsformen das Nachfolgekonzept, wenn eine Erbmonarchie durch einen Putsch der Armee beendet wurde. Die neuen Herrscher kommen nach einem Befreiungskampf oder einer Revolution, in seltenen Fällen sogar durch darauffolgende Wahlen an die Macht. Häufig ist diese Staatsform der Beginn neuer Erbherrschaften – denn auch autokratische Machthaber vererben ihre Position gern an einen Nachkommen. Sollte es Wahlen geben, werden die Ergebnisse oft beeinflusst oder gefälscht, weswegen die Abstimmungen meist nur Scheincharakter haben. Ein absolutistischer Monarch wird also durch einen Autokraten ersetzt. Ansonsten ändert sich – vor allem für das Volk – nicht viel. Allerdings gibt es in autokratischen Systemen nicht immer einen Alleinherrscher. Manchmal ist eine ganze Partei, die regierende Institution, eine Religionsgemeinschaft oder eine Familie, unter deren Mitgliedern die Aufgaben aufgeteilt werden. Abbildung 40 zeigt ein paar typische, frühere Vertreter dieser speziellen Männerriege, die einem autokratischen Regime vorstanden und durch einen besonderen Machtanspruch gekennzeichnet waren.

Auch in Autokratien bilden sich herrscher-treue Eliten, die natür-lich gefördert werden. Die Gesellschaftsstruk-tur ist meist militärisch geprägt und es wer-den große Armeen zur Sicherung der Macht unterhalten. Um den Machthaber wird ein Personenkult gepflegt, der vielfach mit reli-giösen Motiven unter-stützt wird. Autokrati-

Abb. 40: Hier ein paar besondere Beispiele autokratischer Allein-herrscher im letzten Jahrhundert. Stalin, Hitler, Mao, Mussoli-ni und Kim II -sung.

sche Systeme gehen, genau wie Erbmonarchien, oft in eine Form der Tyrannei über.

Demokratien – die Herrschaft des Volkes

Beim Vergleich verschiedener Organisationskonzepte von Groß-gruppen in Nationalstaaten hinsichtlich ihrer Gesellschaftsform wird deutlich, dass die Demokratie die fortschrittlichste Form des sozialen Miteinanders darstellt. Denn bei dieser Staatsform gelten zumindest theoretisch gleiche Regeln und Gesetze für alle und die politische Führungselite wird von allen Gruppenmitgliedern per Mehrheitsentscheid gewählt, so wie es schon in der Ursprüngli-chen Wohlstandsgesellschaft üblich war. Demokratische Systeme sollen für Gerechtigkeit und Gleichberechtigung unter den Mitglie-dern sorgen. Die wählbaren Führungspersonen verpflichten sich, bei allen Entscheidungen das Wohl der Gemeinschaft im Blick zu haben. Diese Konstellation erinnert zumindest in Ansätzen an die der ursprünglichen Wohlstandgesellschaft. Wenn die Demokratie also eine optimale Organisationsform ist, stellt sich die Frage, warum die Grundlagen dieses Systems trotzdem nicht reichen, um ein stabiles, gerechtes und nachhaltiges Zusammenleben auf unserer Welt zu gewährleisten. Warum schaffen es demokratisch aufgestellte Gesellschaften nicht, eine bessere und nachhaltigere Welt, als sie aktuell ist, zu erschaffen?

Die allererste Demokratie wurde von den Griechen um 500 vor Christus im Stadtstaat Athen eingeführt und hielt bis etwa 300 vor Christus. Dieser erste Versuch hin zu einem gerechteren Staatssystem wurde durch die aggressive Eroberung Alexanders des Großen beendet. Die Staaten der heutigen westlichen Welt – unter starker Führung der USA – streben an, in allen Nationalstaaten demokratische Systeme zu etablieren, und führen sogar Kriege, um dieses Ziel zu erreichen. Egal, ob in Vietnam, im Irak, oder in Afghanistan, es werden immense Anstrengungen unternommen und auch keine Auseinandersetzung mit Waffengewalt gescheut, um die Freiheit zu und die eigenen Regeln zu verteidigen. Und das obwohl in den demokratisch organisierten Staaten bei Weitem nicht alles optimal läuft. Millionen von Menschen leben auch in diesen vermeintlich hochentwickelten Gesellschaften unterhalb der Armutsgrenze, können sich keine Krankenversorgung leisten und haben oft nicht einmal ein eigenes Dach über dem Kopf. Zudem arbeiten demokratisch organisierte Länder auch vollkommen bedenkenlos mit den Herrschern autokratisch oder per Erbmonarchie regierter Länder zusammen, ohne dass dies zu irgendwelchen Abstrichen in ihrem Selbstverständnis führen würde.

Zur Wahl stehen jedoch in den meisten Fällen keine einzelne, unabhängige Gruppenmitglieder, sondern Parteien beziehungsweise deren Mitglieder. Parteien als politische Gruppierungen verfolgen bestimmte Ziele, die sich von Partei zu Partei stark unterscheiden und vor einer Wahl kommuniziert werden. Die Kandidaten stehen dafür, diese Ziele nach ihrer Wahl umzusetzen. Alle Parteien versuchen deshalb, die Wähler davon zu überzeugen, dass ihre Ziele die sinnvollsten sind, um den Bürgern ein gutes Leben zu gewährleisten. Auch eine Partei bildet eine Gruppe mit entsprechenden Gruppenregeln, die Meinung der Partei muss nach außen gemeinsam vertreten werden. Um als Kandidat aufgestellt zu werden, muss meist ein parteiinternes Auswahlverfahren durchlaufen werden. Um aus diesem siegreich hervorzugehen, ist die Unterstützung der Führungsriege und der Medien unabdingbar. Ein gewisses Manipulationspotenzial ist daher auch bei diesem System unvermeidbar und immanent.

Aktuell gibt es auf der Erde 195 Länder, die alle mehr oder weniger eigenständig sind und eigene Regeln und Gesetze für das Zusammenleben haben. Ungefähr 63 Prozent werden demokratisch regiert. Die Regierungen werden mehr oder weniger frei von den Bürgern gewählt. In einigen Ländern hat es der Erbadel geschafft, sich in das demokratische System zu integrieren, oft ist dessen Funktion jedoch auf die Repräsentation reduziert. Schlussendlich reklamieren fast alle Länder für sich, demokratisch und gerecht organisiert zu sein und das Wohl der Bürger zum Ziel zu haben. Trotz dieser Vielfalt lassen sich im Wesentlichen zwei Wahlsysteme unterscheiden. Zum einen gibt es Länder mit Wahlsystemen, bei denen sich viele Parteien zur Wahl stellen, was zu einer entsprechend großen Auswahl für die Wähler führt. Zu diesen Staaten zählen unter anderem Deutschland und Frankreich. Zum anderen gibt es Demokratien mit Einheitssystemen und eingeschränkten Wahlmöglichkeiten, wie beispielsweise die USA. Dort stehen nur zwei große Parteien mit jeweils einem Spitzenkandidaten für den Präsidentenposten zur Wahl. Noch extremer ist die Situation in nur noch auf dem Papier existierenden Demokratien, wie Russland und China. Dort stehen zwar mehrere Parteien zur Wahl, doch gewählt werden darf nur eine, wenn ein Wähler keinen Ärger riskieren will. So gewinnt letzten Endes immer dieselbe Partei und die Systeme ähneln eher Autokratien als wahren Demokratien.

Bei solchen Einheitssystemen ist die Auswahl der wählbaren Volksvertreter also stark beschränkt und die Macht der Wähler damit limitiert. Solche Systeme gibt es jedoch, wie anhand obiger

Erläuterungen erkennbar ist, in den größten und militärisch stärksten Ländern der Erde, wie China (dort gibt es überhaupt nur eine
wählbare Partei), Russland (dort werden kleinere Parteien unterdrückt) und den USA (mit zwei großen konkurrierenden Parteien).
Sehr kritisch ist in allen Staaten in aller Regel die Informationspoli-
tik zu bewerten, da diese meist von den Staatsoberhäuptern oder
ranghohen Eliten bestimmt und kontrolliert wird. Parteieliten und
Finanzeliten bestimmen die Führungsposten von TV, Radio sowie
den Printmedien. Parteieliten und Finanzeliten sind auch leider
sehr häufig miteinander vernetzt was natürlich nicht öffentlich diskutiert werden soll. Aktuell haben wir die Situation, das viele Demokratien in Schwierigkeiten geraten sind und der eigentliche Wille
des Volkes mehr und mehr in den Hintergrund gerät. Solche Ver-
flechtungen und Einflussnahmen finden selbstverständlich möglichst geheim statt.

12. Neue gesellschaftliche Eliten – die industrielle Revolution

Viele Länder reklamieren also für sich, demokratisch organisiert zu sein und von der Mehrheit per Wahl eine Legitimation erhalten zu haben. Daher stellt sich unwillkürlich die Frage, warum das vermeintlich bestimmende Wahlvolk so viele Kriege auf der Welt zulässt. Denn diese sind schließlich nicht im Interesse der großen Mehrheit der Bevölkerung. Ganz im Gegenteil, die Bürger leiden unter den Folgen der Gewalt. Der Normalbürger profitiert nicht von Krieg, sondern muss in den Kampf ziehen, sein Leben riskieren und für dessen Finanzierung arbeiten. Und sollte er den Krieg überstehen, muss er dazu beitragen, zerstörte Infrastruktur und vernichtete Güter mittels seiner Arbeit wiederherzustellen. Folglich gibt es offenbar noch weitere Mitspieler in den politischen Systemen der einzelnen Staaten, die davon profitieren.

Nach der neolithischen Revolution war die Erbmonarchie die dominierende Regierungs- und Gesellschaftsform, die in einigen Ländern bis heute noch existiert. Ab dem 16. Jahrhundert gab es jedoch einschneidende Veränderungen in vielen Bereichen, insbesondere in der Wissenschaft. Daraus ergaben sich neue Herausforderungen des gesellschaftlichen Zusammenlebens und für die Staatsorganisation. All das führte schlussendlich zu den heutigen Gesellschaftsordnungen in der modernen westlichen Welt. Als Katalysator wirkte dabei die industrielle Revolution, die durch die gravierenden Veränderungen in der Arbeitswelt mit ebenso einschneidenden Veränderungen im sozialen Zusammenleben einherging. Europa hatte zum damaligen Zeitpunkt im militärischen, wirtschaftlichen und wissenschaftlichen Bereich die Führungsrolle auf der Welt inne. Daher verwundert es nicht, dass auch die industrielle Revolution hier ihren Ausgangspunkt hatte. Im Zuge dieser Neuordnung wurde altes Wissen aus der Antike wiederentdeckt. Wissenschaft und Technik entwickelten sich in rasantem Tempo, was ebenso rasante Veränderungen erst möglich machte.

Die Entdeckung und massenhafte Nutzung der fossilen Brennstoffe sorgte für einen regelrechten Entwicklungssprung bei Eisenherstellung, Feinmechanik, Buchdruck und in vielen weiteren Bereichen. Die Erfindung der Dampfmaschine und die Entwicklung innovativer technischer Neuerungen, wie des mechanischen Webstuhls, verstärkten die Wende zusätzlich. In vielen weiteren Bereichen kam es in dieser Zeit ebenfalls zu einem extremen Wachstum: Die landwirtschaftlichen Erträge konnten durch die Entwicklung und den Einsatz moderner Geräte enorm gesteigert werden, wodurch mehr Menschen mit der Ernte derselben landwirtschaftlichen Flächen ernährt werden konnten. Auch die Förderung von Rohstoffen erreichte in dieser Phase neue Dimensionen. All das führte gemäß den Hardware Geboten, wie schon bei der Neolithischen Revolution, zu einem starken und stetigen Bevölkerungswachstum.

Seit der neolithischen Revolution waren Boden beziehungsweise Landbesitz und Ressourcen die entscheidenden Faktoren im Kampf um Macht und Einfluss gewesen. Nun kamen weitere Komponenten hinzu – Geld und Produktionskapital in Form von Maschinen und Know-how. Das führte außerdem dazu, dass die militärische Stärke und Macht eines Staates nicht mehr an dessen Größe gebunden war. Stattdessen wurden die wirtschaftliche Stärke und die damit verbundene Bevölkerungszahl zu den wichtigsten Faktoren. Denn sie ermöglichten unabhängig vom Staatsgebiet große und technisch, starke Armeen, was die Wettbewerbsfähigkeit auch kleinerer Staaten erheblich steigerte. Da die Schlagkraft der Armeen wesentlich von deren technischer Ausrüstung abhing, erhöhte dies gleichzeitig die Bedeutung der Wissenschaft. Denn nur durch die innovative Entwicklung neuer Kanonen, Maschinengewehre, Panzer und schließlich auch Flugzeuge waren die Streitkräfte im Kampf erfolgreich und angriffsfähig. Die industrielle Revolution beschleunigte nun die Vergrößerung der Bevölkerung nochmals extrem, was bedeutete, dass deutlich mehr Menschen in ein soziales Zusammenleben integriert werden mussten. Es ist wenig verwunderlich, dass das Herrschaftsmodell der Erbmonarchie als einzige Gesellschaftsform der damaligen Zeit in Schwierigkeiten geriet. Während bis dahin der Großteil des „einfachen Volkes" in der Landwirtschaft beschäftigt war, entwickelte sich nun durch die Produktion und den Handel von Industriegütern ein neues Gesellschaftsgefüge. Neue Schichten bildeten sich heraus – das wohlhabende Bürgertum entstand, das sich von der armen Arbeiterschicht abgrenzte. Ein Volk setzte sich nun also wesentlich vielschichtiger zusammen. Um genügend Fachkräfte für die florierende Industrie und die dafür nötige innovationstreibende Wissenschaft zu haben, musste Bildung, auch auf höherem Niveau, viel mehr Menschen zugänglich gemacht werden als zuvor. Eine neue Elite entstand, die nach Einfluss und Macht strebte, weswegen das Modell der Erbmonarchie dem Untergang geweiht war, da die neuen Eliten sich nicht von der Herrschaft eines Einzelnen abhängig machen wollten. Die Kapitalwirtschaft bildete sich heraus und damit der sogenannte Geldadel. Während zuvor Landbesitz die Basis von Reichtum und Wohlstand war, wurde nun Kapital in Form von Produktionsmaschinen und Geldguthaben zur wichtigsten Ressource. Der bereits seit langem existierende Erbadel bekam also Zuwachs durch den Geldadel.

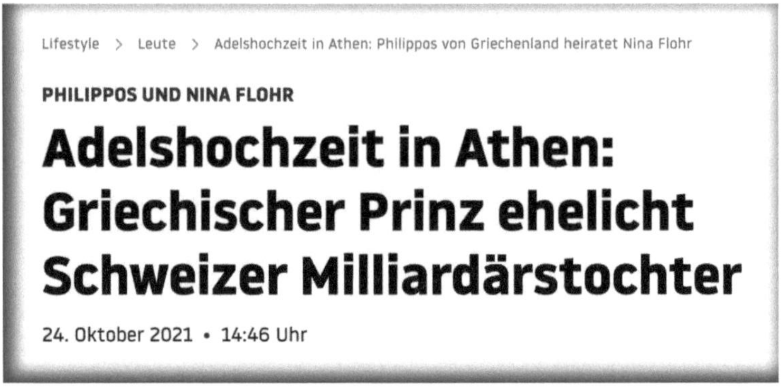
Lifestyle > Leute > Adelshochzeit in Athen: Philippos von Griechenland heiratet Nina Flohr

PHILIPPOS UND NINA FLOHR

Adelshochzeit in Athen: Griechischer Prinz ehelicht Schweizer Milliardärstochter

24. Oktober 2021 • 14:46 Uhr

Abb. 41: Feudaler Adel verbindet sich gerne mit dem neu entstandenen Geldadel. Beide verbindet das die zugehörige Macht, Besitz und Kapital über Vererbung in der Familie und damit bei den Nachkommen verbleibt.

Diese beiden Adelsgruppen waren jedoch nicht etwa verfeindet. Ganz im Gegenteil – die Mitglieder gingen nicht selten Verbindungen miteinander ein. Diese Entwicklung war aus Sicht der Herrschenden sinnvoll, um die Erbfolge und dadurch den eigenen Nachkommen den daraus abgeleiteten Machtanspruch zu sichern. Beide Gruppen hatten die gleichen Interessen: Absicherung von ererbtem Reichtum und Macht in Form von Grund und Boden sowie Kapital.

Durch diese neue kapitalistische Grundausrichtung konzentrierte sich das Kapital, wie von Karl Marx vorhergesagt, allerdings nun in wenigen Händen. Hinzu kam, dass Produktionsgüter und Kapital im Gegensatz zu Landbesitz durch Handel international verteilt werden konnten. Es ist die Übergangszeit von der Erbmonarchie zu unseren heutigen Demokratien der modernen westlichen Welt. Vor allem Bürger, die Besitz und Kapital erarbeitet haben, wollten sich von der Willkür eines einzigen Herrschers lösen. Irgendwie

Abb. 42: Ein typischer Slum aus der Zeit der industriellen Revolution. Armut, Kinderreichtum und Krankheit auf engstem Raum existiert bis heute neben dem feudalen Leben der Eliten. Das Elend springt den Betrachter förmlich an.

erwuchs daraus die Ansicht, von wem auch immer, ein kapitalistisches System sei besser, um die Bedürfnisse aller Bürger gerechter erfüllen zu können. Doch das war – und ist – ein Irrglaube. Denn trotz der neuen Schichtenaufteilung waren Besitz und Reichtum immer noch sehr ungleich verteilt. Wie bereits erwähnt, gab es nun nicht mehr nur zwei Schichten aus Herrschenden und Untergebenen, sondern es wurde sowohl die Gruppe der Herrschenden durch das Hinzukommen des Geldadels als auch die Gruppe der Untergebenen durch die Aufteilung in Bürgertum und Proletariat, diverser.

Abbildung 42 zeigt einen typischen Slum aus der Zeit der industriellen Revolution, als sich der Kapitalismus entwickelte. Die Armut und Entbehrung sind förmlich zu spüren. Das führte jedoch dazu, dass die Schere zwischen Arm und Reich immer weiter auseinanderklaffte. Aber je schlechter es den Armen ging, desto weniger konnten sie für sich die Hardware-Gebote erfüllen. Immer wieder kam es deshalb zu Aufständen und Revolutionen, bei denen sich die Mitglieder der Arbeiterschicht gegen die höheren Schichten auflehnten. Revolutionen wurden dabei nicht mehr nur von der armen Bevölkerung angezettelt, sondern ebenso von gebildeten und besitzenden Bürgern der Mittelschicht. Solche aufständischen Bewegungen gibt es heute noch in vielen Teilen der Welt, wo Arm und Reich zu stark auseinanderdriften.

Ab dem 18 Jahrhundert erweiterten sich die Unternehmen durch Fusionierung oder Neugründungen in andere Länder. Da der Besitz nun jedoch international verteilt war, konnte kein Mitglied des Geldadels alles auf einmal verlieren. Verluste betrafen immer nur einen Teil des Eigentums und meist nicht das gesamte Vermögen. Daher galt fortan: einmal reich, immer reich. An die Stelle der Feudalmonarchie trat die Finanzmonarchie. Hinzu kam, dass sich einmal erwirtschaftetes Kapital im Kapitalismus fast von allein vermehrte. Es wurde möglich, Geld mit Geld zu verdienen, ohne etwas dafür leisten zu müssen. Das Zinsgeschäft mit Krediten und Geldanlagen machte es möglich. Die Reichen wurden also fast automatisch immer reicher, unabhängig von ihrer tatsächlichen (Arbeits)Leistung. Das Leistungsprinzip des Kapitalismus griff nur bei der Erarbeitung der Renditen durch die abhängigen Beschäftigten, nicht aber bei den Kapitaleinkünften der Oberschicht. Damit das Kapital sich verzinsen konnte, musste es gewinnbringend angelegt und investiert werden. Auch dafür wurde fortan leistungsbereites und vor allem kompetentes Personal benötigt. Der beste Mitarbeiter war und ist dabei derjenige, der den höchsten Gewinn erwirtschaftete. Dieser wiederum wurde dadurch maximiert, dass die Löhne für Angestellte möglichst geringgehalten wurden. Die Armen wurden also immer ärmer und das Proletariat bildete sich heraus. Doch nicht nur hinsichtlich des Besitzes separierten sich die einzelnen Bevölkerungsgruppen, auch räumlich wurde die Trennung – vor allem von den Bessergestellten – gesucht. Die typischen Arbeiterviertel entstanden in den Städten und eine Ghettoisierung begann. Diese führte in der Folge dazu, dass die Einwohner der einzelnen Viertel ganz unterschiedliche Startbedingungen hinsichtlich Ausbildung, Krankenbehandlung und anderen wichtigen Aspekten hatten. Das verstärkte die soziale Schere zusätzlich, denn mit einer Herkunft in Armut war es umso schwerer, aufzusteigen. Arm bleibt arm, natürlich mit vereinzelnden Ausnahmen. Verschärft wurde dies durch die zunehmende Anonymität. Denn während Bauern früher die adligen Landbesitzer, denen sie ihre Abgaben zu zahlen hatten, noch persönlich kannten und somit wussten, wo die Profiteure ihrer Arbeit zu finden waren, war und ist das bei den Mitgliedern des industriellen Proletariats nicht mehr der Fall. Durch die Streuung des Kapitals können die Besitzer unerkannt bleiben. Sie setzen Platzhalter, wie Investmentgesellschaften und Holdings, ein, um ihre Interessen in den Fabriken zu vertreten und üben über Vorstände Druck auf die Angestellten aus.

Außerdem entstand in dieser Zeit die Verteilung von Kapital in Form von Aktien. In der Gründungszeit von Aktien war die Investition noch an einen sinnvollen Zweck, ähnlich dem Software-Gebot

10, für die Gemeinschaft gebunden. Dies änderte sich innerhalb kürzester Zeit, wahrscheinlich auf Betreiben der Kapitaleigner, die mehr und mehr Einfluss auf die Politik erlangten. Diese ermöglichten es dem Geldadel, Kapital breit zu streuen und auf mehrere Länder und Branchen zu verteilen, um es abzusichern. Denn großangelegte Verluste waren durch diese Aufsplittung kaum mehr möglich. Das Risiko konnte thematisch verteilt und bei internationaler Ausrichtung sogar gegen nationale Alleingänge, wie Enteignungen oder Steuererhöhungen, abgesichert werden. Gleichzeitig kann mit dieser Strategie Reichtum verschleiert werden, da die tatsächlichen Besitzer des Produktionskapitals folglich nicht bekannt sind. Das heißt, viele Menschen gehen arbeiten, ohne zu wissen, wo der Mehrwert dieser Arbeit eigentlich landet.

Wie schon in Erbmonarchien werden auch in diesem System treue Mitstreiter gebraucht, die alles am Laufen halten. Folglich bildeten sich erneut Eliten in den Verwaltungen heraus. Die Vorstände der Industrieunternehmen werden meist erfolgsabhängig gut bezahlt und haben deshalb weder Nachhaltigkeit noch soziale Gerechtigkeit als oberste Priorität. Der Gewinn der Kapitaleigentümer ging von Anfang an zu Lasten des Umweltschutzes und der sozialen Gerechtigkeit. Außerdem sind bis heute die Gesetze, die die Bedingungen für Kapitalgewinne, Steuern und Löhne regeln, in jedem Nationalstaat anders. Die einzelnen Länder haben somit recht unterschiedliche „Schmerzgrenzen" hinsichtlich des sozialen Ausgleichs. International agierende Unternehmen nutzen selbstverständlich die unterschiedlichen Sozialstandards zu ihrem Vorteil, indem sie die Lohnabhängigen in einen Wettbewerb mit anderen Ländern drängen, um durch Lohndumping oder durch Steuernachlässe der unterschiedlichen Staaten die Kapitalrendite erhöhen. All diese Prozesse funktionieren in Demokratien wesentlich besser als in Diktaturen, da in letzteren der Staat viel mehr Einfluss ausüben kann und es deshalb nicht selten zu Enteignungen und anderen Störaktionen kommt, die das Wirtschaftsgeschehen lenken und den Gewinn beeinträchtigen können. Ein Autokrat kann aufgrund seiner Kontrolle der Gerichtsbarkeit jederzeit Unternehmen oder Besitz enteignen. Daher sind alle Länder, in denen eine Einzelperson sämtliche Macht innehat und unabhängig von internationalen, kapitalistischen Regeln das Geschehen bestimmt, potenzielle Gegner demokratisch organisierter Staaten. In Demokratien, insbesondere bei gegebener Verflechtung von Finanzeliten und Parteieliten ist das Kapital gegen eine Enteignung, insbesondere durch linke Regierungen oder Autokraten, maximal abgesichert. Die heutzutage einflussreichsten Autokratien sind Russland, China, der Iran, die Türkei und Nordkorea. In diesen Ländern können die Eliten nach eigenem Gutdünken handeln und Unternehmen enteignen, ohne dass irgendeine Instanz sie davon abhalten könnte, da die Rechtsprechung in der Regel im Interesse der Machthaber erfolgt. Immerhin ist in diesen Staaten bekannt, wer die konkreten Nutznießer dieses Systems sind. Diese Umstände machen internationale Kapitalanlagen in diesen Staaten überaus unsicher. Die demokratisch organisierten Staaten können diese Länder trotzdem nicht einfach ignorieren. Zum einen, weil es einige der größten Staaten der Welt sind, zum anderen weil in diesen Regionen viele Rohstoffreserven und vor allem in China auch Produktionskapazitäten vorhanden sind. Diese Ressourcen sind dringend notwendig, um den Bedarf der wachsenden Weltbevölkerung zu decken und das von Industrie und Politik angestrebte Wirtschaftswachstum zu ermöglichen. Deshalb möchten die Nationen der westlichen, kapitalistisch aufgestellten Welt gern überall demokratische Systeme etablieren. Denn in einer Demokratie sichert eine relativ unabhängige Justiz Kapital und Eigentum gegen politische Machenschaften ab. In autokratischen Gesellschaftssystemen ist diese Unabhängigkeit von Wirtschaft und Kapital hingegen nicht gegeben.

Um kapitalistische Systeme zu erhalten, ist es allerdings notwendig, alle oder zumindest die Mehrheit der Bürger eines Landes in das System zu integrieren und ihnen ein gutes Auskommen zu sichern. Deshalb haben solche Nationen meist gut organisierte staatliche Sozialsysteme, um niemanden außen vor zu lassen.

Besonders positiv ist natürlich, wenn die Mitglieder, mit kleinen Beträgen, auch am Kapitalmarkt aktiv sind. Denn wenn jeder Kapital besitzt – selbst wenn die Höhe der Geldbeträge relativ gering ist –, sinkt die Gefahr, dass einzelne Bevölkerungsschichten das System hinterfragen oder dagegen aufbegehren, enorm. In Diktaturen und Autokratien hingegen müssen eventuelle Revolten mit (militärischer) Macht unterdrückt werden, was nicht nur mit viel Aufwand, sondern auch mit großem Unmut unter den Menschen verbunden ist. Zudem kann kaum ein Aufstand niedergeschlagen werden, wenn er groß genug ist. Sprich, wenn viele Menschen gleichzeitig aufbegehren, wird es für die Eliten gefährlich.

Ein positiver Faktor des kapitalistischen Wettbewerbsprinzips sind die damit verbundenen Freiheiten. Es ist alles erlaubt, was effektiv ist und Gewinn einbringt. Das fördert und beschleunigt Innovation, Wissenschaft und Technologieentwicklung und somit den generellen Fortschritt. Deshalb beteiligt sich der Geldadel auch mittels hoher Investitionen an dieser Weiterentwicklung von Wissenschaft und Technik. Zudem sind sich in Demokratien die meisten Reichen ihrer Privilegien bewusst und geben in der Regel zumindest kleine Teile ihres Kapitals in Form von Spenden oder mittels gemeinnütziger Stiftungen an die Gesellschaft zurück. Dabei achten sie aber natürlich darauf, ihr Geld für Zwecke einzusetzen, die ihr Ansehen steigern oder ihr Unternehmen in ein besseres Licht rücken. Vor allem Vermögende, die ihren Besitz selbst erarbeitet – und nicht geerbt haben –, wissen noch wie sich ein Leben ohne Kapitalbesitz anfühlt. Sie mussten sich selbst einst im Wettbewerb um Ausbildungs- und Arbeitsplätze anstrengen und kennen somit den damit verbundenen Aufwand. Zudem wissen sie, dass auch dieses System, genau wie schon die Erbmonarchien, nach oben hin nur für wenige durchlässig ist und lediglich einigen Einzelnen ein Aufstieg aus eigener Kraft gelingt. Im Gegensatz zu über Erbschaften an Kapital gelangte Menschen, haben neue Mitglieder des Geldadels überdies häufig noch ein schlechtes Gewissen gegenüber jenen, denen es nicht so gut geht, die aber dabei geholfen haben, dieses Vermögen zu erarbeiten. Dieses versuchen sie, durch Spenden eines sehr kleinen Teiles ihres Vermögens und anderen wohltätigen Maßnahmen loszuwerden. Diese Aktionen werden natürlich gerne von den Medien öffentlich wirksam begleitet, um das eigene Ansehen, seinen Ruf in der Gesellschaft, zu erhöhen.

Da also die größte Gefahr für den Geldadel in Enteignungen und zu hohen Steuerforderungen besteht, die in Erbmonarchien und autokratischen Systemen relativ einfach möglich sind, bevorzugen Kapitalisten demokratische Gesellschaftsformen. Denn in diesen ist Besitz per Gesetz geschützt. Da Gesetze allerdings von den gewählten Vertretern in der Regierung beschlossen werden, versuchen die Mitglieder des Geldadels häufig, diese zu beeinflussen. Das reicht von „einfacher" Bestechung, Postenvergabe und Korruption bis hin zu Wahlkampffinanzierung und Spenden, durch die bestimmte Kandidaten so unterstützt werden, dass sie es an die Macht schaffen und in dieser Position natürlich die Interessen der Geldgeber vertreten. Die riesige Anzahl an Lobbyisten in Regierungskreisen, unzählige Stiftungen, die von Kapitaleignern finanziert werden, ist der Beleg dafür. Aus diesem Geflecht von Organisationen können dann die benötigten loyalen Mitarbeiter für die benötigten Posten in Politik und der Medienlandschaft ausgewählt werden. Außerdem ist die Androhung des Abbaus von Arbeitsplätzen ein beliebtes Mittel, um unangenehme Gesetze zu verhindern. Wird hingegen im Interesse der Reichen entschieden, wird dies nicht selten mit Zuwendungen und Investitionen belohnt. Da dies jedoch nicht mit den Software-Geboten vereinbar ist, erfolgt dieses Verhalten heimlich. Von Zeit zu Zeit kommen solche Einflussnahmen nichtsdestotrotz an die Öffentlichkeit. Wie viel die Öffentlichkeit davon mitbekommt, entscheiden dabei zu einem wesentlichen Anteil die Medien mit ihrer Berichterstattung. Da sich viele Medienkonzerne jedoch in den Händen von Kapitaleignern, Investmentfonds und großen Unternehmen befinden, ist davon auszugehen, dass es eine recht große Dunkelziffer gibt und die meisten Wirtschaftsskandale und Einflussnahmen geheim bleiben. Aufgrund der breiten Streuung von Kapital und Besitz auch auf andere Länder ist der Geldadel heute allerdings nicht mehr so angreifbar wie zuvor der Erbadel. Denn Angriffe auf den Besitz sind nicht mehr so einfach und umfassend möglich, auch weil der Besitz über Aktien und Anteilsgesellschaften aus dem Ausland, verschleiert wird. Die Eigentümer sind schlicht namentlich nicht bekannt. Schließlich können beispielsweise Enteignungen nur national auf Staatsgebiet durchgesetzt werden.

13. Der Kommunismus und sein Scheitern

Mit dem Aufkommen von Kapitaleigentum und der Herausbildung des Geldadels entstand auch das Proletariat als neue Gesellschaftsschicht. Die Ungleichheit zwischen den einzelnen Mitgliedern einer Gesellschaft stieg somit und die armen Arbeiter versuchten, sich dagegen zu wehren. Daraus entstanden neue Bewegungen, es bildeten sich erste Gruppen wie Arbeiterorganisationen und Gewerkschaften, die sich für mehr soziale Gerechtigkeit und gleiche Rechte für alle einsetzten. Nach und nach entwickelte sich die Idee einer klassenlosen Gesellschaft, ähnlich wie sie von der ursprünglichen Wohlstandgesellschaft her bereits bekannt war und die den Software-Geboten besser gerecht werden sollte. Die bekanntesten Vertreter dieser Idee waren Karl Marx und sein (reicher) Freund Friedrich Engels. Sie waren auch die ersten, die diese Ideen aufschrieben und somit einer breiten Masse zugänglich machten. So wurde von Karl Marx beispielweise schon vorhergesagt, dass sich das Kapital immer mehr auf wenige konzentrieren wird. Dies führte schließlich zur Entwicklung einer Gesellschaftsform, in der alle Mitglieder Anteil am Kapital haben sollten. Der Kommunismus war geboren – und befand sich augenblicklich selbstverständlich sofort im Wettbewerb mit dem Kapitalismus. Die größte Angst von reichen, privilegierten Menschen ist der Verlust des Vermögens. Die beiden Gesellschaftssysteme stehen sich bis heute kriegerisch aggressiv, dem männlichen Prinzip folgend gegenüber.

Jeder vollstreckt Todesurteile in diesem Kampf, wie beispielsweise auf Abbildung 43. Aber auch Revolutionäre wie Guevara, Emiliano Zapata und viele andere wurden getötet oder hingerichtet. Das größte Problem des Kommunismus ist die Tatsache, dass der Geldadel nicht freiwillig auf Besitz verzichtet, sondern um sein Kapital und seine Macht kämpft. Deshalb ist – wie auch schon bei Kämpfen während der neolithischen Revolution – eine militärisch

Abb. 43: Ein russischer Großgrundbesitzer und ein zugehöriger Geistlicher wird durch ein kommunistisches Tribunal zum Tode verurteilt. Revolution und Enteignung sind die Schreckgespenster des Land- und Geldadels. Großgrundbesitzer waren damals nicht international aufgestellt und können nicht mit dem Kapital ins Ausland fliehen und somit eher erreichbar für die Rache der Revolutionäre.

organisierte, streng hierarchische Struktur erforderlich. Denn trotz seiner eigentlich sozialen Grundausrichtung musste der Kommunismus mit Waffengewalt in Revolutionen erkämpft werden. Das führte erneut zu einer von Männern dominierten, hierarchischen Struktur, in der die Herrschenden nach dem Sieg der Revolution nicht auf die Vorteile ihrer exponierten Positionen verzichten wollten. Die erfolgreichen Männer wollten vielmehr ihre Privilegien erhalten, wodurch sich – vollkommen konträr zum eigentlichen kommunistischen Grundgedanken – eine neue männliche Führungs und Verwaltungselite herausbildete.

Um trotzdem die Solidarität aller Mitglieder der Gesellschaft sicherzustellen, wurde eine Institution benötigt, um Gruppendynamik und Identifikation zu stärken. Das war die Geburtsstunde der kommunistischen Partei. Deren mächtigste Führer wurden in der Folgezeit fast in den Rang von Göttern erhoben und wie bei Religionen – mit einem entsprechenden Personenkult – verehrt und dargestellt, wie man beispielsweise an der Abbildung 44 erkennen kann.

Wie bei Autokraten wird damit klargestellt, hier ist keinerlei Kritik oder andere Meinungen erwünscht und angemessen.

Abb. 44: Mao, ein typischer, fast wie ein Gott verehrter kommunistischer Führer, was im Widerspruch zu den ursprünglichen Prinzipien stehen dürfte.

Die Prinzipien der kommunistischen Partei sind ursprünglich das totale Gegenteil des kapitalistischen Prinzips – Größerer Privatbesitz, kapitalistische Strukturen, Verzinsung von Kapital und Zinseszins, Ausbeutung von minderprivilegierten Mitgliedern der Gesellschaft und vererbtes Machtrecht sollte es nicht mehr geben. Würde dieser Ansatz des sozialen Miteinanders – klassenlose Gesellschaft, Produktionsmittel (wie Fabriken, Land und Ressourcen) im gemeinschaftlichen Besitz, Gleichheit aller Mitglieder tatsächlich umgesetzt, wären das wieder die Strukturen ähnlich der ursprünglichen

Wohlstandsgesellschaft und viele Software-Gebote erfüllt. Theoretisch sollte dies doch zu mehr Nachhaltigkeit, gesellschaftlichem Rückhalt und zu einem sozialeren Miteinander der Mitglieder führen. Dies war in der Anfangszeit vielleicht auch so. Doch so großartig die Idee des Kommunismus auch ist, sie funktioniert leider nicht. Warum?

Geboren wurde diese Idee mit der Entstehung des Proletariats aus ausgebeuteten Fabrikarbeitern. In dieser Gruppe fanden die sozialen Ansätze des Kommunismus nachvollziehbarerweise viele Anhänger. Diese versuchten, sie umzusetzen und die existierende Gesellschaftsstruktur mit ihren Eliten, hinsichtlich Verteilung des Kapitals, zu verändern. Dagegen wehrten sich die Reichen und Mächtigen (bis heute) mit allen Mitteln. In den USA wurden während des kalten Krieges sogar Todesurteile vollstreckt. Doch mit Hilfe militärischer Mittel konnte sich der Kommunismus Anfang des 20. Jahrhundert in vielen Staaten als Organisationsform etablieren, darunter die frühere Sowjetunion, die Volksrepublik China, Nordkorea, Kuba sowie die früheren Ostblockstaaten. Dennoch scheiterte dieser Ansatz mit seinen sozialen Ideen, denn die Anzahl kommunistisch regierter Staaten geht kontinuierlich zurück. Kommunismus in Reinform gibt und gab es nirgendwo.

Die Ursache dafür liegt in der Umsetzung dieses Gesellschaftsmodells. Denn um diese neue Staatsform zu etablieren, musste die bis dato existierende abgelöst werden. Das war meist nur mit Gewalt möglich, denn die existierenden Eliten kämpfen um ihre Privilegien. Für kriegerische Auseinandersetzungen bedurfte es jedoch einer männlich geprägten Hierarchie und einer (aus Männern bestehenden) Armee, die die Revolution praktisch vollzog. Wie schon während der neolithischen Revolution wollten diese männlichen Anführer ihre für die Revolution notwendigen und ergo im Zuge dessen erreichten Privilegien erhalten, um wiederum die Hardware-Gebote besser erfüllen zu können. Folglich gab es bereits nach kurzer Zeit wieder eine von männlichen Eliten geprägte Gesellschaftsstruktur, jetzt jedoch kommunistisch geprägt. Innerhalb kürzester Zeit waren sämtliche Inhalte des kommunistischen Grundgedankens vergessen und nahezu alle Software-Gebote, wie Informationsfreiheit, Gleichheit und Kontrolle der Führungsriege, wurden über den Haufen geworfen. Mitglieder der Gemeinschaft, die dagegen aufbegehrten, wurden aggressiv unterdrückt und mit entsprechenden Strafen belegt. Erneut bildete sich eine Elite mit den gleichen Privilegien, wie die derer, die durch den Kommunismus ersetzt werden sollten. Trotz aller guten Vorsätze, die die neuen Machthaber ursprünglich dazu bewegt hatten, zu kämpfen und ihr Leben aus Spiel zu setzen, wollten sie nun nicht mehr auf ihre errungenen Privilegien verzichten. Im Prinzip wurde die Herrschaftsgewalt lediglich von einem Erbmonarchen auf kommunistische Autokraten übertragen. Der Gemeinsinn findet anscheinend ein jähes Ende, sobald eine Person zu Reichtum gekommen und zum Kapitalisten geworden ist. Vor allem wenn er eine aggresive Männerbande zur Verteidigung der Privilegien hinter sich hat.

Zusammengefasst lässt sich sagen das die Menschen vom Kommunismus oder kommunistischen Revolutionen wenig oder gar nicht provitiert haben, da die entsprechenden Grundlehren letzten Endes von den Machthabern nicht umgesetzt wurden. Denn es wurden zwar die Software-Gebote als Schlagworte benutzt, um Menschen zur kommunistischen Revolution zu motivieren und sie dazu zu bringen, ihr Leben für die neue Gesellschaftsordnung aufs Spiel zu setzen. Doch schlussendlich fand meistens lediglich ein Austausch der Führungselite und des Verwaltungsapparates statt und die Macht ging von einem Monarchen auf einen Autokraten über. An dieser Stelle sei das Buch Animal Farm von Goerge Orwell empfohlen, der diese Entwicklung ausgiebig beschreibt.

Heutige nachkommunistische Gesellschaften, wie China und Nordkorea, haben nichts mehr mit der Grundidee des Kommunismus gemeinsam. Beispielsweise gibt es in China und Russland mittlerweile eine große Anzahl an Milliardären und somit waschechte Kapitalisten aus einem eigentlich kommunistischen Land, wo eigentlich kein privater Reichtum vorgesehen war. Zumindest in der Meinung der Urrevolutionäre wie Mao oder Lenin. Aber nicht nur aufgrund der Gesellschaftsform und der neuen Machtstrukturen kam es zu einem Wettbewerb der Systeme, sondern auch der grundlegende Gegensatz zwischen dem Kapitalismus mit seinem Geldadel und dem ursprünglichen Kommunismus. In dem sollte es ja keinen persönlichen Besitz und individuellen Reichtum geben. Aus diesem Wettbewerb der Systeme ging der Kommunismus, der immer relativ schnell in eine Art Autokratie verwandelte, als Verlierer hervor. Denn während weniger effektive Strukturen in der Wirtschaftswelt des Kapitalismus im Wettbewerb um Markanteile verschwinden, bleiben sie in der starren kommunistischen Ordnung erhalten. Dadurch kommen nicht die fähigsten Kräfte in Führungspositionen, sondern diejenigen, die sich loyal gegenüber Verwaltungsstruktur und kommunistischer Partei zeigen. Das ist ein klarer Nachteil im Kampf der Systeme. Im kapitalistischen System kommen hingegen nur Menschen in Führungspositionen, die erfolgreich Rendite für die Kapitaleigner erwirtschaften. Während im Kapitalismus der Wettbewerb unter den Lohnabhängigen, teilweise auch unter den Unternehmen, also gefördert wird, sollen im Kommunismus alle gleichgestellt sein. Der Hauptanspruch im Kommunismus ist folglich nicht Effektivität, sondern die Erhaltung des Systems. Loyalität wird dabei mit gut dotierten Jobs belohnt. Ein Unternehmen im kapitalistischen Wettbewerb kann sich dagegen nur behaupten, wenn es von jemandem geführt wird, der weiß, wie man Gewinne erzielt und maximiert. Schafft eine Führungsperson das nicht, wird sie umgehend durch eine andere ersetzt, um die Aktionäre mit hohen Renditen zufrieden zu stellen. Auch wird Eigeninitiative, wie zum Beispiel in Form von Firmengründungen, stark forciert, was das System von unten, allerdings nur für wenige, durchlässig macht. Prinzipiell kann jeder bis ganz nach oben aufsteigen und zum vermögenden Kapitalisten werden. Ähnlich wie bei einer Lotterie klappt dies natürlich nicht bei allen, der größte Teil der Bevölkerung kann leider kein nennenswertes Vermögen generieren. Da Geld nicht arbeiten und Konsumartikel herstellen kann, ist es notwendig das eine große Anzahl von Menschen körperlich arbeitet und Waren produziert.

Natürlich besteht für viele der Wunsch nach finanzieller Unabhängigkeit, um damit die eigene Existenz abzusichern. Ohne Eigenkapital ist dies ein schwieriges Unterfangen. Diejenigen, die genug Geld besitzen, um ein Unternehmen aufzubauen und darin zu investieren, haben danach natürlich auch ganz andere Möglichkeiten, Geld zu verdienen. Nur der Geldadel hat diese Mittel und profitiert folglich letzten Endes wieder von diesem System. Es wird streng darüber gewacht, dass Gewinne erzielt werden, wobei unpopuläre und unsoziale Entscheidungen in Kauf genommen werden und den Wettbewerbsdruck auf die abhängigen Lohnempfänger erhöht. Vorstände von Aktiengesellschaften werden daher von den Besitzern oder ihren Vertretern speziell ausgewählt, diese Ziele umzusetzen. Wird kein Gewinn erzielt droht auch ihnen die Entlassung.

Dieser Wettbewerb beim Personal sowie die erwähnte, unternehmerische Eigeninitiative wird im Kommunismus nicht gefördert, weswegen der Kapitalismus diesen Wettbewerb im technischen Bereich für sich entscheiden konnte. Ergo können in einem kapitalistischen Staat mehr Waren und Güter hergestellt werden, die zudem im Vergleich zu Produkten aus kommunistischer Produktion ein wesentlich höheres Entwicklungsniveau aufweisen und dadurch auf dem Weltmarkt erfolgreicher sind. Erfolg auf dem Weltmarkt ermöglicht es, Luxuswaren wie Edelfische aus allen Meeren der Erde, Blumen aus Kenia, Bananen aus Kolumbien usw. zu kaufen. Auch internationaler Handel funktioniert, vor allem bei weniger entwickelten Ländern, besser mit hochwertigen Gütern und kapitalistischen Strukturen. Folglich ist der Wohlstand mehr in kapitalistischen – als in kommunistisch regierten Ländern, gestiegen. Trotz des wesentlich höheren Anspruchs an soziale Gerechtigkeit im Kommunismus werden die meisten einfachen Bürger in kapitalistischen Gesellschaften oft erheblich besser versorgt und haben dadurch bessere persönliche Entwicklungsmöglichkeiten. Darüber hinaus sorgt die größere Wirtschaftskraft kapitalistischer

Nationen für weitere Vorteile. Hat der Staat mehr Geld, weil bei florierender Wirtschaft zum Beispiel mehr Steuern eingenommen werden, können die Etats in vielen Bereichen des Staatshaushalts erhöht werden. So steht beispielsweise mehr Kapital für Ausgaben im Wehrbereich, unter anderem für moderne Waffentechnik, zur Verfügung. Bestes Beispiel dafür ist der monströse Wehretat der USA. Das wiederum führt zu einer besseren Wehrhaftigkeit und somit zu einem besseren Schutz des Staatsgebiets. Was – am Rande erwähnt – im Falle der USA ein wenig widersprüchlich erscheint, da dieses Land sein Territorium seit den Unabhängigkeitskriegen nicht mehr verteidigen musste.

Aus diesen Gründen haben mittlerweile die kommunistischen Länder mit der Etablierung kapitalistischer Strukturen nachgezogen. Auch dort ist inzwischen Besitz in Form von finanziellen Mitteln und Produktionskapital zulässig, was jedoch entgegen aller Prämissen natürlich einen Geldadel nach kapitalistischem Modell entstehen ließ. Dieser ist aber zumindest auf nationaler Ebene von Entscheidungen des Staates abhängig und der Willkür der politischen Machthaber unterworfen. Im Ergebnis gibt es nun aber auch in den „kommunistischen" Ländern sehr große soziale Unterschiede.

Autokratische Systeme sind für ausländische Investoren und Kapitalgeber trotzdem mit einem Risiko behaftet, da ihr Kapital dort nicht so sicher ist wie in demokratischen, kapitalistischen Staaten, weil durch die Machtkonzentration auf eine, beziehungsweise wenige Personen, weiterhin Enteignungen recht einfach möglich sind. Demokratien sind in diesem Punkt schlicht berechenbarer – eine unabhängige Justiz wacht über den Besitz und die Macht ist auf mehrere Instanzen verteilt. Deshalb befinden sich die beiden Systeme trotz einer Annäherung immer noch in einem ständigen Kampf miteinander – häufig auch militärisch in Stellvertreterkriegen. Wahlen in diesen Ländern werden als manipuliert bezeichnet und es wird versucht über Medien und Foundations in diesen Ländern Fuß zu fassen, alles letzten Endes mit dem Ziel eigenes, investiertes Kapital auch zukünftig zu sichern.

Die kapitalistischen Demokratien drängen auf demokratische Reformen in den ehemaligen kommunistischen Staaten mit dem Anspruch des Kapitalismus als Lösung für eine bessere und gerechtere Welt. Der ursprüngliche, reine Kommunismus kann in diesem Kampf nicht gewinnen und war deshalb von Anfang an zum Scheitern verurteilt. Weltweit gibt es, je nach Betrachtungsweise, vielleicht nur noch etwa 5 Länder mit kommunistischen Regierungen. Die kommunistische Ideologie wird propagiert, dient aber nur dem Erhalt der Diktatur der Kommunistischen Partei.

14. Geheimes egoistisches Verhalten in modernen Gesellschaften

Geheimes egoistisches Verhalten ist schon früh in der Evolution angelegt worden und zieht sich von den Bakteriengemeinschaften über Tiergruppen jeglicher Art bis hin zu den Säugetieren und uns Menschen. Denn alle Lebewesen versuchen permanent, die Hardware-Gebote zu erfüllen. Das heißt, sie wollen in erster Linie sich selbst erhalten und brauchen folglich genügend Nahrung und ein sicheres Umfeld, um sich fortzupflanzen, ihren Nachwuchs großzuziehen und ihm das Überleben zu sichern. Für all diese Ziele ist ein gewisser Egoismus hilfreich oder sogar notwendig. Gleichzeitig wissen wir Menschen, dass ein gemeinsames soziales Miteinander und selbstloses Handeln unsere Überlebenschancen deutlich verbessern oder sogar erst ermöglichen. Denn dadurch können wir, wenn wir in Not sind, auf Solidarität und Hilfe hoffen und Aufwand und Nutzen dabei gerecht auf alle Mitglieder verteilen. All diese Faktoren sind in den Software-Geboten verankert, die sich im Laufe der Evolution für ein stabiles Zusammenleben entwickelt haben. Wie bereits festgestellt, stehen die Hardware- und Software-Gebote für konträre Strategien, die aber beide wichtig

Abb. 45: Schandmasken hatten in früheren die Aufgabe soziales Fehlverhalten, hier für Betrug mit Backwaren, den Gruppenmitgliedern öffentlich bekannt zu machen. Eine ähnliche Funktion sollten die Medien haben, die aber in dieser Hinsicht von ihren Inhabern und deren Interessen abhängig sind.

sind, um das Überleben, insbesondere in Gruppen, zu sichern. Da ein gewisser Egoismus für ein einzelnes Lebewesen im Sinne der Hardware-Gebote sinnvoll ist, die Software-Gebote jedoch nach Solidarität und Gerechtigkeit ausgelegt sind, geschehen egoistische Handlungen meist heimlich.

Denn je bekannter der Egoismus eines Menschen ist, desto weniger Vertrauen wird diesem entgegengebracht. Die anderen Gruppenmitglieder glauben nicht, dass diese Person sie unterstützen würde, ohne einen eigenen Vorteil daraus zu ziehen. Jeder Mensch hat in seinem Umfeld einen gewissen Ruf hinsichtlich seiner Glaubwürdigkeit und seines Ansehens. Ist dieser Ruf einmal beschädigt, ist es sehr schwer, erneut Vertrauen aufzubauen. Insbesondere Personen, die über Macht und Geld entscheiden werden in der Regel durch entsprechende Gremien geprüft. (Kleine) Bestechungen wie zum Beispiel Geschenke sind weit verbreitet. Wer dies tut achtet streng darauf, dass es im Geheimen geschieht und dass es das Umfeld nicht mitbekommt. In der Öffentlichkeit zeigt man sich eher selbstlos handelnd oder anderen in der Not Hilfe leistend, ohne einen Vorteil daraus zu ziehen. Dieses Bild möchten natürlich auch Politiker gegenüber dem Volk zeigen. Wenn sie zu Schauplätzen von Katastrophen reisen, passiert das medienwirksam. Wird man aus Versehen aber, wie ein Hr. Laschet von der CDU, beim Lachen erwischt, was eigentlich geheim bleiben sollte, wird dies als extrem unsozial empfunden. Beim Bürger bleibt im Gedächtnis, das alle Anteilnahme nur aufgesetzt ist und ihm die Opfer letztendlich egal sind. Wenn mir ein Unglück passiert, habe ich mit keiner Anteilnahme oder Hilfe zu rechnen, im Gegenteil ich werde in der Not ausgelacht. Es ist nicht allzu weit hergeholt, dass dies wesentlich dazu beigetragen hat, dass er bei der Bundestagswahl krachend gescheitert und letztendlich aus dem politischen Leben so gut wie verschwunden ist. Wenn Menschen stark egoistische Handlungen begehen, die vielleicht auch anderen Menschen schaden, versuchen sie diese geheim zu halten. Nicht selten versuchen sie von sich abzulenken, indem sie andere als egoistisch darstellen, um selbst besser dazustehen. Da in heutigen modernen Gesellschaften die Mitgliederanzahl zu hoch ist, um Informationen – auch über das Verhalten anderer Menschen – von Mund zu Mund zu verbreiten, geschieht dies inzwischen vorrangig über die Medien, also Presse, Radio, TV und seit einiger Zeit auch über das Internet. Wer diese Informationskanäle beherrscht bzw. Zugang hat, kann somit Einfluss auf alle Mitglieder der Gesellschaft ausüben, um den Ruf missliebiger Mitglieder zu schädigen. Auch diese Einflussnahme soll möglichst geheim bleiben. Und in diesem Bereich gilt ebenso – wer das Geld hat, hat die Macht. Sprich, die Besitzer der Informationskanäle, also die Finanzelite, geben vor, worüber in den Medien wie berichtet wird. Nicht selten gehören sogar große Medienanstalten, wie Verlage, Fernseh- oder Radiosender direkt den Finanzeliten.

Aufgrund all dieser hintergründigen Aktionen und Verbindungen kann nahezu alles, was geheim ist, mit egoistischem Handeln in Verbindung gebracht werden.

Millionengeschenk von Unbekannt

Vor zehn Jahren machte die CDU in der sogenannten Parteispendenaffäre eine ihrer schwersten Krisen durch. Vor dem parlamentarischen Untersuchungsausschuss des Bundestags musste Helmut Kohl am 29. Juni 2000 erstmals zu den illegalen Spenden und schwarzen Kassen seiner Partei Stellung nehmen.

Von Otto Langels | 29.06.2010

Abb. 46: Geheime Spenden von elitären reichen Menschen oder deren Organisationen an die Parteien und Politiker zwecks Einflussnahme.

Geheimes Handeln dient somit dazu unsoziales, egoistisches und kriminelles Verhalten zu vertuschen, ohne dass die Mitglieder der Gesellschaft Kenntnis davon bekommen. Und wenn doch einmal solche geheimen Aktionen publik werden, gibt es zwar zunächst einen Riesenskandal oder zumindest einen kurzen Aufschrei der Bevölkerung, doch oft ist das Thema, je nach Interessenlage oder von den Abhängigkeiten der entsprechenden Medien, schnell wieder aus der öffentlichen Diskussion verschwunden. Hier kommt es auf die Berichterstattung der Medien an. Als Beispiel soll hier unser Bundeskanzler Helmut Kohl genannt werden, der vor Gericht einen Blackout hatte und anschließend Bundeskanzler wurde. Als die Spendenaffäre ans Licht kam, hat er gegen das Gesetz seine Spender zur Parteienfinanzierung, auch vor Gericht, nicht genannt. Es hat ihn zwar die Karriere gekostet, aber die Liste seiner Ehrungen blieb lang und es kamen noch unzählige dazu. Solidarität innerhalb der Männerbande bis in die Kriminalität und asozialem Verhalten wird offensichtlich belohnt.

 Spiegel
https://www.spiegel.de › Politik › Deutschland ⋮

Nebenverdienste in den Landtagen: Transparenz mit Lücken

08.03.2017 — Seit Wochen liegt dieser Gesetzentwurf nun im Innenausschuss. Gerade erst wurde die Behandlung des Themas aber erneut **verschoben**, weil noch ...

Das Veröffentlichen von geheimen asozialen Taten von einzelnen Personen gehört daher zu den höchsten Strafen, die es für asoziales Verhalten gibt, insbesondere wenn viele Medien intensiv und detailliert, häufig darüber berichten. Selbst wenn sich dann die Anschuldigungen später als unwahr herausstellen, ist der Imageschaden bereits eingetreten. Schon im Mittelalter wurden asoziale Menschen beispielsweise an den Pranger gestellt oder mussten Schandmasken tragen. Dies waren zwar harmlose, aber durchaus schlimme Strafen, da die Gruppenzugehörigkeit dadurch auf dem Spiel stand und der persönliche Ruf geschädigt

Abb. 47: Geheime Aktionen können nur den Grund haben sich unverdiente Vorteile zu sichern. Unsere gewählten Abgeordneten haben es in dieser Frage nicht besonders eilig, ihre Einkünfte offen zu legen. Wenn Bestechung und Korruption über internationale Konten verlaufen, ist die Aufdeckung mehr als unwahrscheinlich.

wurde. Doch es gab auch extremere Sanktionen wie Verstümmelungen, um die Verfehlungen auf ewig sichtbar zu machen. So wurden Dieben beispielsweise Finger oder gleich eine ganze Hand abgehackt. In archaisch religiös geprägten Nationalstaaten, wie Saudi-Arabien oder Somalia, sind solche Strafen auch heutzutage noch üblich. Ziel all dieser Methoden ist, das geheime asoziale Verhalten Einzelner den anderen Gruppenmitgliedern kenntlich zu machen und den Ruf der Übeltäter nachhaltig zu schädigen. Die Heimlichtuerei reicht selbst in den fortschrittlichsten Demokratien bis in die höchsten politischen Bereiche – Verfassungsschutz und Geheimdienste sind staatliche Organe, deren Hauptaufgabe heimliches Handeln ist und selbst gewählten Vertretern die Auskunft verweigern können.

Hinzu kommen Briefgeheimnis, Steuergeheimnis, Bankgeheimnis und dergleichen, die für alle Bürger gelten und auf die jeder ein Anrecht hat. Sie sollen dafür sorgen, dass bestimmte private und staatliche Informationen nicht an die Öffentlichkeit gelangen. Denn gerade, wenn es bei Steuern, Geldanlagen und Krediten ums Geld und Kapital geht, ist Verheimlichung wichtig, da andere Gruppenmitglieder nicht wissen sollen, wie viel Kapital man besitzt. Sonst ist der Neid schnell groß und Missgunst entsteht, insbesondere dann, wenn keine persönliche

Abb. 48: Warum werden so viele Geheimdienste benötigt, hier ein Auszug, deren Kontrolle und Struktur nur wenigen Personen bekannt sind? Die USA hat fast an die 20 verschiedene Geheimdienste. Hauptgegner ist hier prinzipiell der Kommunismus, der in den USA bis heute als Hauptbedrohung angesehen wird. Immer wieder werden Geheimdienste (Stasi, FBI – Nixon) gegen politische Gegner eingesetzt.

Leistung dahintersteht. Zudem werden besonders an den Finanzen eventuelle Ungleichheiten deutlich. So wurden Steuer und Bankgeheimnis sicherlich nicht für die Armen der Gesellschaft eingeführt. Im Gegenteil – bei ihnen werden sie sogar oft ausgehebelt, wenn sie, um staatliche Hilfen zu bekommen, ihre gesamten Vermögensverhältnisse offenlegen müssen. Den Besitzenden hingegen kommt es sehr entgegen, dass sie ihr Vermögen geheim halten können.

Jeder, der einmal zu Reichtum gekommen ist, will das Geld natürlich für sich und seine Nachkommen sichern. Dies ist ein Urtrieb aus den Hardware-Geboten, der zu egoistischem, unsozialen Verhalten führt. Das wiederum geschieht im Geheimen, um den gesellschaftlichen Ruf gemäß den Software Geboten nicht zu gefährden. Denn dass Besitz und Reichtum, wenn man ihn einmal hat, ohne viel Zutun, beziehungsweise Arbeit, allein durch die Wirkung von Zins und Zinseszins vermehrt werden kann, steigert das gesellschaftliche Ansehen

Panama Papers

+ Thema folgen

Die Geheimnisse des schmutzigen Geldes

2,6 Terabyte Daten, 11,5 Millionen Dokumente, 214 000 Briefkastenfirmen: Die Panama Papers sind das größte Daten-Leak, mit dem Journalisten bislang gearbeitet haben. Sie zeigen, wie Staatschefs, Diktatoren und Sportstars weltweit ihr Vermögen verschleiern. Lesen Sie hier alle Artikel zur großen Recherche von Süddeutscher Zeitung und ICIJ.

Abb. 49: Sinn der geheimen Panama Aktionen ist der Steuerbetrug und Verschleierung von Einkünften und Besitz gegenüber anderen Mitgliedern der Gesellschaft. Über diese Kanäle kann schmutziges Geld, unabhängig und geheim vor den Strafverfolgungsbehörden, für Bestechung, Steuervermeidung und Korruption verschoben werden. Die lange Liste der Besitzer ist im Internet zu finden und beinhaltet Politiker, Künstler, Kriminelle und Staatsoberhäupter.

nicht gerade. Der Gerechtigkeitssinn weniger vermögender Mitglieder der Gesellschaft würde diese Ansammlung von Besitz als unmoralisch und fragwürdig ansehen. Deshalb werden Holdings und Gesellschaften gegründet, in denen sich die Kapitaleigner verstecken können. Diese haben ihren Sitz zudem gern im Ausland, wo überdies häufig ein vorteilhafteres Steuerrecht herrscht. Des Weiteren gibt es sogenannte Briefkastenfirmen, deren eigentlicher Firmensitz und –die Inhaber nicht nachvollziehbar sind. Gesellschaft und Staat haben somit keinen oder nur erschwerten Zugriff auf deren Vermögen im Hinblick auf dessen Besteuerung.

Gänzlich anders verhält es sich mit Spenden, die allzu gerne der breiten Öffentlichkeit bekannt gemacht werden. Denn wohltätige Aktionen verbessern das Ansehen in der Gesellschaft. Schlussendlich dienen diese Aktionen trotz des positiven Effekts bei den Empfängern also auch nur der Erhaltung des guten Rufs des Spenders.

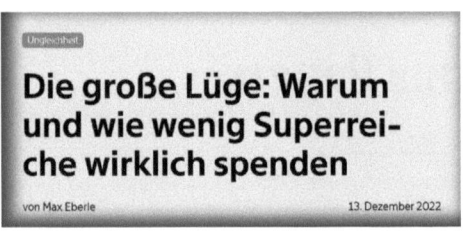

Abb. 50: Gerne werden mit Spenden Stiftungen finanziert, die unter der Aufsicht der Spender bleiben. Oft geheim, werden Projekte und Gesellschaften finanziert, die eigene Interessen und die der Eliten unterstützen.

Aber immerhin wird so zumindest ein Teil des Kapitals an die Gemeinschaft zurückgegeben, wenn auch oft hinter diesen vermeintlichen Wohltaten eigene Interessen stehen. Wie zweckmäßig die gespendeten Gelder eingesetzt und ob sie tatsächlich ausschließlich positiv verwendet werden, wird allerdings von niemandem kontrolliert. Daher geht die Heimlichtuerei an dieser Stelle nicht selten von vorne los und die gespendeten Gelder werden für Projekte mit wohlklingenden Namen, oder für persönliche Interessen, eingesetzt. Auch Stiftungen sind beliebte Konstrukte, um Vermögensbesitz zu verschleiern und Einfluss auf die Politik zu nehmen. Doch sie werden in den meisten Fällen von den reichen Stiftern – oder deren Nachfahren – kontrolliert.

In den USA, ein Land, in dem der Kapitalismus gelebt wird, gibt es nur zwei große Parteien, die die Wahlen unter sich ausmachen. Alle anderen Parteien spielen keine Rolle, wenn es um die Vergabe von Regierungsposten geht. Diese beiden großen Parteien sind die Demokraten und die Republikaner. Um die Kandidaten der jeweils anderen Partei diskreditieren zu können und dadurch mehr Stimmen für sich gewinnen, unterhalten beide politischen Lager enge Verbindungen in die Welt der Information und Geheimdienste. Da ist es kaum verwunderlich, dass es in den USA so viele Geheimdienste gibt.

Archiv

Überwachung im großen Stil

Der ehemalige US-Geheimdienstmitarbeiter Edward Snowden und die britische Tageszeitung „Guardian" legen mit einem neuen Enthüllungsbericht nach: Der britische Geheimdienst GCHQ zapfe im großen Stil Telefon- und Internetkabel an und gebe die Informationen an die US-Behörde NSA weiter.

Von Jochen Spengler | 22.06.2013

Ein Paradebeispiel der gegenseitigen Wahlkampfbeeinflussung, beziehungsweise Torpedierung, war der Zwist zwischen Hillary Clinton und Donald Trump im Vorfeld der Präsidentschaftswahlen 2016, der die ganze Bandbreite der Nutzung von Geheimdienstinformationen zeigte. Da wurden von Seiten der Republikaner interne EMails abgefangen, um Hilarys Vorgehen gegen Bernie Sanders zu veröffentlichen und die Demokraten wiederum unterstellten Trump Verbindungen zu Russland unter Putin.

Abb. 51: Die geheime Spionage gegen die eigenen Bürger und Regierungen anderer Länder bleibt im Verborgenen und nur wenige Menschen wissen Bescheid. Die Verwendung der Daten bleibt geheim.

Auch die Medien sind durch diese politische Gegnerschaft in zwei Lager geteilt und kämpfen um die Deutungshoheit von Informationen, um das Wahlvolk im Sinne des von ihnen unterstützten

Kandidaten zu beeinflussen. Selbst große Kriege wurden durch solche Machenschaften der Geheimdienste angezettelt. Durch die Verbreitung wissentlich gefälschter Informationen wurden Angriffskriege legitimiert. Das Paradebeispiel ist dabei der Zweite Weltkrieg, aber auch bei den Kriegen in Vietnam und dem Irak stützten die angreifenden USA ihre Legitimation auf Falschinformationen. Zur Informationsbeschaffung wird dabei immer modernere Technik eingesetzt. Während vor wenigen Jahrzehnten noch Wanzen zum Abhören das erste Mittel der Wahl waren, hat sich die Beschaffung von kompromittierenden verwertbaren Informationen heutzutage in die digitale Welt und das Internet verlagert. Ab und zu regt sich bei dem einen oder anderen in den Beschaffungszentralen der Geheimdienste aber doch das soziale Gewissen. So gelangen – allerdings meist erst im Nachhinein – die Machenschaften im Hintergrund politischer Aktionen an die Öffentlichkeit. Berühmtestes Beispiel dafür ist sicherlich Edward Snowden.

Abb. 52: Ein Held unserer Zeit. Snowden stellt sich gegen die heimliche Späherei von Bürgern durch die Geheimdienste in den Diensten der Finanzoligarchien. Er wird mit Strafe bedroht und musste nach Russland fliehen, um dem Gefängnis zu entkommen.

Er arbeitete als technische Fachkraft für gleich mehrere USGeheimdienste. Im Rahmen dieser Tätigkeit hatte er Zugang zu streng geheimen Informationen, die er dann an Journalisten weitergab, die sie veröffentlichten. Die amerikanische Regierung, hier sind sich natürlich Republikaner und Demokraten einig, möchte nicht, dass dieses asoziale Verhalten den Bürgern bekannt wird. Daher soll Edward Snowden bestraft werden, um potenzielle

Nachahmer, bei denen sich vielleicht auch das Gewissen meldet, abzuschrecken. Er lebt zurzeit in Russland, wo er für die Verfolgungsbehörden nicht erreichbar ist.

All diese Machenschaften werden aber unter anderem überhaupt erst ermöglicht, weil durch die immer größeren Mitgliederzahlen der Gesellschaften die Regeln des sozialen Miteinanders immer komplizierter werden. Die Grundsätze, nach denen über soziale Gerechtigkeit und unsoziales Verhalten entschieden wird, werden somit ebenfalls komplexer. Mittlerweile sind deshalb riesige Bücher nötig, um all diese fiktiven Regeln für ein soziales Miteinander festzuhalten. Kein Mensch kennt sämtliche Gesetze und Regeln und deren korrekte Auslegung und An-

Abb. 53: Ein weiterer Kämpfer für offene Informationen ist Hr. Assange. Er gründete eine Plattform zur Veröffentlichung von Kriegsverbrechen und Steuerhinterziehung von Reichen und Kriminellen. Nach 14 Jahren Verfolgung durch die USA kam er frei, weil er sich für schuldig erklärte. Eine Drohung an andere Journalisten, keine Geheimnisse zu veröffentlichen, von denen die Bevölkerung nichts wissen soll.

wendung. Deshalb sind Spezialisten – die Juristen – nötig, die dafür eine jahrelange Ausbildung durchlaufen.

Zusammenfassend lässt sich also sagen, dass asoziales, egoistisches Verhalten in aller Regel anonym oder geheim erfolgt, um sozialer Isolation vorzubeugen und das mit diesen Methoden gewonnene Vermögen zu schützen. Gleichzeitig sind die Menschen trotz allem Egoismus auf soziale Zusammenarbeit angewiesen. Diese Diskrepanz lässt sich sogar bei Schwerverbrechern beobachten. Während sie, ohne zu zögern, Raubüberfälle, Körperverletzungen oder sogar Morde begehen und somit höchst asoziales Verhalten an den Tag legen, um sich selbst einen Vorteil, wie zum Beispiel Macht oder Geld zu sichern, erhalten sie sich trotzdem ein soziales Umfeld aus Freunden und Familie. Und Werte wie Loyalität und Gruppenzugehörigkeit spielen auch bei ihnen eine große Rolle. Wem gegenüber beziehungsweise in welcher Gruppe sich jemand loyal verhält, ist nicht selten davon abhängig, wo sich ein Mensch Vorteile für sich selbst erhofft.

Geheimes, gemeinsames Mobbing gegen einen oder mehrere andere einer Gruppe ist ein Beispiel für eine –falsche – Gruppenloyalität. Mobbing wird jedoch nicht offen ausgetragen, sondern oft im Geheimen mit Falschinformationen und dergleichen geführt. Dadurch kann die Gruppe der Mobbenden zunehmend größer werden, ohne dass der Gemobbte dies mitbekommt. Denn je mehr Menschen den Falschinformationen glauben, desto mehr Feinde haben die Gemobbten plötzlich. Darunter sind auch Personen, die sie gar nicht persönlich kennen oder die andersherum sogar zuvor mit ihnen befreundet waren. Unterstützt wird all das wiederum durch die moderne Technik und die heutigen Kommunikationsmittel im Internet und auf dem Handy. Dort können Informationen gezielt anonym und geheim verbreitet werden, ohne dass die Opfer es mitbekommen oder der Täter identifizierbar wäre. Der Schaden dieser vermeintlich harmlosen Aktionen ist dabei immens. Betroffene erleiden schwerwiegende psychische Schäden mit weitreichenden Folgen.

Bei geheimem asozialem Verhalten gibt es folglich eine große Spanne, die von kleineren Aktionen gegen Einzelne bis hin zu großen Ungerechtigkeiten, bei denen Eliten oder Mächtige ganze Bevölkerungsgruppen benachteiligen, reicht. Vom kleinen Betrug bis hin zu milliardenschweren Straftaten ist alles dabei. Und alles wird im Geheimen durchgeführt, da niemand seinen Ruf in der Gesellschaft verlieren will.

15. Der Wettbewerb – der ambivalente Einfluss

Wettbewerb ist ein komplexes und vielschichtiges Thema. Denn Wettbewerb gibt es so ziemlich in allen Bereichen auf verschiedenste Art und Weise. Er ist wesentlicher Bestandteil der Hardware-Gebote in Form des „survival of the fittest". Seine Bedeutung für die Evolution ist folglich immens. Wettbewerb bedeutet dabei vor allem, das schwache und nicht effektiv funktionierende Lebewesen zugrunde gehen und ergo aus der Evolution verschwinden. Die Natur kennt kein Mitleid oder Mitgefühl und Arten, die sich nicht erfolgreich vermehren, sterben aus. Aber auch die Mitglieder der gleichen Art stehen ständig im Wettbewerb ums Überleben. Der Wettbewerb der Arten wird jedoch seit langem vom Menschen beeinflusst, indem er die Natur mit seinem Handeln formt. Dabei geht der Homo Sapiens Sapiens, ganz den Hardware-Geboten entsprechend, recht rücksichtslos und egoistisch vor. Den meisten Menschen ist das Aussterben anderer Spezies – ganz gleich ob Tier oder Pflanzenarten – relativ egal.

Das Wettbewerbsprinzip mit Gewinnern und Verlierern ist an sich äußerst effektiv. Und der Mensch geht als klarer Sieger aus dem Wettbewerb mit vielen anderen Mehrzellern hervor, wodurch er sich fast ungehindert vermehren kann. In gleichem Maße wie die Anzahl der Menschen auf der Erde steigt, gehen jedoch die Zahlen anderer Arten zurück. Die Evolution hat mit dem Menschen eine besondere Spezies hervorgebracht. Aufgrund der sozialen Zusammenarbeit, insbesondere mit den Geboten der Software ergaben sich hinsichtlich Überlebenschancen Vorteile im Wettbewerb mit anderen Lebewesen. Durch die Vergrößerung des Gehirns, wurden neue Eigenschaften entwickelt. Im Vergleich mit anderen Lebewesen weist der Homo Sapiens Sapiens begrenzte körperliche Fähigkeiten auf – er kann im Vergleich mit anderen Lebewesen weder besonders schnell laufen noch besonders gut hören, sehen oder riechen, noch irgendetwas anderes exorbitant gut. Aber er ist mit einem überdurchschnittlich großen Gehirn ausgestattet, das ihm den entscheidenden Vorsprung einbrachte. Dank seiner Intelligenz hat der Mensch unter anderem Werkzeuge erfunden und den kontrollierten Gebrauch des Feuers erlernt. Das verschaffte ihm zahlreiche Vorteile im Wettbewerb um Nahrung und Lebensraum. Doch das allein hätte nicht gereicht, um den Homo Sapiens Sapiens so erfolgreich zu machen. Erst dank der sozialen Zusammenarbeit mit anderen Menschen gelang ihm die substanzielle Wendung in der Evolution zu seinen Gunsten. Soziale Zusammenarbeit bedeutet, dass der artinterne Wettbewerb mit anderen Menschen aufgegeben und das System von Geben und Nehmen erlernt werden musste. Gleichzeitig war es wichtig, den Wettbewerb mit anderen Lebewesen aufrecht zu erhalten.

In der ursprünglichen Wohlstandgesellschaft haben sich dafür die Software-Gebote herauskristallisiert, um den Gemeinsinn als oberste Priorität zu etablieren. Doch mit der neolithischen Revolution und dem dadurch initiierten Bevölkerungswachstum begann der Wettbewerb unter den Menschen erneut. Es bildeten sich immer größere Gruppen, die sich gegenseitig Nahrung und Lebensraum streitig machten. Und dabei traten dann doch wieder die Hardware-Gebote in den Vordergrund, denen gemäß schwache und nicht-aggressive Gruppen im Überlebenskampf nicht bestehen können und deshalb untergehen und verschwinden. Diese Regeln gelten bis heute. So werden die indigenen Völker in vielen Regionen der Welt nach wie vor zurückgedrängt und in ihrem Lebensraum beschnitten oder sogar ganz ausgerottet, damit sich andere, vermeintlich fortschrittlichere und modernere Völker die Ressourcen dieser Gebiete aneignen und für sich nutzen können. Meist geht dabei die Nachhaltigkeit verloren. Wie bei den Gemeinen Schimpansen setzen sich folglich die aggressiveren und kampfstärkeren Individuen und Gruppen durch, die durch Männerbanden geführt werden. Diese Strukturen sind bis heute in unseren Gesellschaften vertreten, weshalb es nach wie vor unzählige Kriege um Land, Ressourcen und Geld gibt.

Der Mensch hatte es in der ursprünglichen Wohlstandsgesellschaft dank der Software-Gebote ein Stück weit geschafft, sich über den Zwang der Hardware-Gebote hinwegzusetzen. Doch wie im Kapitel 9 ausgeführt, wandelte sich das soziale Verhalten der Menschen mit der neolithischen Revolution. Große Bevölkerungsgruppen standen erneut im Wettbewerb miteinander um lebenswichtige Ressourcen. Die Software-Gebote verloren zunehmend an Bedeutung. Seitdem prägt dieser Wettbewerb den Weg von Menschengruppen bis hin zu den heutigen Nationalstaaten. Über Erfolg oder Misserfolg im „survival of the fittest" entscheiden dabei die Mitgliederanzahl eines Verbandes beziehungsweise Volkes, die davon abhängige Größe und Kampfkraft einer Armee, der Stand der Waffentechnik und nicht zuletzt die Lebensmittelressourcen. Kampf und Aggression kehrten in die Gesellschaft zurück und beeinflussen seitdem das soziale Miteinander. Die Nationalstaaten als Oberorganisation der großen Gemeinschaften befinden sich also im Wettbewerb miteinander, wobei vor allem wirtschaftliche, aber auch die damit verbundene militärische Stärke der entscheidende Faktor ist, an dem Macht und Einfluss gemessen werden. Je wirtschaftsstärker ein Staat ist, desto mächtiger und einflussreicher ist er auch. Heute nennt man die nationalen Gruppen mit großen Mitgliederzahlen Nationalstaaten. Viele Nationalstaaten stehen in Konkurrenz zueinander und wollen ihre Macht vergrößern oder zumindest erhalten. Wir kommen wieder zurück zum Thema maskuline Stagnation. Eine Entwicklung zurück zur aggressiven Führungsstruktur der Gemeinen Schimpansen – wobei die hierarchische maskuline Struktur durch die Führungseliten der einzelnen Staaten gebildet werden. Diese Art Männerbanden haben wir schon beim Gemeinen Schimpansen kennen gelernt. Männliche strenge Hierarchie und Kampfbereitschaft gegen andere Gruppen. Dadurch entsteht ein Klima ständiger Bedrohung. Alle Länder müssen immer, zu jedem Zeitpunkt auf einen möglichen Krieg vorbereitet sein, so zumindest, wenn es nach unseren Eliten, den Männerbanden, geht.

Doch auch innerhalb eines Staates herrscht Wettbewerb. Vor allem, weil die Eliten am Erhalt ihrer Macht interessiert sind. Das heißt, die Mächtigen eines Landes konkurrieren miteinander. Aber sie müssen ihre Macht nicht nur nach innen, sondern eben auch nach außen schützen. Da sie nicht selbst in den Kampf ziehen wollen beziehungsweise es nicht ausreichend wäre, wenn nur die Eliten dem Gegner gegenübertreten würden, brauchen sie andere, die für sie in den Krieg ziehen, respektive sie im Kampf unterstützen. Dafür müssen sie Menschen dazu bringen, für ihre Interessen einzutreten, ohne selbst einen Vorteil davon zu haben. Dafür wird auf den entscheidenden Aspekt der ursprünglichen Wohlstandgesellschaft zurückgegriffen – die Gruppenloyalität. Durch die Suggestion einer Bedrohung von außerhalb wird der Zusammenhalt der Gemeinschaft beschworen und die Notwendigkeit von Kampfbereitschaft begründet. Das lässt sich auch ausnutzen. Denn die Machthabenden wollen seit jeher ihren Einflussbereich vergrößern. Das gelingt umso besser, je geringer die Einflussmöglichkeiten von Gruppenmitgliedern auf die Führungselite ist. Ein Monarch oder Autokrat ruft den Kriegsfall einfach nach eigenem Ermessen aus. In einer Demokratie hingegen müssen oder sollten die Gründe für eine Kriegsteilnahme schlüssig erklärt werden. In jedem Falle ist es deutlich leichter, andere dazu zu bewegen, in den Krieg zu ziehen und die dafür notwendigen Materialressourcen zur Verfügung zu stellen, wenn eine erkennbare Bedrohung von außen existiert. Ansonsten ist nicht anzunehmen, dass die Mitglieder der Gemeinschaft ein Interesse daran haben, eventuell ihr Leben, auf jeden Fall aber ihre Zeit und ihre Ressourcen zu opfern. Schließlich geht es zwar für die Eliten im Krieg um Privilegien, Besitz und Kapital. Alle anderen Gruppenmitglieder haben meist, wenn überhaupt, nur wenig Besitz und Kapital zu verlieren, riskieren aber im Kriegsfall ihren kostbarsten Besitz, ihr Leben. Daher wird die Gruppenloyalität gefördert und dann auch eingefordert, um die Entscheidung sich gegen die Hardware-Gebote zu entscheiden, zu erleichtern.

Ein neues Gruppen-
bewusstsein ähnlich
dem der ursprüngli-
chen Wohlstandge-
sellschaft war also
hilfreich, um die Mit-
glieder der unteren
Schichten für den
Kampf zu gewinnen
und in diesem an-
schließend erfolg-
reich abzuschneiden. Dafür wurde eine
gänzlich neue Idee in der Gemeinschaft
etabliert – das Nationalbewusstsein verbunden mit dem Nationalstolz.

Abb. 54: Der amerikanische Prä-
sident George Bush singt mit
Kindern die Nationalhymne. Der
Nationalstolz soll in frühester
Kindheit indoktriniert werden.

Um dieses neue Grup-
penbewusstsein zu för-
dern, werden bereits die
kleinsten Mitglieder der
Gesellschaft, die Kin-
der, in Kindergärten und
Schulen entsprechend
eingeschworen. Dieses
Verhalten gibt es mehr
oder weniger in allen Nationalstaaten
unserer Erde. Um den Nationalstolz zu
etablieren, werden die guten Eigenschaften des eigenen Staates hervorge-
hoben und mit den schlechten Eigen-
schaften potenzieller Gegner verglichen sowie über diese erhoben.

Abb. 55: Es wird keine Gelegenheit versäumt, den Nationalstolz
nach außen zu tragen, wie hier
bei einer Sportveranstaltung
mit Mädchen und Frauen

Als äußere Zeichen für die Zusammengehörigkeit werden Na-
tionalflaggen und Hymnen etabliert. Außerdem gibt es staatliche

Auszeichnungen für verdiente Mitglieder der Gesellschaft, wie Orden, Tapferkeitsmedaillen und Staatsbegräbnisse nach dem Tod. Sie alle dienen dazu, ein Gemeinschaftsgefühl wie in der ursprüng-

Abb. 56: Besonders aussagekräftig. Nationalstolz und Treuschwur von Kindern direkt verbunden mit Kampf und Militär, wo die Treue bis in den Tod folgen soll.

lichen Wohlstandsgesellschaft zu schaffen und den Zusammenhalt zu stärken, was wiederum den Zweck verfolgt, dass die Staatsbürger im Ernstfall motiviert sind, für ihr Land in den Krieg zu ziehen. Denen, die im Kampf sterben, werden anschließend Denkmäler gesetzt und sie werden als Helden verehrt.

All diese Strategien sind wichtig, um im Wettbewerb der Nationalstaaten bestehen zu können und die Grenzen des eigenen Staatsgebietes mit ihren Ressourcen, vor allem aber das Kapital der Eliten, zu

Abb. 57: Hier das „ehrenhafte" Ende des Nationalstolzes. Besonders perfide. Die heroisierende Verehrung der meist armen Männer, die ihr Leben für die Eliten geopfert haben, was in nahezu allen Ländern gleichermaßen stattfindet. Hier ein Beispiel für die russische Heldenverehrung.

schützen und zu verteidigen. Denn nur loyale Gruppenmitglieder lassen sich für diese Ziele gewinnen und einsetzen. Je größer der Zusammenhalt einer Gesellschaft ist, desto eher ist jeder einzelne Bürger bereit, seinen eigenen Vorteil hinter den der Gemeinschaft zu stellen und sich für die Verteidigung des Staates zu engagieren. Trotz des Wettbewerbs, in dem die Nationalstaaten miteinander stehen, gehen einige von ihnen Bündnisse verschiedenster Art miteinander ein. Diese können politischer, wirtschaftlicher oder militärischer Natur sein. Die Motivation dahinter lässt sich bei näherer Betrachtung der verbündeten Staaten erkennen. Denn trotz allen Nationalstolzes einen viele Länder Gesellschaftsformen und ihnen zugrunde liegende Regeln. So führen beispielsweise stabile Demokratien selten Kriege gegeneinander, weil sie dieselben Werte vertreten und diese mit einem Krieg gegen Gleichgesinnte nicht vereinbar wären. Doch was sind die Hintergründe hierfür? Eine stabile Demokratie zeichnet sich dadurch aus, dass für alle Bürger die gleichen Rechte gelten, was ihr Überleben in der Gemeinschaft sichert. Denn Vergehen innerhalb der Bevölkerung werden durch das Rechtswesen verfolgt und bestraft. Die Justiz ist dabei unabhängig von der Politik. Die meisten dieser „wertebasierten" Staaten mit stabilen Demokratien sind auch diejenigen mit einer gewissen Wirtschaftsmacht, also nahezu alle westlichen Industrieländer. Viele nicht so hochentwickelte Länder, vor allem in Mittel und Südamerika, Afrika und einigen asiatischen Regionen, sind eher fragile Demokratien. Der Grund dafür liegt darin, dass in wirtschaftsstarken Staaten mehr Geld für soziale Sicherungssysteme vorhanden ist, sodass die finanzielle Ungleichheit innerhalb der Gesellschaft nicht zu groß werden kann. Diese Staaten haben zudem gemeinsame Übereinkünfte hinsichtlich eines ungehinderten Finanztransfers und ihrer kapitalistischen Grundausrichtung mit einem im Gesetz verankerten starken Eigentumsrecht. Die kapitalistische Finanzelite kann dadurch ihr Eigentum und Kapital relativ beliebig über diese Länder verteilen – egal, wo es ist, das Kapital ist durch Gesetze gesichert. Die kapitalistischen Länder befinden sich dadurch allerdings in einem permanenten Wettbewerb um billige Arbeitskräfte, Investitionskapital und Steuern. Dieser Wettbewerb wird jedoch vollkommen friedlich ausgetragen, da um Arbeitsplätze nicht gekämpft werden kann. Würde dieser Wettbewerb die kapitalistische

Grundordnung zerstören und durcheinanderbringen, wäre das mit großen Einbußen bis hin zu einem Totalverlust an Infrastruktur und Kapital verbunden, insbesondere da die Finanzelite in allen Ländern Kapital besitzt. Daher führen demokratische Staaten Kriege fast ausschließlich gegen nicht-demokratische Staaten. Unter anderem mit dem Ziel, dort ebenfalls demokratische Systeme zu installieren und über eine unabhängige Justiz Kapital und Besitz zu schützen und einen freien internationalen Geldtransfer zu ermöglichen. Gegner sind vor allem die früheren kommunistischen, autokratischen Systeme, da in diesen die Gefahr von Enteignungen besonders hoch ist, weil die Machthaber die Justiz kontrollieren. Aus diesem Grund tobt auf der Welt ein permanenter Kampf um Einfluss zwischen den autokratischen Machteliten und den Finanzeliten der kapitalistischen Welt. Dieser Kampf endet nicht selten in kriegerischen Auseinandersetzungen.

Abb. 58: Nationalstaaten die sich nicht den Eliten anderer Länder anpassen oder unterordnen wollen geraten ins Zielvisier. Die Männerbanden steigen gegenseitig in den militärischen und aggressiven Wettbewerb ein.

Deswegen rüsten beide Lager kontinuierlich auf und bewaffnen sich bis an die Zähne. Und auch wenn es kein rein kommunistisch regiertes Land mehr gibt, der Kampf der Systeme besteht fort. Es geht um nichts weiter als um die Reichtümer der jeweiligen Machteliten. Da die Eliten natürlich wissen das nur eine starke, gehorsame Armee vor der Enteignung schützt, sind diese Machtblöcke, auch mit Atombomben, bis an die Zähne bewaffnet. In der Ukraine tobt gerade ein Kampf zwischen dem vereinigten Westen und dem früheren Osten und es bleibt zu hoffen das beide Seiten die Nerven behalten, keine Massenvernichtungswaffen einsetzen und die Zivilisation von den

Folgen verschont bleibt. Wir haben auch so noch genug Probleme auf unserer Erde.

POLITIK | **EUROPA**

Wie kommt man an das Geld der Oligarchen?

Barbara Wesel
25.05.2022

Die EU-Kommission schlägt neue Regeln vor, um Vermögen aus illegalen Aktivitäten leichter zu enteignen. Das zielt auch auf Putins Oligarchen auf den Sanktionslisten der EU. Die Umsetzung ist jedoch juristisch schwierig.

Abb. 59: Beim momentanen Krieg in der Ukraine wird gegenseitig enteignet, was für die Machteliten des Gegners eine drastische Strafe darstellt. Die Endabrechnung macht allerdings nur der Sieger.

Das Wettbewerbsprinzip erstreckt sich über sämtliche Gesellschaftsbereiche und somit natürlich auch bis in die Industrie. Die wirtschaftliche Macht eines Unternehmens stärkt dabei dessen Position auf dem Weltmarkt und der Gewinn einer Firma hängt von deren Erfolg im Wettbewerb mit anderen Unternehmen ab. Doch dieser Erfolg ist nicht einseitig, denn über Abgaben, zum Beispiel in Form von Steuern, deren Höhe mit der Höhe des Gewinns steigt, und die Bereitstellung von Arbeitsplätzen, derer ebenfalls mehr gebraucht werden, je erfolgreicher ein Unternehmen ist, profitiert auch das Gemeinwesen vom Wettbewerbserfolg einer Firma. Wirtschaftlicher Erfolg bedeutet somit mehr finanzielle Mittel, die beispielsweise in technischen Fortschritt und Bildung investiert werden können. Staaten mit vielen erfolgreichen Unternehmen können sich dank der in der Wirtschaft eingenommenen Steuern und Abgaben zudem große, moderne Armeen leisten. Mit diesen lässt es sich in der Weltpolitik besser mitmischen, beziehungsweise ihre Machtposition stärken und ausbauen. Dabei geht es häufig ebenso um wirtschaftliche Interessen, die international vertreten und verteidigt werden, - meist wertvolle Rohstoffe, Erdölvorkommen, Wasser und natürliche Ressourcen, wie Fischgründe oder fruchtbares Land. Diese sind entscheidend für die wirtschaftliche Entwicklung eines Landes und deshalb oft Ursache für Konflikte.

Doch nicht nur zwischen Unternehmen und auf der nächsthöheren Ebene zwischen den Machtblöcken der Nationalstaaten tobt ein harter Wettbewerb, auch intern in den Firmen herrscht ein permanenter Wettstreit, zum Beispiel um die bestbezahlten Arbeitsplätze. Denn der Arbeitslohn und somit die einer Person zur Verfügung stehenden finanziellen Mittel sind die Grundlage, um die Anforderungen aus den Hardware-Geboten erfüllen zu können. Der ausschlaggebende Faktor ist dabei in der Regel die Arbeitsleistung, die darüber entscheidet, ob jemand in diesem Wettbewerb erfolgreich ist oder nicht. Dieser Wettbewerb um gut bezahlte Arbeitsplätze setzt jedoch nicht erst mit dem Antritt einer Stelle ein. Bereits Kinder werden von klein auf darauf eingestimmt, mit anderen in Konkurrenz zu treten. Das geschieht vor allem über die schulischen Anforderungen, deren Ergebnisse dann in Noten wiedergegeben werden. Damit wird der Vergleich der Leistungsfähigkeit bereits im Kindesalter eröffnet.

Doch nicht alle Mitglieder der Gesellschaft müssen sich diesem Wettbewerb stellen. Denn wenn dessen Ziel ist, einen möglichst gut bezahlten Job zu ergattern, ist klar, dass Mitglieder der Finanzeliten sich nicht daran zu beteiligen brauchen. Sie haben bereits genug Vermögen, dass sich zudem passiv, fast ohne weiteres Zutun über profitable Geldanlagen wie Aktien vermehrt. Unabhängig von der eigenen Leistung profitiert der Geldadel somit vom Wettbewerbserfolg anderer. Denn der Wert einer Aktie steigt mit dem Wettbewerbserfolg des zugehörigen Unternehmens.

Aus all diesen Faktoren entsteht eine Art Teufelskreis. Die Unternehmen streben den größtmöglichen Wettbewerbserfolg für ihre Aktionäre an. Dafür müssen sie ihren Gewinn maximieren. Das wiederum bedingt eine strikte Ausgabenkontrolle. Somit müssen unter anderem auch die Lohnkosten und Steuern so niedrig wie möglich gehalten werden. Der Wettbewerb unter den Angestellten wird dadurch verstärkt, weil alle nach den wenigen hochdotierten

Stellen streben. Zudem werden Arbeitsplätze gern ausgelagert, um die Lohnkosten zu senken – an Subunternehmen, die zum Beispiel nicht an Tarifverträge gebunden sind, oder ins Ausland, wo ein niedrigeres Lohnniveau herrscht.

BW24
https://www.bw24.de › Stuttgart ⋮

Daimler AG - Konzern prüft billige Produktion im Ausland
18.02.2022 — Die **Daimler AG** bemüht sich, wirtschaftlich zu bleiben. Dazu greift CEO Ola Källenius zu unliebsamen Maßnahmen - wie seine neueste Idee ...

Die Globalisierung hat diesen Wettbewerb um die niedrigsten Lohnkosten zusätzlich verstärkt. Den Abbau von Arbeitsplätzen wiederum versuchen die Machthaber eines Landes zu verhindern, da arbeitslose Bürger zum einen weniger oder gar keine Steuern zahlen und zum anderen die Sozialsysteme belasten. Deshalb werden seitens der Politik große Zugeständnisse hinsichtlich Besteuerung, Sonderrechten, Umweltschutzauflagen und dergleichen gemacht, sobald ein Unternehmen mit Stellenabbau droht. Das wiederum geht ebenfalls zu Lasten der gesamten Gesellschaft. Die Profiteure dieses Wettbewerbs sind die Kapitaleigner, obwohl sie sich aus der eigentlichen Konkurrenzsituation heraushalten und überdies für ihr Einkommen nichts leisten müssen, weil sie ihr Geld für sich arbeiten lassen. Dieses globale System funktioniert jedoch nur, wenn ein Unternehmen durch sein Engagement in anderen Ländern keine Nachteile zu erwarten hat. Dabei fürchtet sich die Finanzelite vor allem vor Enteignungen. Diese sind, wie bereits erläutert, in Monarchien und Autokratien deutlich öfter an der Tagesordnung und leichter umzusetzen als in Demokratien. Deshalb möchten kapitalistische Unternehmer überall auf der Welt demokratische Systeme etablieren. Das geschieht zwar unter dem Deckmantel der Freiheit

Abb. 60: Internationale Konzerne können beliebig ihre Produktionsstätten international verlagern, die Angestellten können dadurch unter Druck gesetzt werden. Politische nationale Entscheidungen haben daher nur wenig Einfluss. Allenfalls Zuwendungen oder Subventionen können etwas bewirken.

Krautreporter

Zwischen Patriotismus und Poverty Draft

In den USA wird darüber schon seit Jahrzehnten diskutiert. In einem Gastbeitrag im Atlantic schrieb der Militärsoziologe Charles Moskos 1986: „Für arme Schwarze und arme Weiße gab es schlicht nichts anderes als die Armee." Die kämen aus den strukturschwachen Regionen der USA, seien gebeutelt von Arbeitslosigkeit und – im Falle der schwarzen Bevölkerung – benachteiligt durch rassistische Diskriminierung.

Abb. 61: Schon immer landen letzten Endes viele arme oder rechtelose Männer in der Armee, um für den Besitz der Eliten in den Krieg zu ziehen. Für viele oft die einzige Möglichkeit der Armut zu entfliehen und die eigene Existenz zu sichern. Die finanziell schwächeren Mitglieder tragen die Last des Wettbewerbs zwischen den Eliten der Länder.

und wird als großer Vorteil für die Bevölkerung angepriesen – was sicher auch der Fall sein kann –, dient aber schlussendlich vor allem den Unternehmern und Finanzeliten selbst. Denn wenn Besitz durch die Strukturen einer Demokratie gesichert ist, bedeutet das, dass Enteignungen kaum möglich sind, da eine unabhängige Justiz über alle Aktionen, auch die des Staates, wacht. Daher ist der größte Wettbewerb auf der Welt zwischen Demokratien mit ihrer unabhängigen Justiz gegen die autokratischen Systeme ohne unabhängige Gerichte.

Wettbewerb sollte zu besseren Leistungen anspornen, aber nicht zum sozialen Ungleichgewicht beitragen. Der Wettbewerb ist daher ein vielschichtiges Thema. Als Grundprinzip in den Hardware-Geboten verankert, ist er hinsichtlich der sozialen Zusammenarbeit auch fragwürdig. Wettbewerb steigert und beschleunigt die Effektivität der Weiterentwicklung, jedoch meistens auf Kosten der sozial schwächeren Teilnehmer.

16. Die Rückentwicklung oder Stagnation des Mannes

Das folgende Thema könnte für etwa fünfzig Prozent der Bevölkerung – einschließlich meiner selbst – ein wenig unangenehm werden, denn es geht um uns Männer. Mit der Neolithischen Revolution setzte, wie bereits geschildert, der Wettbewerb unter den verschiedenen Großgruppen ein. Dabei übernahmen vorwiegend die Männer das Kommando. Dadurch hat sich das Sozialverhalten der männlichen Gruppenmitglieder in Richtung der Gemeinen Schimpansen zurückentwickelt – es entstand wieder eine Art herrschende Männerbande. Wie beim Kampf der Affen um die Position des Alphatiers wird bis zum Äußersten gerungen.

Gewaltbereites und aggressives Verhalten war somit wieder an der Tagesordnung. Wenn zwei Gemeinschaften um Ressourcen kämpften, zogen in der Regel die Männer in den Krieg und wurden, wenn sie nicht zur siegreichen Seite gehörten, entweder getötet oder versklavt und somit fast wie ein Nutztier behandelt und sämtlicher Rechte beraubt.

Abb. 62: Männchen von Säugetierarten, hier See-Elefanten, kämpfen oft bis zum eigenen Tod um die Position des Alphatieres. Es geht um eine Gruppe von Weibchen.

Bei Gebietseroberungen wurden zudem auch die Frauen des unterlegenen Volkes in Besitz genommen und waren dadurch dem Fortpflanzungstrieb der Männer rechtelos ausgeliefert, so wie beim Gemeinen Schimpansen die Weibchen der besiegten Gruppe in die eigene, natürlich mit niedrigstem Rang, eingegliedert wurden. Das wiederum schwächte die Position der Frauen der siegreichen

Gruppen, da ihren Partnern stets zahlreiche Sexsklavinnen sowohl zur Befriedigung des Sexualtriebs als auch zur Fortpflanzung zur Verfügung standen. Die Gleichstellung der Gruppenmitglieder aus der ursprünglichen Wohlstandsgesellschaft löste sich somit auf. Viele verschiedene Schichten mit unterschiedlichsten Rechten bildeten sich heraus. So waren zum Beispiel mit Sexsklavinnen gezeugte Kinder sicherlich höhergestellt als die Sklavinnen selbst, da sie auch Kinder der Besitzer der Sklavinnen waren. Auch in der Entwicklung der Religionen spiegelt sich dieser Wechsel von der ursprünglichen Wohlstandsgesellschaft mit der Gleichberechtigung der beiden Geschlechter hin zu einer patriarchalisch organisierten Herrschaftsform wider. Bis zur neolithischen Revolution waren die wichtigsten Götter weiblich, unter anderem Ishtar, die höchste Göttin der Sumerer. Doch da ein Herrschaftsanspruch der Männer als gottgewollt beziehungsweise von Gott bestimmt legitimiert und zementiert werden sollte, wurden natürlich männliche Götter benötigt, um die aufkommende Vorherrschaft der Männer zu begründen. Denn sonst wäre unweigerlich die Frage aufgekommen, wieso weibliche Hauptgötter ausschließlich männliche Herrscher bestimmten. Folglich verschwanden nach und nach alle Göttinnen aus den Religionen oder wurden in ihrem Rang und ihrer Bedeutung herabgestuft. So entstanden die heutigen monotheistischen Religionen, wie Christentum und Islam, in denen es nur noch einen, und zwar einen männlichen Gott gibt, der die Führung über sämtliche Geschehnisse innehat. Dadurch wurde die Grundordnung des aggressiven Patriarchats bestätigt und legitimiert. Alle Religionen nehmen schon während der Kindheit Einfluss auf die Erziehung um diese Ordnung zu erhalten. Doch inzwischen geht es in diesem Wettbewerb nicht mehr nur ums reine Überleben oder die Zeugung von Nachwuchs, sondern fast alle Gesellschaftsbereiche sind heutzutage nach dem Wettbewerbsprinzip organisiert. Die oberste Ebene ist dabei die externe Konkurrenz zwischen den einzelnen Nationalstaaten, darunter folgt der interne Kampf zwischen den Parteien um die Macht im Land. Doch auch im Sport, in der Schule, in der Arbeitswelt, bei der Partnerwahl, zwischen den Religionen und in vielen weiteren Bereichen tobt ein permanenter Wettstreit um die Vorherrschaft.

Bei der detaillierten Ursachenforschung führt der Weg unweigerlich zum männlichen Machtstreben gemäß der Männerbande, das sowohl innerhalb der eigenen Gruppe als auch gegenüber fremden Verbänden zu beobachten ist.

Das männliche Prinzip der Männerbande – Wettbewerb um einen hohen Rang, Patriarchat, hierarchische Rangordnung – gemeinsamer Kampf gegen externe Gruppen ist allgegenwärtig.

Dieses wird unterstützt durch den männlichen Hormonhaushalt mit dem entsprechenden, hohen Testosteronspiegel. Denn dieses Hormon sorgt unter anderem für eine gesteigerte Affinität zu Kampf und Wettbewerb.

Abb. 63: Schon in der Jugend raufen und kämpfen die Jungen und üben sich spielerisch in Kampf und Wettbewerb und reihen sich in eine Rangfolge in der Männerbande ein. In diesem Beispiel wurde das in der Hitler-Jugend ausgenutzt.

Das war in der Evolution dringend notwendig, da die Männchen der Säugetiergruppen die Position des Alphatiers anstrebten und diese nur über Kampf und Aggressivität durch einen Sieg über den Vorgänger erreicht werden konnten. Lange Zeit, waren bei den männlichen Vorfahren von uns Menschen Stärke und Aggressionspotenzial somit entscheidende Faktoren, um seine Gene weitergeben zu können. Ein hoher Testosteronspiegel war somit ein Wettbewerbsvorteil. Bereits in der Kindheit wird entsprechend trainiert und gekämpft, um später das Revier gegen andere Männchen verteidigen zu können und auch ihr(e) Weibchen für sich zu sichern. Diese uralten Strategien haben sich evolutionär durchgesetzt und sind anscheinend noch in uns Männern verankert. Wie bereits erläutert, war der Mann in der ursprünglichen Wohlstandgesellschaft sozusagen sozialisiert worden, was sich mit der neolithischen Revolution änderte. Wir Männer können unsere Herkunft nicht verleugnen. Von klein an messen sich Jungs miteinander, wann immer sie können. Was als Schulhofrauferei beginnt, wird später zum beinharten Kampf um die Führungspositionen, Macht, Geld.

Dieser Wettbewerb findet in allen Lebensbereichen statt. Schlägereien, kriminelle Vereinigungen, Rockergruppen oder Fanauseinandersetzungen. Und dieser wird mit vollem Einsatz und teilweise bis zur letzten Konsequenz geführt – auch mit dem Risiko, dabei verletzt zu werden. Diese Kampfbereitschaft teilweise bis in den Tod hat sich über alle Evolutionsprozesse hinweg erhalten. Deshalb sind Kriege Männersache. Lange waren Frauen in Armeen nicht

Abb. 64: Männliches Imponiergehabe von Mitgliedern verschiedener Gruppen. Altes Konzept mit Drohungen, hier im kleinen Rahmen, um den Kampf zu vermeiden.

176

mal gestattet, heutzutage dürfen sie in einigen Ländern in den Kriegsdienst eintreten. Doch diesem gut gemeinten Gleichberechtigungsansatz folgen nur wenige Frauen. Denn es liegt schlicht nicht in der weiblichen Natur, sich mit anderen zu bekämpfen. Bei Männern hingegen reicht manchmal schon ein „falscher" Blick, eine unbedachte Bewegung oder ein kritisches Wort, um einen Kampf auszulösen.

Um (potenzielle) Gegner von vornherein abzuschrecken, gibt es ein vielfältiges Imponiergehabe in kleinem und großem Rahmen. Auf großer Bühne zählt dazu auch die Zurschaustellung militärischer Stärke bei Paraden, auf denen die besten und stärksten Waffen eines Landes präsentiert werden. Zudem wird mit einer möglichst großen und gut ausgestatteten Armee versucht, potenzielle Angreifer in die Flucht zu jagen, bevor es überhaupt zu einer Auseinandersetzung kommt.

Allgemein haben Männer ein deutlich intensiveres Wettbewerbsverhalten als Frauen. Überdies steigen sie sehr viel

Abb. 65: Eine Militärparade zur Machtdemonstration gegen andere Länder, hier im großen Rahmen in Moskau. Drohgebärden wie im Tierreich, um Angriffe zu vermeiden.

schneller und intensiver in eine Auseinandersetzung ein als Frauen. Das hat jedoch nicht nur den negativen Aspekt der ständigen Kampf und Einsatzbereitschaft, sondern ist sicherlich auch die Ursache dafür, dass Männer für ihre (teilweise sogar exakt gleiche) Arbeit oft besser entlohnt werden als Frauen und häufiger Führungspositionen in Unternehmen innehaben. Männer setzen in diesen Wettbewerb eben alles ein was möglich und nötig ist. Vernachlässigung der Familie, Intrigen, Überstunden und wie bei den Männerbanden der Gemeinen Schimpansen werden Verbündete gesucht. Prinzipiell kämpft man eher um die Frauen und nicht mit ihnen, was es den Frauen erschwert die entsprechenden Führungspositionen zu erreichen.

Dieser Kampfeswille und diese Wettbewerbsbereitschaft erklären auch die große Affinität zum Wettkampfsport bei Männern. Denn dabei kann der Wettbewerb mit anderen direkt und auf einer relativ friedlichen Ebene ausgetragen werden. Um diesen Unterschied im Denken und Verhalten von Männern und Frauen zu verdeutlichen, möchte ich ein Zitat meiner Mutter anbringen, dass ihre (weibliche) Sicht, auf das ihrer Meinung nach relativ sinnlose- Fußballspiel verdeutlicht: „Elf Spieler rennen übers Feld und kämpfen, um an den einen Ball zu kommen. Warum gibt man nicht einfach jedem von ihnen einen eigenen Ball?!" Das bringt prägnant auf den Punkt, dass Frauen soziales Miteinander suchen und Kampf und Wettbewerb nicht viel abgewinnen können. Natürlich treiben auch Frauen Sport und messen sich in Wettbewerben. Aber das Klischee, dass es dabei meist deutlich fairer und weniger aggressiv zugeht als bei Männerwettkämpfen, ist Realität. Auch die Besucher von Sportveranstaltungen, bei denen aggressiv gekämpft wird, wie Boxen, Football, Rugby, Ringen und dergleichen, sind vorwiegend Männer. Dabei kommt es selbst unter den Zuschauern häufig zu Kämpfen. Denn die Fanlager der gegnerischen Sportler äußern ihre Unterstützung durchaus nicht nur verbal, sondern gehen, wie die Männergangs der Gemeinen Schimpansen, nicht selten sogar aufeinander los. Vor allem dann, wenn eine Gruppe meint, ihre

Sportler hätten unverdient verloren, kommt es zu Gewaltausbrüchen. Frauen hingegen schauen sich eher Turnveranstaltungen, Eiskunstlauf und ähnlich ästhetisch ausgerichtete Sportarten an. Sie sind dabei weniger emotional bei der Sache, sondern genießen einfach das Können der Athleten. Folglich kommt es bei solchen Wettbewerben so gut wie nie zu Fanausschreitungen. Diese Beobachtungen sind nicht absolut zu verstehen – selbstverständlich gibt es Frauen, die sich Boxkämpfe anschauen, und Männer, die begeisterte Eiskunstlauffans sind. Doch eine grundlegende Tendenz ist klar zu erkennen und unbestreitbar.

Zusammenfassend ist festzustellen, dass wir Männer, ausgehend von der Männerbande ähnlich wie beim Gemeinen Schimpansen, eine soziale Entwicklung hin zur ursprünglichen Wohlstandsgesellschaft starteten. Die alten Verhaltensweisen wie Aggressivität, Kampfbereitschaft und Gewalt, wurden auf diesem Weg wesentlich reduziert, wir Männer wurden quasi sozialisiert. Mit der Neolithischen Revolution begann eine Rückwärtsentwicklung zu den alten „Werten", die anscheinend immer noch in Männern zumindest latent vorhanden sind.

17. Das Verhältnis der Geschlechter seit der neolithischen Revolution – von Frauen, Männern und Sex

Als Nebeneffekt ihrer mit der kriegerischen Grundstruktur zurückkehrenden Machtposition ergab sich für Männer die Chance, die Rechte von Frauen zu beschneiden und dadurch die Frauen von sich abhängig zu machen. Das wiederum sorgte dafür, dass die

Männer fortan die Bedingungen der Fortpflanzung bestimmen konnten. Dabei wäre der sozial ausgleichende Einfluss von Frauen auf die Gemeinschaft dringend notwendig gewesen, um die Spannungen zwischen den Männern zu reduzieren. Doch stattdessen wurden Frauen wie Eigentum behandelt und auf den Status einer Ware herabgesetzt.

Abb. 66: Weibliche Sklaven werden verkauft. Hier wird deutlich, was den Mann in erster Linie interessiert. Macht über die Frauen und damit verbundener Zugang zu Sex. Letzten Endes durch Gewalt, Macht, Bestrafung und Rechtelosigkeit.

Sie sollten den Männern jederzeit zur Fortpflanzung zur Verfügung stehen. In manchen rückständigen Staaten/Gemeinschaften findet man diese Struktur leider noch heute. Den kompletten Verfall der

Rechte und Privilegien von Frauen verhindert dort allein die Tatsache, dass sie eben zur Fortpflanzung gebraucht werden. Männer wollen sicherstellen, dass ihre Gene, der damit verbundene Status und die gesellschaftliche Position weitervererbt werden. Deshalb muss zumindest die Mutter seiner Nachkommen beschützt werden und einen wie auch immer gearteten privilegierten Status besitzen, denn die Erziehung der Kinder war und blieb schon immer bei den Frauen. Aber vor allem die Zeugung von Kindern mit anderen Männern soll unbedingt verhindert werden, um den Alleinstellungsrang der eigenen Kinder zu erhalten. Daraus entsteht ein Paradoxon: Während ein Mann, der mit vielen verschiedenen Frauen Geschlechtsverkehr hat – zumindest unter anderen Männern – in der Regel großes Ansehen genießt, ist es bei Frauen genau umgekehrt: Sie haben schnell den Ruf einer Schlampe weg, wenn sie mit vielen verschiedenen Männern Sex hat. Männern wird also zugestanden, die Hardware-Gebote bestmöglich erfüllen zu dürfen, indem sie ihre Gene möglichst breit streuen und zahlreiche Nachkommen zeugen, Frauen hingegen werden bei gleichem Verhalten gesellschaftlich von Männern und Frauen gleichermaßen geächtet. Die Stellung der Frau in der Gesellschaft ist dabei stark davon abhängig, wo auf der Welt die Frau lebt. Es gibt die absolute Gleichberechtigung der Geschlechter bei den letzten verbliebenen indigenen Stämmen, die noch Strukturen der ursprünglichen Wohlstandsgesellschaft aufweisen. Dann die fortschrittlicheren Demokratien mit zurückerkämpften, erweiterten Rechten der Frauen – bis hin zur völligen Rechtelosigkeit in archaisch, patriarchalisch geprägten Staaten – es ist fast alles möglich. In islamisch geprägten Gesellschaften wird versucht, durch eine Erhöhung der Mutterrolle die Rechtelosigkeit der Frauen zu kompensieren. Eine solche Überhöhung der Mutterrolle ist jedoch hinderlich für die Weiterentwicklung der Frauen zu einem selbstständigen und vor allem selbstbestimmten Leben. Die Frauen müssen auf die Erfüllung ihrer eigenen Wünsche verzichten und zugunsten ihrer Kinder ihre eigenen Ziele hintenanstellen. Dadurch geraten sie in eine

Art Opferrolle. Damit sie diese akzeptieren, ohne sich aufgrund der unterdrückten Selbstbestimmungsmöglichkeiten moralisch gedemütigt oder herabgesetzt zu fühlen, wird die Familienarbeit heroisiert. Das Paradoxe daran ist, dass den Frauen – trotz ihrer Rechtelosigkeit und mangelnden Gleichberechtigung – die überaus wichtige Aufgabe der Kindererziehung fast allein überlassen wird. Sie sind somit dafür verantwortlich, den Nachkommen einen guten Start ins Leben zu ermöglichen und ihnen alle notwendigen Fähigkeiten und Tugenden beizubringen. Neben der entsprechenden emotionalen Erziehung mit Liebe und Empathie zählt dazu natürlich auch die Vorbereitung von Töchtern auf ihre spätere Mutterrolle. Die unterdrückten Frauen haben die Aufgabe, Mädchen in ihre spätere Rolle als ebenfalls unterdrückte Mutter einzuführen.

Zudem besitzen sie sogar in der modernen westlichen Welt nicht dieselben Rechte und vor allem Möglichkeiten wie Männer. Selbst in den fortschrittlicheren Gesellschaften verbleibt die Haupterziehungsarbeit immer noch häufig bei den Frauen. Die Folgen sind ähnlich wie bereits oben genannt, es beginnt der Teufelskreis: Aufgrund der intensiven Familienarbeit können Frauen gar keiner zeitintensiven Arbeit nachgehen. Somit sind sie von vornherein von vielen Karrierechancen ausgeschlossen, was wiederum ein niedrigeres Gehalt nach sich zieht. Frauen sind aufgrund ihrer beschränkten Anzahl an möglichen Kindern –wenn auch unterbewusst – daran interessiert, sich und ihren Kindern ein gutes Leben zu sichern. Dafür brauchen sie einen möglichst gut situierten Partner, der ihnen den finanziellen Spielraum dafür schafft. Deshalb spielt der Reichtum eines Mannes und seine Stellung in der Gesellschaft bei der Partnerwahl eine große Rolle. Während früher die männlichen Eliten allein durch Grundbesitz und ihren Rang in der Hierarchie ihre wirtschaftliche Stärke zum Ausdruck brachten, kamen mit der industriellen Revolution finanzieller Reichtum und Kapital in Form von Produktionsvermögen als Statussymbole dazu.

Die gesellschaftliche Stellung der Frau hat dabei zahlreiche Wandlungen durchlaufen. Einige Freiheiten und Möglichkeiten, die für Frauen in modernen Gesellschaften heute selbstverständlich sind, gibt es erst seit relativ kurzer Zeit. So wurde das Frauenwahlrecht in Deutschland erst 1918, also vor etwas mehr als hundert Jahren, eingeführt. Bis die ersten Frauen selbst in der Politik aktiv wurden, dauerte es noch ein wenig länger. Zwar wurde 1949 im Grundgesetz folgender Satz kurz und klar aufgenommen: Männer und Frauen sind gleichberechtigt Doch erst als am 1. Juli 1958 das Gleichberechtigungsgesetz für Männer und Frauen in Deutschland gültig wurde, durften Ehefrauen auch nach der Heirat eigenes Vermögen haben und ein eigenes Konto besitzen. Seitdem musste eine Ehefrau ihren Ehemann zum Beispiel nicht mehr um Erlaubnis bitten, wenn sie arbeiten wollte. Und erst 1977 trat das erste Gesetz zur Reform des Ehe- und Familienrechts in Kraft. Demzufolge gab es keine gesetzlich vorgeschriebene Aufgabenteilung in der Ehe mehr.

Die Frauen begannen mehr und mehr ein eigenes Einkommen zu erwirtschaften. Während sie früher nur Hilfskräfte für die Arbeiten der Männer waren – zum Beispiel auf dem Feld oder in den Fabriken – absolvierten sie zunehmend eigene Ausbildungen und nahmen eigenständige Jobs an. In der heutigen Zeit sind die meisten Frauen der westlichen Welt finanziell unabhängig und haben ein eigenes Einkommen. An dieser Stelle sollte nochmals erwähnt werden das Deutschland hinsichtlich Frauenrechten schon viel weiter ist als viele anderen Länder auf unserer Welt. Insbesondere arme Frauen haben es schwer. Reiche oder gut bezahlte Frauen haben es hier deutlich leichter. Der Faktor der finanziellen Versorgung verliert dadurch bei der

Abb. 67: In den westlichen Industrieländern steigen Frauen im Wettbewerb um einen attraktiven Geschlechtspartner ein, da ohne die Unterstützung eines Mannes die Versorgung der Kinder schwierig ist. Sie wissen was bei Männern sehr häufig wirkt. Gesundes Haar und Aussehen, Kosmetikeinsatz und sexy Kleidung.

Partnerwahl an Bedeutung, was die Sache für die Männer nicht unerheblich erschwert, da die weibliche Entscheidung abseits finanzieller Not ganz anderen Kriterien folgt. Deshalb hat sich in den fortschrittlichen Industriestaaten die Partnerwahl enorm verkompliziert.

Allerdings wird spätestens bei der Familienplanung der finanzielle Aspekt und die dabei existierende Ungleichheit zwischen den Geschlechtern zum Thema. Denn Frauen können nun einmal rund um die Geburt und Säuglingszeit nicht oder nicht in vollem Umfang arbeiten und haben somit kein oder ein geringeres Einkommen. Das wird zwar versucht, mit staatlichen Hilfen abzufedern, nichtsdestotrotz sind Frauen auf das Einkommen ihres Partners angewiesen, wenn sie auch in dieser entbehrungsreichen Zeit ihren Lebensstandard halten wollen. Erst recht bei mehreren Kindern. Weibliche Alleinerziehende sind deshalb neben der zusätzlichen emotionalen und physischen Belastung, die die Geburt eines Kindes mit sich bringt, häufig auch finanziell schlechter gestellt und rutschen sozial ab. Nach wie vor spielen deshalb die traditionellen Faktoren Besitz und Vermögen eine große Rolle bei der Partnerwahl.

All diese Überlegungen betreffen nur Frauen in den modernen Industrienationen. In anderen Staaten herrschen vollkommen andere Voraussetzungen. In vielen Ländern gibt es nach wie vor arrangierte Ehen, bei denen die Partner von den Eltern ausgesucht werden. Gefühle und Attraktivität, also gegenseitige Anziehung, spielen dabei keine Rolle. Die Freiheit, einen Partner frei wählen und jederzeit wieder verlassen zu können, ohne in wirtschaftliche Not zu geraten, haben folglich eher nur Frauen in der westlichen Welt. In diesen Regionen müssen die Männer sich daher deutlich intensiver um eine Frau bemühen. Und nicht selten kommt es dabei zu Widersprüchen, die den Herren der Schöpfung das Leben schwer machen. So findet eine Frau vielleicht einen sehr maskulinen Draufgänger und Rebellen als Sexpartner äußerst interessant, entscheidet sich aber hinsichtlich Familiengründung für einen eher ruhigen, verlässlichen Mann, der zudem die nötige finanzielle Sicherheit bietet.

Statistiken zu Schönheitsoperationen

Im Jahr 2023 wurden weltweit knapp <u>35 Millionen chirurgische und nicht-chirurgische</u> <u>Schönheitsoperationen</u> durchgeführt - und damit mehr als jemals zuvor. Das Fettabsaugen ist mit rund 2,2 Millionen Eingriffen die weltweit <u>beliebteste Schönheitskorrektur</u>. Brustvergrößerungen landeten mit insgesamt 1,9 Millionen Eingriffen vor Lidplastik und Bauchstraffungen auf dem zweiten Rang. Kein Land half dem Äußeren dabei so häufig chirurgisch nach wie <u>Brasilien</u>. Mit über zwei Millionen Schönheitsoperationen haben die Südamerikaner die USA auf den zweiten Platz verwiesen. Auf beide Länder zusammen entfallen ein Viertel aller weltweit vorgenommenen <u>plastisch-chirurgischen Eingriffe</u>.

Mehr anzeigen ⌄   Veröffentlicht von **Rainer Radtke**, 22.01.2025

Ein weiterer, viel archaischerer Aspekt, der auf beiden Seiten die Entscheidung für oder gegen eine Person beeinflusst, ist das Aussehen. Dieses ist im Tierreich ein wesentliches Kriterium und somit von Anfang an auch beim Menschen wichtig. Über äußerliche Merkmale werden Faktoren, wie genetische Gesundheit, Kraft und Stärke, repräsentiert. Beide Geschlechter sind darum darauf bedacht, ihr Äußeres zu optimieren und sich selbst möglichst makellos und attraktiv zu präsentieren. Und so wird geschminkt, frisiert und manchmal sogar operiert, immer das Optimum des eigenen Selbst im Blick. Allein in Deutschland werden 1,6 Milliarden Euro pro Jahr für Kosmetik ausgegeben. Aufwendungen für Kleidung, Operationen, Zahnkorrekturen, Diätmittel und Sportaktivitäten sind darin nicht enthalten und schlagen mit ebenfalls hohen Beträgen zu Buche. All diese Maßnahmen haben nur ein Ziel – die eigene Attraktivität zu steigern, koste es, was es wolle. Es entsteht eine regelrechte Sucht nach „perfektem" Aussehen, die jedoch – vor allem im Jugendalter – häufig zu Stress führt. Die Anzahl von Jugendlichen mit psychischen Problemen aufgrund ihres vermeintlich fehlerhaften Äußeren nimmt stetig zu. Insbesondere das „ideale" Gewicht steht dabei im Fokus. Frauenzeitschriften sind nicht umsonst Woche für Woche gefüllt mit Diätvorschlägen. Und besonders für die junge Generation sind die

Abb. 68: Schönheitsoperationen – unzählige Behandlungen, um das Aussehen zu optimieren, um die Ausgangslage zur Partnersuche zu verbessern. Männer sind dabei in dieser Hinsicht stark aufzuholen.

sozialen Medien gefährlich: Der Körperkult auf Instagram, YouTube und Co. kennt keine Grenzen. Tag für Tag eifern sie unerreichbaren Idealen von Stars und Influencern nach. All das führt häufig zu einem völlig unrealistischen Ideal und einem gestörten Selbstbild, was nicht selten in Essstörungen mündet.

Wie all diese Aspekte zeigen, hat sich also in vielerlei Hinsicht trotz rechtlicher Gleichstellung von Frauen und Männern noch nicht allzu viel geändert. Denn obwohl Frauen in den modernen Industriestaaten also zumindest rechtlich den Männern gleichgestellt sind und auch beruflich immer mehr Chancengleichheit herrscht, gibt es bei der Partnerwahl weiterhin eine riesengroße Ungleichheit. Die dreht sich um die Anzahl an Geschlechtspartnern, die eine Person haben „darf", ohne ihr gesellschaftliches Ansehen aufs Spiel zu setzen. Männer tun also alles dafür, um mit möglichst vielen Frauen Sex zu haben, verteufeln jedoch gleichzeitig Frauen, die viele verschiedene Geschlechtspartner hatten. Man muss nicht alles verstehen.

Das Hardware-Gebot der Reproduktion ist äußerst eng mit dem Akt des Geschlechtsverkehrs verknüpft, weswegen Sex eines der zentralen Themen ist, die das menschliche Verhalten bestimmen. Egal wie die Paare zusammenkommen, eine Beziehung ist nur dann gegeben, wenn sie sexuell vollzogen ist. In archaischen Ländern wird mit dem blutigen Bettlaken Vollzug und die Keuschheit der Frau öffentlich präsentiert. Viele Phänomene des sozialen Miteinanders haben einen sexuellen Hintergrund. Aufgrund dieser zentralen Bedeutung ist Sex deshalb ständig ein Thema zwischen den Geschlechtern und nahezu allgegenwärtig. Der Geschlechtsakt ist somit Kern und Endziel jeglicher Beziehung zwischen einer Frau und einem Mann. Während der Mann jedoch unbehelligt seinen Samen an so viele Frauen wie möglich weitergeben kann, müssen sich die Frauen mit den Folgen des Geschlechtsverkehrs auseinandersetzen. Denn sie sind es, die schwanger werden, das Kind über viele Monate hinweg austragen und dann auch zur Welt bringen müssen oder sozial geächtet werden.

Bereits während der Schwangerschaft entsteht eine sehr enge emotionale Bindung zwischen Mutter und Kind, die nach der Geburt bestehen bleibt und intensiviert wird. Bei Männern ist das Interesse an den eigenen Kindern bei Weitem nicht so groß, was sich vor allem im Falle einer Trennung der beiden Partner zeigt. Dann überlässt der Mann die Familienarbeit und Kindererziehung meist komplett der Frau und verwendet seine Kräfte lieber darauf, nach neuen Partnerinnen Ausschau zu halten. Dabei ist dem Mann nicht bewusst, dass er, aufgrund der Hardware-Gebote in dieses Verhalten getrieben wird, welches ihm vorgibt, möglichst viele Nachkommen zu zeugen. Vielen Männern geht es also rudimentär darum, so viele Frauen wie möglich zu befruchten, auch wenn ihnen das nicht geistesgegenwärtig ist. Jedem Mann ist klar, dass heutzutage, dank moderner Verhütungsmittel nicht unbedingt bei jeder Samenweitergabe ein Kind entsteht. Da vor allem für die Männer die Erfüllung der Hardware-Gebote oberste Priorität hat, beschummeln sie sich deshalb selbst. Denn, obwohl sie wissen, dass wahrscheinlich kein Kind gezeugt wird, haben sie den Vollzug des Geschlechtsakts als oberstes Ziel, wenn sie eine Frau kennenlernen. Dank der Antibabypille, können seit einigen Jahrzenten die Frauen eine Befruchtung verhindern. Dadurch können sie ohne Angst vor einer ungewollten oder ungeplanten Schwangerschaft Geschlechtsverkehr haben. Das hat die Partnerwahl und die Anzahl sexueller Kontakte in den modernen Gesellschaften wesentlich verändert, da mehrere potenzielle Kandidaten unverbindlich getestet werden können, bevor die Entscheidung für eine langfristige Beziehung einschließlich der Zeugung von Nachkommen getroffen wird.

Was für die Frauen die Lage entspannte, hatte für Männer genau den gegenteiligen Effekt. Denn während bis dahin seit der neolithischen Revolution Frauen wenig bis gar kein Mitspracherecht bei der Fortpflanzungsplanung hatten und arrangierte Ehen und Geschlechtsverkehr ohne Einwilligung der Frauen an der Tagesordnung waren, mussten nun die Männer aktiv um eine Sexualpartnerin werben und sich somit dem Wettbewerb mit anderen

Männern nicht im Kampf, sondern bei der Liebeswerbung stellen. Dass dies jedoch kein Wettbewerb ist, der im aktiven, aggressiven Kampf über körperliche Stärke entschieden wird, erzeugt bei Männern Stress. Natürlich kommt es hin und wieder doch zu physischen Auseinandersetzungen mehrerer Rivalen um eine Frau, allerdings verlieren dabei nicht selten alle Beteiligten, weil Frauen solche Kämpfe meist verabscheuen. Ergo versuchen Männer vor allem mit wirtschaftlichen Errungenschaften, beruflichem Erfolg und dergleichen ihre Chancen im Wettstreit um eine attraktive Partnerin zu verbessern. Anstelle körperlicher Gewalt und Aggression ist daher der Wettbewerb ums Geld getreten. Der Kampf verlagerte sich somit in den Beruf und die eigene Attraktivität. All das setzt die Männer unter extremen Leistungsdruck.

Abb. 69: Auch Männer streben nach größtmöglicher Attraktivität für potenzielle Partnerinnen und müssen in den entsprechenden Wettbewerb mit anderen Männern einsteigen. Die Anzahl der Schönheitsoperationen von Männern nimmt ständig zu. Falls diese nicht ausreicht, sind Frustrationen und Aggression die Folge. Dies setzt die nicht erfolgreichen Männer unter Druck. Daraus resultieren viele aggressive Handlungen deren Gründe auf den ersten Blick nicht zu verstehen sind.

Und ein weiterer Punkt hat sich für die Männer verändert. Wenn Frauen nicht mehr nur zur Fortpflanzung Geschlechtsverkehr haben, sondern einen Partner zunächst unverbindlich testen können, steigen die Ansprüche der Frauen an die Männer gleich an mehreren Fronten. Die Basis ist dabei das Aussehen. Folglich sind auch die Männer zunehmend gefordert, sich optisch in Szene zu setzen, – häufig mit den oben bereits geschilderten psychischen Folgen.

Große Probleme ergeben sich für den Mann hinsichtlich Wettbewerbes, wenn es um die Lust der Frauen am Sex geht. Er muss lernen die Frauen zu stimulieren und den Sex entsprechend zu gestalten. Beim Mann ist der Sexualakt nach dem Samenerguss, egal in welcher Zeit beendet. Er hat ja seinen Höhepunkt erreicht. Diese Lustempfindungen, kommen anscheinend aus dem Stammhirn der frühen Evolution, denn unser neues Großhirn hat auf diesen Vorgang offenbar nur geringen Einfluss. Frauen sind in dieser Hinsicht in der Regel wesentlich anspruchsvoller. Aggressivität oder Dominanz sind in dieser Hinsicht in den modernen Beziehungen nicht hilfreich. Ein erfolgloses, nicht ausgeglichenes Sexualleben führt bei Männern, entsprechend der individuellen Persönlichkeit, zu gesteigerten Aggressionen und/oder Depressionen.

Die Lust und der Sexualtrieb bei Frauen folgen hingegen gänzlich anderen Gesetzmäßigkeiten. Damit eine Frau beim Sex zum Höhepunkt kommt, sind die Qualitäten des Mannes als Liebhabers gefragt und die emotionale Verbindung zum Partner. Dies setzt bis heute viele Männer unter Stress und führt zu Verunsicherung, da sie verstärkt um die Frauen werben müssen, um sich paaren zu können. Frauen wurden überdies zunehmend selbstbewusster, eigenständiger und unabhängiger, insbesondere da sie selbst entscheiden konnten, ob und wann sie Geschlechtsverkehr haben wollten. Diesbezüglich haben sie einen klaren Vorteil. Denn zum Geschlechtsakt bereite Männer stehen quasi permanent zur Verfügung. Schließlich ist es das Ziel der Männer, ihren Samen an möglichst viele Frauen zu verteilen. Umgekehrt sieht es ganz anders aus – Frauen überlegen sich gut, ob und mit wem sie Sex haben wollen und erst recht, mit wem sie Nachwuchs zeugen möchten. All das verkompliziert das Verhältnis der Geschlechter vor allem aus männlicher Sicht immens. Ein Mann, der in permanentem Wettbewerb mit anderen Männern steht, versucht alles in seiner Macht Stehende, um diesen Wettbewerb für sich zu entscheiden. Und das läuft in modernen Gesellschaften der westlichen Welt, wie bereits erwähnt, vor allem über Statussymbole, wie beruflichen Erfolg, attraktives Äußeres, Geld und

Besitz. Die ursprünglichen männlichen Mittel der Wahl – Kraft, Stärke und Aggressivität – verlieren an Bedeutung. Doch selbst wenn ein Mann eine Frau von sich überzeugt hat, kann er den Sex nicht einfordern, sondern muss die Frau erst in Stimmung bringen – was dem archaischen Prinzip widerspricht, dass eine Position innerhalb der Gemeinschaft und somit das Wahlrecht bei den Sexualpartnerinnen über Macht definiert und gefestigt wird. Für einen Mann mit optisch, ungünstigeren Voraussetzungen bleibt als Ausweg nur Reichtum, damit er über Geld und Status bessere Chancen bei Frauen hat, was aufgrund der Ungleichheit von Reichtum auf unserer Welt natürlich durchaus funktionieren kann. Der heutige moderne Mann muss daher in den Wettbewerb um Geld, Aussehen, Charme, Witz und Eigenschaften als Liebhaber mit den anderen Männern einsteigen. Diese in seinen Augen große Anforderungsbreite erzeugt Stress bei den Männern, sie werden verunsichert und einige sogar aggressiv. Dieser unglaublich komplexe Wettbewerb bestimmt mittlerweile viele Bereiche des menschlichen Lebens. Die Welt ist voll von Sex. In der Werbung, in Filmen und Serien, aber auch im ganz alltäglichen Umfeld gilt: Sex sells. Unsere Gesellschaft beschäftigt sich ständig und in großem Rahmen mit Sex. Dabei folgen die Menschen fast unbewusst mit großem Einsatz den Hardware-Geboten. Diese sind der Ursprung des männlichen Sexualantriebs, da der Auftrag zur Fortpflanzung und Arterhaltung und evolutionär tief im Menschen verankert ist. Nur deshalb ist es möglich, dass sich ein Mann von seinem Stammhirn überlisten lässt. Denn auch wenn er rational weiß, dass Befruchtung und somit Zeugung von Nachkommen keineswegs mehr automatisch nach Vollendung des Geschlechtsakts gegeben sind, suggeriert ihm sein Stammhirn, dass er seine evolutionäre Aufgabe mit der Weitergabe seines Samens erfüllt hat. Männer sind folglich auf Sex programmiert, können ihr Verlangen allerdings nicht mehr im gewünschten Umfang stillen. Das führte zur Entstehung einer Nische, in der Männer weiterhin das archaische Alphatier sein können und den Geschlechtsakt so vollziehen dürfen, wie es in der Evolution vorgesehen ist.

Diese Nische ist mittlerweile zu einem umsatzstarken Industriezweig geworden: Erotikindustrie und Prostitutionsgewerbe machen Milliardengewinne. Beide Branchen haben ihre Ursprünge in der Zeit nach der neolithischen Revolution und ihre Entwicklung nahm danach sehr schnell an Fahrt auf. Wahrscheinlich waren Sklaven zu Beginn im Besitz aller Mitglieder und die weiblichen mussten allen Männern zur Verfügung stehen. Mit dem Privatbesitz von weiblichen Sklaven änderte sich die Situation. Bedürftige Männer müssen für die Dienste der Sexsklavinnen bezahlen. Voraussetzung dafür war und ist, dass Männer die notwendigen finanziellen Mittel für diese käufliche Liebe besitzen. Aufgrund ihres beruflichen Erfolgs verfügen aber die meisten Männer über ausreichend Kapital, um sich all die Angebote des käuflichen Sexes leisten zu können. Eine riesige Industrie rund um Pornos, Prostitution und Erotikartikel entstand. Insbesondere die Angebote der Pornoindustrie sind dabei vorwiegend oder nur für männliche Wünsche und Bedürfnisse konzipiert und präsentieren zudem ein mehr als archaisches Frauenbild, bei dem die Frau ein permanent williges Sexobjekt ist. Die Grundaussage in den entsprechenden Pornographien ist dabei stets: Frauen sind devote Wesen und machen beim Sex alles, was der Mann will. Zudem werden sie meist recht aggressiv, dominant und grob von den Männern behandelt, die in jedem Falle die Bestimmer sind. Die männliche Dominanz des Alphatieres wird damit bedient, als ob er sich das Recht zur Paarung erkämpft hat. Und so wird Sex an allen erdenklichen Orten, zu jeder Zeit, mit Lust und Spaß betrieben. Die Frauen senden permanent Signale ihrer Willigkeit und Unterwürfigkeit aus und ordnen sich den Wünschen der Männer unter. Sie gieren förmlich nach männlichem Samen und können sich nichts Schöneres vorstellen, als begattet zu werden. Gleichzeitig wird mit der ersten Berührung des Mannes auf dem weiblichen Körper, sei sie auch noch so grob, bereits höchste Befriedigung erzielt und spätestens mit dem Eindringen des Penis in die Vagina werden ausgiebige Geräusche sexueller Erregung und des Wohlbefindens von sich gegeben. Um all das nicht zu offensichtlich darzustellen, zieren sich die Frauen anfangs meist und zeigen sich unsicher oder unwillig. Doch spätestens mit der ersten Berührung sind sie Feuer und Flamme für den Geschlechtsakt. Auf diesem Schema basieren nahezu alle Sexfilme, diese Grundstruktur hat sich seit Jahrzehnten nicht wesentlich geändert und entspricht damit offensichtlich der Nachfrage. Die Frage, ob eine Frau Spaß an der Sache hat und zum Orgasmus kommt, stellt sich überhaupt nicht, da sie vom ersten Augenblick an in höchste Ekstase verfällt. All das hat mit der Realität natürlich (fast) nichts zu tun. Und genau deshalb verstärkt es nur noch das gegenseitige Unverständnis zwischen den Geschlechtern. Missverständnisse, Frustration und Schwierigkeiten im Umgang mitei-

Psychologie

Porno-Sucht bei Jugendlichen - Das können Eltern tun

Stand: 24.6.2020, 16:25 Uhr

Teilen:

Es gibt kaum Zahlen darüber, wie verbreitet die Sucht ist, Pornos zu schauen. Aber der Trend geht nach oben, vor allem bei Jugendlichen. Das Seelen- und Sexualleben der Betroffenen leidet sehr. Eltern sollten deshalb offen mit ihren Kindern über Sexualität sprechen.

Abb. 70: Anhand dieser Untersuchungen kann man die Affinität von Männern hinsichtlich des Hardware-Gebots der Fortpflanzung nachvollziehen. Obwohl das Gehirn weiß, dass es bei der Masturbation zu keiner Fortpflanzung kommt, reicht das hormonelle Belohnungssystem aus dem frühen Stammhirn aus und kann sogar zur Sucht werden.

nander sind die Folge. Befeuert wird diese Entwicklung dadurch, dass im Internetzeitalter Pornos permanent und ohne große Hürden verfügbar sind. Dadurch prägen sie auch bereits bei Jugendlichen in der Pubertät viel mehr als früher das Bild vom anderen Geschlecht. So entstehen schon früh Vorurteile, falsche Erwartungen und Leistungsdruck.

Neben diesem gänzlich legalen und hoffentlich auf Freiwilligkeit basierenden Markt der Erotik und Pornoindustrie hat sich – und das bereits viel früher in der Menschheitsgeschichte – ein weiterer Markt etabliert, um die männlichen Bedürfnisse hinsichtlich dominantem Sexualverhalten befriedigen zu können: die Prostitution. Auch dabei spielten wieder die Vorteile der Männer und die Unterlegenheit der Frauen im finanziellen Bereich eine große Rolle. Denn die Männer haben das Geld, um sich die Frauen, die es meist dringend benötigen, im wahrsten Sinne des Wortes zu kaufen. Sex gegen Geld, so entstand das vermeintlich älteste Gewerbe der Welt – zumindest wird es vor allem von Männern als solches bezeichnet und angesehen. Diese verharmlosende Bezeichnung suggeriert, dass die Prostitution ein ganz normaler Beruf ist und so selbstverständlich ausgeführt und angenommen werden sollte wie jeder andere Beruf auch. Ihren Ursprung hat diese Entwicklung zweifellos in den gesellschaftlichen Umbrüchen nach der neolithischen Revolution, als sich die gleichberechtigte Stellung von Männern und Frauen hin zur Dominanz der Männer wandelte. Seitdem waren Frauen mehr oder weniger Eigentum ihres Herrn und mussten diesem zu Diensten sein – in allen Bereichen und wann immer er wollte. In dieser Zeit begann auch die sexuelle Versklavung von Frauen. Denn bei den zunehmenden kriegerischen Auseinandersetzungen gab es immer ein siegreiches und ein unterlegenes Volk. Die Männer der Verliererseite wurden meist getötet, wenn sie nicht ohnehin im Kampf gestorben waren, die Frauen hingegen wurden versklavt und verkauft. Als Sklavinnen wurden sie für verschiedenste Arbeiten und Dienste eingesetzt, darunter eben auch die sexuelle Befriedigung ihres Besitzers. Nicht selten mussten sie überdies dessen Freunden zur Verfügung stehen. Ausgehend von dieser Situation war die Entwicklung naheliegend, nach der Abschaffung der Sklaverei Sexdienste auch für Geld oder im Tausch gegen Waren anzubieten. Da die Nachfrage seitens der Männer ungebrochen hoch war und bis heute ist, hat sich dieses „Geschäftsmodell" über alle Epochen hinweg erhalten und etabliert. Mit einer Geschäftsbeziehung auf Augenhöhe hat dies aber nichts zu tun, denn die Parallelen zum Sklaventum sind ziemlich deutlich. Noch heute werden Frauen oder sogar Mädchen entführt und zur Prostitution gezwungen. Das mit ihren Diensten eingenommene Geld dürfen sie dann auch nicht selbst behalten, sondern müssen es an ihren Zuhälter abtreten. Sie werden vergewaltigt, geschlagen, rund um die Uhr überwacht, mit Drogen abhängig gemacht, bestraft und zur Arbeit gezwungen. Die männlichen Ausbeuter sind in der Regel aggressiv und leben den vermeintlichen Anspruch auf freie Verfügbarkeit von Frauen aus. Diesen legitimieren sie über ihre überlegene Kraft und Aggressivität im Vergleich zu Frauen. Doch nicht nur durch äußeren Zwang geraten Frauen in die Prostitution, auch finanzielle Not lässt sie häufig diesen Weg wählen. In jedem Falle bietet kaum eine Frau ihren Körper gänzlich freiwillig der Männerwelt für Sexdienste an. Und da sie für die Dienste bezahlen, erwarten die Männer, alles mit den Frauen tun zu dürfen und leben ihre alten Machtinstinkte offen aus. Dabei glauben offenbar viele Freier sogar, vielleicht aus pornographischen Filmen inspiriert, den Prostituierten mache ihr Job und damit der Geschlechtsverkehr Spaß. Umfragen haben ergeben, dass jeder zweite Freier denkt, eine Prostituierte habe Freude am Sex. Umgekehrt gaben jedoch neun von zehn Prostituierten an, Abneigung, Ekel und Angst zu verspüren.

Abb. 71: Überall auf der Welt sind Frauen gezwungen ihren Körper zu verkaufen und Geld entscheidet über den Zugang zu den Frauen. Deshalb gehen Männer beispielsweise in den Unternehmen bei der Arbeit mit gleicher Intensität vor, wie beim Kampf um den Rang in der Männerbande. Für Frauen ist es sehr schwierig dieses Verhalten nachzuvollziehen.

Die Freier kommen dabei aus allen gesellschaftlichen Schichten, was zeigt, dass dies kein Phänomen wahlweise ungebildeter Männer aus den unteren sozialen Schichten oder reicher Mitglieder der oberen Schichten, die sich mit Geld alles kaufen können, ist. Nichtsdestotrotz ist es mit dem entsprechenden finanziellen Hintergrund leichter, für Prostitution zu bezahlen, weswegen gerade viele gebildete, hochrangige Männer, bei denen es niemand vermuten würde, solche Dienste regelmäßig in Anspruch nehmen. Milliardäre, reiche Schauspieler, Musiker und Politiker wurden als Kunden bekannt. Erfolgreich zu sein und Geld zu haben, fördert daher auch in dieser Hinsicht den Zugang zu Frauen, was wiederum den Wettbewerb der Männer untereinander befeuert, in diesem Falle vor allem auf dem beruflichen Schlachtfeld. Der Rang in der modernen Männerbande wird über Geld und damit Erfolg im Beruf definiert. Diejenigen, die Geld geerbt haben, müssen sich diesem Wettbewerb nicht stellen, sie sind automatisch, von Geburt aus, in einen hohen Rang, weit weg vom Software Gebot der Gleichheit und Gerechtigkeit. Die Männer können beim gekauften Sex klassisch Mann sein, Herrschaft und Dominanz ausleben. Da Prostituierte also den Männern wichtige Dienste in vielerlei Hinsicht erweisen, wäre eigentlich anzunehmen, dass sie hohes Ansehen genießen. Normalerweise müssten die Männer daran interessiert sein, Ansehen und Akzeptanz, Behandlung, Ruf und nicht zuletzt soziale Absicherung der Sexarbeiterinnen zu stärken, damit diese ihnen noch lange zur Verfügung stehen. Dass dem nicht so ist, liegt vermutlich wiederum an der bereits erklärten Tatsache, dass es bei Frauen verpönt ist, viele verschiedene Sexualpartner zu haben. Warum Prostituierte bei Männern einen schlechten Ruf haben ist daher schwer zu beurteilen. Vielleicht die Erkenntnis, dass seine Person nicht ausreicht – keine Exklusivität besteht – und dass er für den Sex bezahlen muss. Für das Selbstverständnis eines aggressiven Exemplars einer Männergang passt es nicht, wenn er die Frau bezahlen muss, was letztendlich Gefühle hinsichtlich Gewalt und Verachtung auslöst. Auch ein gewisser Selbstschutz könnte damit verbunden sein, da die Notlage der Frauen bekannt ist und daher lieber die Prostituierten dafür verantwortlich macht, als sich selbst zu hinterfragen. Auch hier gewinnt beim Mann das Stammhirn gegen das Großhirn. Obwohl er rational weiß, dass keine Chancen zur Fortpflanzung bestehen, sendet ihm das Stammhirn, als Belohnung, Wohlbefinden und deswegen wird diese Art von Ausbeutung überall auf der Welt gerne in Kauf genommen.

10.10.2023

Fast 100 Millionen Mädchen droht Zwangsheirat

Hamburg, 10.10.2023 – Nirgendwo auf der Welt haben Mädchen und junge Frauen uneingeschränkte Entscheidungsfreiheit über ihren Körper, ihre Sexualität und ihre Familienplanung. Der neue Bericht von Plan International Deutschland, Her Body, Her Choice – Zugang von Mädchen zu ihrer sexuellen und

Abb. 72: Eine fassungslose, riesige Anzahl an rechtelosen Frauen, hier sind andere Arten der Ausbeutung und Unterdrückung noch nicht berücksichtigt.

Zusammenfassend ist also erkennbar, dass sich der Mann und damit auch das Verhältnis zwischen Mann und Frau seit der neolithischen Revolution nicht mehr weiter, sondern eher zurückentwickelt hat. Dadurch näherte sich das menschliche, soziale Miteinander wieder mehr dem des Gemeinen Schimpansen mit den entsprechenden Männerbanden an und die Errungenschaften der ursprünglichen Wohlstandgesellschaft hinsichtlich des Zusammenlebens von Frau und Mann wurden zunichte gemacht. All das führt zu Frustration bei den Männern und sorgt für eine gesteigerte Aggressivität, Wettbewerb und Stress. Das Verhältnis zwischen Mann und Frau bleibt auch in den fortschrittlicheren Gesellschaften kompliziert, ganz zu schweigen von den rückständigen Nationen auf unserer Erde.

Dort herrschen noch extreme Unterdrückung und patriarchalische Formen der Beziehung von Mann und Frau. Diese sind derart offensichtlich, dass es sich nicht lohnt, hier in die Feinheiten der Rechtelosigkeit der Frauen einzusteigen.

18. Die nachhaltige Missachtung der Software-Gebote und die unsozialen Konsequenzen

Am Anfang dieses Buches stand die Frage der momentanen Probleme der Menschheit, wie zum Beispiel Kriege mit den dazugehörigen Gräueltaten, Hungersnöten und Umweltzerstörung und vielen anderen menschlichen Tragödien.

Beschäftigen wir uns nun mit der initialen Frage nach den Ursachen der drängendsten Probleme der Menschheit. Wichtigster Aspekt dabei ist der Fakt, dass alle Menschen evolutionär bedingt die Hardware-Gebote auf jeden Fall erfüllen wollen und müssen. Denn diese sind quasi die Gesetze der Evolution, die das Leben überhaupt erst ermöglicht und dann auch erhalten haben. Diese Gesetze bedingen jedoch einen gewissen Egoismus – nur wer an sich denkt, wird schlussendlich überleben. Jedoch gilt dies nur bis zu einem bestimmten Punkt. Deshalb haben Lebewesen nahezu seit dem Zeitpunkt der Entstehung von Leben angefangen, sozial zusammenzuarbeiten, um die Hardware-Gebote erfüllen zu können. Aufgrund der großen Gesellschaften, in denen wir Menschen heutzutage leben, wäre ein ausschließlich egoistisches Handeln im wahrsten Sinne des Wortes tödlich. Wir sind auf die Zusammenarbeit mit anderen angewiesen, um Chaos zu vermeiden und unser Überleben zu sichern. Folglich ist es entscheidend, den aus den Hardware-Geboten resultierenden Egoismus zu einem gewissen Grad zu überwinden. Ein grundlegendes Maß an sozialer Zusammenarbeit lässt sich deshalb bereits bei den ersten Lebewesen auf unserem Planeten beobachten. Und nur dank sozialer Zusammenarbeit gepaart mit der außergewöhnlichen Denkleistung seines im Vergleich zu anderen Arten deutlich größeren Gehirns konnte sich der Homo Sapiens Sapiens im „survival of the fittest" durchsetzen. Über Millionen von Jahren hinweg hat sich infolgedessen die ursprüngliche Wohlstandgesellschaft mit ihren Software-Geboten entwickelt und als optimale Gemeinschaftsform für das menschliche Zusammenleben herausgestellt. Unsere heutigen Gesellschaftssysteme haben sich jedoch seit der neolithischen Revolution vor ca. 12000 Jahren innerhalb kürzester Zeit entwickelt und sind noch nicht in einem nachhaltigen, effektiven Zustand und müssen erst noch weiterentwickelt und auf die große Anzahl an Menschen angepasst werden, wenn uns dafür noch die Zeit bleibt.

Unser über Millionen von Jahren entwickeltes, soziales Grundgerüst der ursprünglichen Wohlstandgesellschaft, wurde seit der Neolithischen Revolution immer weniger beachtet. Unser momentanes soziales Verhalten zeigt eine große Diskrepanz zu den grundlegenden Software-Geboten. Sprich, die heutige Gesellschaft mit ihren großen, ja riesigen Gruppen kann den Gesetzen einer uralten Gemeinschaftsform, in der die Gruppen sehr viel kleiner waren, gar nicht mehr folgen. Um zu verstehen und nachzuvollziehen, warum unter den Menschen kein sozialer Frieden herrscht, muss deshalb die heutige Situation analysiert und mit den Software-Geboten der ursprünglichen Wohlstandsgesellschaft verglichen werden. Denn obwohl diese Software-Gebote nach wie vor die evolutionären Grundlagen des menschlichen Zusammenlebens sind, werden sie zum großen Teil nicht mehr umgesetzt. Und so ist es kaum verwunderlich, dass der Mensch kein nachhaltiges, gut funktionierendes System des Zusammenlebens findet.

Im Laufe der Menschheitsgeschichte haben sich verschiedene Formen von Gesellschaftsordnungen herausgebildet, darunter absolutistische Systeme, wie Erbmonarchien, Autokratien oder Diktaturen. Diese gibt es auch noch heute, stellt aber kein tragfähiges Konzept zur Organisation eines Staates dar. Das zeigt sich vor allem im Rückblick auf die Geschichte entsprechend geführten Staaten, nicht zuletzt derjenigen Deutschlands zu Zeiten des Nationalsozialismus. Die momentan am weitesten entwickelte und somit konsensfähigste Form des sozialen Miteinanders ist die Demokratie als die Gesellschaftsform. Sie gibt den aktuell bestmöglichen Rahmen vor, um die Bedingungen der Hard und Softwaregebote zu erfüllen. Denn in einer Demokratie haben alle Mitglieder einer Gemeinschaft theoretisch ein Mitsprache und vor allem Mit-entscheidungsrecht. Nichtsdestotrotz gibt es auch in und mit de-mokratisch aufgestellten Staaten zahlreiche Konflikte und es stellt sich die Frage nach den Ursachen. Der wesentlichste Aspekt, mit dem alles steht und fällt, ist dabei die Gruppengröße. Während in der ursprünglichen Wohlstandsgesellschaft noch alles recht über-sichtlich zuging und Fragen nach Loyalität, Gruppenzugehörigkeit, Opferbereitschaft und uneigennützigem Handeln zur Unterstüt-zung der Gesamtgruppe kaum gestellt werden mussten, hat sich dies in den heutigen Gesellschaften komplett gewandelt. In der ur-sprünglichen Wohlstandsgesellschaft zogen alle selbstverständ-lich in den Kampf, um die Gemeinschaft gegen mögliche Bedro-hungen zu schützen. In der Not hielten alle zusammen, teilten ihre Ressourcen bis zum Letzten und halfen sich untereinander. Durch die lange Entwicklungszeit der ursprünglichen Wohlstandsgesell-schaft wuchs das soziale Miteinander zu einer nahezu ausgewoge-nen Gemeinschaft, die den Mitgliedern viel zwischenmenschliche Wärme bot und gleichzeitig jedem Individuum ermöglichte, seine individuellen Stärken zu entwickeln und zum Nutzen aller einzuset-zen. Ausgewogene Beziehungsstrukturen und ein offener, gleich-berechtigter Umgang mit Sexualität ergaben ein stabiles, sozial ausgewogenes Miteinander. In diesem Gesellschaftsgefüge war die soziale Welt noch in Ordnung, wie es so schön heißt. Es wur-den keine Reichtümer und Besitz angehäuft und die vorhandenen Ressourcen nachhaltig genutzt.

Seit der Neolithischen Revolution änderte sich aber das sozia-le Miteinander. Es wurde die Gleichberechtigung aller Mitglieder, ob Frauen oder Männer aufgehoben. Das Kastensystem in Indien ist beispielsweise ein Ergebnis dieser Entwicklung. Um diese Um-brüche zu erläutern, werde ich nun alle Software-Gebote einzeln betrachten und mit den Gegebenheiten heutiger Gesellschaften vergleichen, insbesondere mit demokratischen Staatsformen, die schließlich am nächsten an den sozialen Geboten der ursprüng-lichen Wohlstandgesellschaft dran sein sollten.

Software-Gebot 1: Gruppenzugehörigkeit

Der moderne Mensch sucht nach Gruppenzugehörigkeit. Innerhalb einer Gemeinschaft erfährt er Zusammengehörigkeit, Solidarität und gegenseitige Unterstützung.

Gruppenzugehörigkeit als einer der wichtigsten Aspekte des sozialen Miteinanders ist stark im zwischenmenschlichen Zusammenleben verankert.

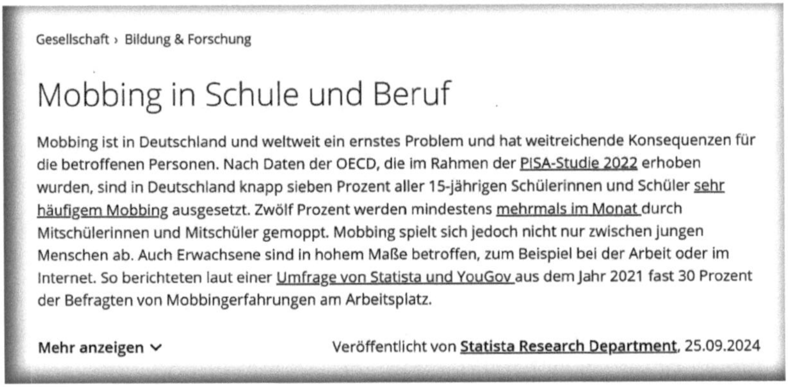

Gesellschaft › Bildung & Forschung

Mobbing in Schule und Beruf

Mobbing ist in Deutschland und weltweit ein ernstes Problem und hat weitreichende Konsequenzen für die betroffenen Personen. Nach Daten der OECD, die im Rahmen der PISA-Studie 2022 erhoben wurden, sind in Deutschland knapp sieben Prozent aller 15-jährigen Schülerinnen und Schüler sehr häufigem Mobbing ausgesetzt. Zwölf Prozent werden mindestens mehrmals im Monat durch Mitschülerinnen und Mitschüler gemoppt. Mobbing spielt sich jedoch nicht nur zwischen jungen Menschen ab. Auch Erwachsene sind in hohem Maße betroffen, zum Beispiel bei der Arbeit oder im Internet. So berichteten laut einer Umfrage von Statista und YouGov aus dem Jahr 2021 fast 30 Prozent der Befragten von Mobbingerfahrungen am Arbeitsplatz.

Mehr anzeigen ⌄   Veröffentlicht von Statista Research Department, 25.09.2024

Abb. 73: Ist man ein akzeptiertes Mitglied einer Gruppe? Mobbing in den verschiedensten Gruppen, am schlimmsten heimlich, zielt darauf ab andere Mitglieder, meistens aus egoistischen Gründen aus einer Gruppe auszuschließen. Es ist das Gegenteil von sozialem, gemeinschaftlichem Verhalten. Das Software-Gebot 1 ist für jeden Menschen wichtig und der Ausschluss aus der Gemeinschaft war in der ursprünglichen Wohlstandsgesellschaft die höchste Strafe. Bewusste Ausgrenzung findet man in unserer heutigen Welt überall, insbesondere über die neuen digitalen Informationswege. Mitglieder werden aus verschiedensten Motiven in die Isolation getrieben. Oft endet dies mit Psychosen und im negativsten Fall sogar mit Selbstmord.

Denn innerhalb einer Gemeinschaft wird ein Zusammengehörigkeitsgefühl geschaffen, Solidarität aufgebaut und gegenseitige Unterstützung gewährleistet. Als Mitglied einer größeren Gruppe steigen zudem die Überlebenschancen jedes Einzelnen um ein Vielfaches. Prinzipiell wächst jeder Mensch bereits in einer Gemeinschaft auf und schließt sich in aller Regel später noch weiteren Gruppen an. So ist jeder von Geburt an Mitglied verschiedenster Verbände, wie zum Beispiel seiner Familie, seiner Dorfgemeinschaft, seiner Nation und seiner Religionsgemeinschaft. Und wo immer Menschen aufeinandertreffen, kommt es zu weiteren Gruppenbildungen – egal ob Sportclub, Partei oder irgendein Verein, wann immer möglich suchen Menschen nach Gesinnungsgenossen und schließen sich zu Gemeinschaften zusammen. Selbst Kriminelle bilden Gruppen – wie Drogenkartelle oder Mafiaclans. Die Gruppendynamik ist deshalb einer der zentralen Aspekte, wenn es um die Probleme auf der Welt geht. Denn welcher dieser zahllosen Vereinigungen schenkt ein Einzelner seine Solidarität? Wer wird selbstlos unterstützt?

Als von Natur aus soziales Wesen ist die Zugehörigkeit zu einer Gemeinschaft für den Menschen von evolutionärer Bedeutung und er sucht von Geburt an nach Integration in verschiedenen Verbänden. Daher ist das Gruppenbewusstsein das entscheidende Kriterium, um die Probleme der heutigen Zeit zu verstehen.

Die Nationalstaaten sind dabei eine der obersten und zugleich wichtigsten Ebenen, auf denen Menschen zu einer Gemeinschaft vereinigt sind. Seit jeher ist deren kriegerische Stärke entscheidend für das Überleben eines Staates. Jedes Land versucht deshalb eine möglichst starke Position in kriegerischen Auseinandersetzungen einzunehmen. Dafür ist zum einen die reine Mitgliederanzahl einer Armee entscheidend, heutzutage allerdings auch deren technische Ausrüstung, die wiederum von der wirtschaftlichen Leistung eines Staates abhängig ist. Jedes Land hat einen mehr oder weniger großen Verteidigungsetat, der von seinen Einnahmen abhängig ist. Dieser wird jedoch nicht nur zur Verteidigung genutzt, sondern natürlich oftmals auch für Angriffskriege, mit denen Einfluss, Reichtum und Macht ausgebaut werden sollen. In der Regel geht es dabei um Ressourcen, also Rohstoffe, Wasser und Land. Die aktuellen Grenzen der meisten Nationalstaaten sind das Ergebnis kriegerischer Auseinandersetzungen. Aus vor langer Zeit mal vielen kleinen Einzelstaaten sind durch Eroberung und Zusammenfassung von Gebieten immer größere Länder gebildet worden. Diese sind jedoch für einen Einzelnen kaum noch überschaubar, was es zunehmend schwieriger macht, Solidarität gegenüber der Gesellschaft, zu der ein Mensch gehört, zu entwickeln. Er kennt schlicht zu wenige der anderen Mitglieder, um ihnen gegenüber, eine Verbundenheit zu spüren. Auch in den Demokratien haben sich die Politiker weit von den Bürgern entfernt. Infolgedessen fühlen sich immer weniger Menschen von ihnen und ihren Ideen und Vorschlägen abgeholt. Als Resultat wird eine einzige Partei derzeit immer größer – die der Nichtwähler. Also die Gruppe der Resignierten oder derer, die aufgegeben haben, weil sie der Meinung sind, dass sich unabhängig vom Wahlergebnis prinzipiell nichts ändert.

Jeder Staat versucht deshalb, die nationale Identität in seiner Bevölkerung zu stärken, um die Gruppensolidarität zu erhöhen. Trotzdem taugt ein großes Land nur begrenzt zur Identifikation, weswegen sich die Menschen vielerlei kleinere Gruppenstrukturen geschaffen haben, die überschaubarer sind.

Im Folgenden möchte ich darum die einzelnen Gruppen, denen ein Individuum angehört, einmal genauer betrachten, um die große Problematik der Gruppenzugehörigkeit aufzuzeigen. Ich beginne dabei mit den nicht oder kaum freiwillig gewählten Verbänden, in die sich jeder Mensch eingliedern muss. Die Verbundenheit, die ein Mensch zu diesen Gruppen empfindet, ist entscheidend für das Ausmaß seiner Solidarität gegenüber anderen in der jeweiligen Gemeinschaft.

Kern/Kleinfamilie

Für nahezu alle Menschen ist dies die wichtigste Gemeinschaft, der sie angehören. Die Familie ist der Kern des Gruppengefüges, sie besteht klassischerweise aus den Eltern und ihren Kindern und meist noch den Großeltern, also den Eltern der Eltern. Dort werden die Hardware-Gebote erfüllt, indem die familieneigenen Gene weitergegeben werden. Folglich herrscht innerhalb dieses Kreises die größte Bereitschaft zu selbstlosem Handeln, Toleranz und Solidarität. Die Anzahl an Mitgliedern ist überschaubar und alle kennen sich gut.

Allerdings wird auch dieser starke Kern heutzutage immer öfter gespalten, da die einzelnen Angehörigen vieler Familien weit voneinander entfernt leben. Teilweise sind Großeltern, Eltern und Kinder über die ganze Welt verstreut. Dadurch schwindet selbst bei diesem engen Bund der Kontakt untereinander. Hinzu kommt die hohe Trennungsrate von Paaren, vor allem in der modernen westlichen Welt. Die Eltern finden anschließend neue Partner, bekommen mit diesen womöglich auch noch weitere Kinder. Die klassische Kleinfamilie wird somit gesprengt und erweitert. Trotzdem unterscheidet sie sich noch von der Großfamilie.

Großfamilie

Zur Großfamilie zählen sämtliche weiter entfernte Verwandte, also Tanten, Onkel, Cousinen und Cousins und – je nachdem wie weit der Kreis gezogen wird – auch noch deren Verwandte und Nachkommen. Die Solidarität unter den Mitgliedern ist trotz des deutlichen größeren Kreises meist noch sehr hoch. Großfamilien sind in vielen Teilen der Welt bis heute eng verbundene Gemeinschaften, deren Mitglieder sich gegenseitig stark unterstützen. Das gilt insbesondere für Regionen, in denen die soziale Versorgung seitens des Staates nicht besonders ausgeprägt ist. Negative Erscheinungen sind die kriminellen Clans, die hier und da in Erscheinung treten.

Dorf/Gemeinde

Diese Einheit besteht nicht mehr aus miteinander verwandten Mitgliedern. Trotzdem wird die Gruppe, der ein Mensch zugehört, nicht wirklich frei gewählt. So kann zwar jeder Einzelne entscheiden, wo er wohnen möchte, aber ein Umzug wird selten davon bestimmt, welche Menschen dann im Umfeld leben. Je nach Größe der Gemeinde beziehungsweise des Dorfes kennen sich aber die Bewohner oft noch alle persönlich, was eine gewisse Verbundenheit erzeugt, und die Solidarität erhöht.

Stadt

In Städten als größeren Ansiedlungen kennen sich die meisten Mitglieder nicht mehr. Aber innerhalb einer Hausgemeinschaft, eines Straßenzuges oder Stadtviertels kommt es durchaus zu einer Gruppenbildung, die mit einer gewissen Solidarisierung einhergeht. Hinzu kommt, dass viele Menschen stolz darauf sind, in einer bestimmten Stadt zu Hause zu sein. Insbesondere bei Sportwettkämpfen wird dies deutlich, wenn die Einwohner einer Stadt natürlich mit den Mannschaften ihrer Stadt sympathisieren.

Regionale Teilgebiete von Nationalstaaten

In dieser nächstgrößeren Organisationseinheit wird ein Zusammengehörigkeitsgefühl vor allem historisch oder politisch erzeugt. Die Bevölkerung eines Bundeslandes oder einer ähnlichen Einheit beruft sich also vorwiegend auf eine gemeinsame Geschichte, die Menschen sprechen denselben Dialekt oder haben Brauchtümer, die das Gemeinschaftsgefühl stärken. Nicht selten fühlen sich Menschen zu dem Bundesland, in dem sie wohnen oder aus dem sie stammen, mehr zugehörig als zum Staat als übergeordneter Einheit. Das rührt auch daher, dass Staaten eben häufig willkürlich gebildet wurden, die kleineren Bundesländer und dergleichen hingegen historisch gewachsen, also zum Beispiel aus Herzogtümern oder Königreichen hervorgegangen sind. In einigen von ihnen existieren eigene Hymnen und es gibt zahlreiche Besonderheiten, um den eigenständigen Charakter zu unterstreichen. In vielen Regionen resultieren genau aus dieser Diskrepanz schwerwiegende Konflikte, wenn ein Teilstaat andere Ziele verfolgt als der Nationalstaat, dem er angehört. Berühmte Beispiele sind die Differenzen zwischen Nordirland und dem Vereinigten Königreich, Tirol und Italien, Katalonien und Spanien, Kurdistan und der Türkei.

Nationalstaaten

Die Menschen der Nationalstaaten sind die größte, homogene Vereinigung, die von einer Regierung geleitet werden. Alle Grenzen wurden einmal kriegerisch oder durch Erbteilung festgelegt. Darüber stehen nur noch Staatenverbünde, wie die Europäische Union, die allerdings trotz ihres größeren Gebietes, aber nur teilweise Einfluss auf die Bewohner ausüben. Sie sind rein politische Einheiten, um länderübergreifende Aspekte, wie Grenzkontrollen, Zollbestimmungen und dergleichen, zu vereinfachen. Die Nationalstaaten sind daher die wichtigsten Gruppensysteme der Welt. Entstanden sind sie alle ausgehend von den Verbänden der ursprünglichen Wohlstandgesellschaft durch kriegsbedingte Gebietsaneignungen durch kriegerische, aggressive Männerbanden. So wurden Regionen erobert oder kolonialisiert und deren Bevölkerung in den siegreichen Staat eingegliedert – unabhängig von ihrer Identität und ihrem Zugehörigkeitsgefühl. Alle dabei entstandenen Großreiche sind im Laufe der Zeit allerdings wieder mehr oder weniger zerfallen – weil sie schlicht zu groß und nur schwer beherrschbar waren. Zudem warteten die Eliten der Teilgebiete meist nur auf eine günstige Gelegenheit, um die Macht zu ergreifen. Nur solange es einen starken und militärisch erfolgreichen Führer gab, konnte ein Großreich seinen Einflussbereich stabil halten. Nach dem Tod des Machthabers oder bei schwacher Führung kam es unter den potenziellen Nachfolgern zu erbitterten Kämpfen um die Herrschaftsgewalt. Ein gemeinsames und nachhaltiges Staatsgefühl konnte sich dadurch nicht bilden beziehungsweise nicht erhalten werden. Klassische Beispiele für solche machtpolitischen „Schicksale" sind die Großreiche der Antike, aber auch die Sowjetunion in jüngerer Vergangenheit.

Um innerhalb einer so vielfältigen Gesellschaft mit so unterschiedlicher Herkunft und Historie der Mitglieder trotzdem ein Gemeinschaftsgefühl zu erzeugen, sind deshalb große Anstrengungen notwendig. Doch diese sind von immenser Bedeutung, denn nur wenn sich die Bürger eines Landes diesem zugehörig fühlen, sind sie auch bereit, es zu verteidigen und dafür einzustehen. Alle Bewohner sollen schließlich im Kriegsfall ihr Leben riskieren, um das Land und vor allem dessen herrschende Eliten zu retten. Infolge kriegerischer Auseinandersetzungen werden Staaten vergrößert, verkleinert, aufgelöst oder neu gegründet. Die Grenzen aller heute existierenden Nationalstaaten sind kriegerischen Ursprungs und nicht Resultat einer guten sozialen und nachhaltigen Zusammenarbeit. Je größer sein Gebiet und je stärker seine Armee, desto stabiler ist ein Staat, insbesondere bei einer Bedrohung durch Nachbarstaaten. Kleinere Staaten sind daher meist auf das Wohlwollen militärisch stärkerer Staaten angewiesen. Diese Stabilität zu gewährleisten, funktioniert nur über ein starkes Nationalbewusstsein, wodurch der Gruppenzusammenhalt gefördert wird. In vielen Ländern beginnt diese Förderung des Nationalstolzes bereits in den Kindergärten, wo die Staatsflagge aufgehängt und die Nationalhymne einstudiert wird. Ebenso beliebt zur Förderung des nationalen Zusammenhalts ist die Schaffung einer äußeren Bedrohung – durch ein angeblich feindliches Land oder die vermeintliche Gefahr durch andere Staatssysteme, wie beim Kampf zwischen Kapitalismus und Kommunismus. Gerne wird zudem mit Ungerechtigkeit und fehlender Freiheit argumentiert. Um das Gemeinschaftsgefühl zu stärken, werden deshalb potenzielle Gegner diffamiert und verteufelt. So wird beispielsweise anderen Ländern unterstellt, mehr oder weniger zu Recht, die eigene Bevölkerung zu unterdrücken.

Besonders bei Sportveranstaltungen wird die Gruppenloyalität der Nationalstaaten ausgelebt. Bei internationalen Großveranstaltungen, wie Olympischen Spielen oder Weltmeisterschaften, identifiziert sich eine ganze Nation mit den Sportlern, die für sie an den Start gehen. Nicht umsonst erinnert die Inszenierung solcher Wettkämpfe an militärische Strukturen – so marschieren bei Olympischen Spielen die einzelnen Mannschaften in einheitlicher Kleidung, mit den Fahnen ihrer Länder ein und gruppieren sich anschließend ähnlich wie Armeen in Blöcken. Bei Siegerehrungen wird zudem für den Bestplatzierten die Nationalhymne seines Landes angestimmt und meist ist solch ein Moment von viel Patriotismus geprägt. Auch Machthaber nutzen sportliche Erfolge gern für sich und zeigen sich mit siegreichen Sportlern, die sie wie Helden feiern, um das nationale Bewusstsein und die eigene Position zu stärken. Diese Stellvertreterfunktion von Sport zur Stärkung des Gruppenzusammenhalts und der Loyalität zieht sich also durch alle Ebenen menschlicher Gemeinschaften. Selbst auf familiärer Stufe wird mit den Angehörigen der eigenen Sippe mitgefiebert und ihnen – unabhängig von ihrer tatsächlichen Leistung – ein Sieg mehr gegönnt als Sportlern anderer Herkunft. Dieses Verhalten führt, hinsichtlich der Bewertung von Einzelspielern, zu speziellen Verhaltensweisen. So kann es sein, dass ein und derselbe Fußballspieler von ein und demselben Fan beispielsweise auf Vereinsebene nicht positiv bewertet wird, weil er nicht für den Heimatverein spielt, in der Nationalmannschaft jedoch verehrt wird, wenn er für das eigene Land bei einer Weltmeisterschaft ein Tor schießt.

Ein weiteres Beispiel ist der Nationalstolz bei den südamerikanischen Ländern. Herzzerreißend wird der Nationalstolz ausgelebt und gezeigt. Falls sie aber Geld zum Anlegen haben, wird dies in fremden Ländern investiert. So mag es sein, dass jemand zwar nach außen hin seinen Nationalstolz zur Schau trägt, aber nur, damit niemand Verdacht schöpft, dass diese Person politisch vielleicht nicht hinter dem System steht und womöglich sogar dagegen arbeitet – zum Beispiel durch Steuerhinterziehung oder die Auslagerung von Besitz ins Ausland. Jeder Mensch ist zuallererst auf sich selbst bedacht und möchte seine eigene Existenz, gemäß den Hardware-Geboten, absichern. Im obigen Beispiel werden die Hardware-Gebote – Sicherung der eigenen Existenz durch Absicherung des eigenen Vermögens – und das Software-Gebot „Gruppenzugehörigkeit" durch demonstrierten Nationalstolz (die Verbundenheit mit der Gesellschaft wird nach außen öffentlich bekundet) – erfüllt, ohne eine soziale Leistung für die eigene Nation zu erbringen.

Neben diesen politisch bestimmten Gemeinschaften gibt es zahlreiche weitere Verbände, denen sich Menschen auf (weitgehend) freiwilliger Basis anschließen. Diese sind zwar in die politischen Einheiten integriert, können also in der Regel nur existieren, solange sie deren Regeln beachten. Die meisten Menschen verspüren innerhalb solcher Gruppen ein größeres Zugehörigkeitsgefühl als zu den nationalen Gesellschaften, denen sie ohne eigenes Zutun und ohne Mitspracherecht mehr oder weniger zugeordnet wurden. Im Folgenden liste ich einige dieser Gemeinschaften auf, ohne den Anspruch auf Vollständigkeit zu erheben.

Freundschaften

Die für die meisten Menschen wichtigsten Verbindungen dieser Art sind Freundschaften. Dabei zeigt sich, wie wichtig es für Menschen ist, Teil einer Gruppe zu sein. Freundschaftliche Beziehungen haben ihren Ursprung sogar oft in der gemeinsamen Jugend und bestehen über einen langen Zeitraum. Später hinzugekommene Freunde sind meist durch gemeinsame Ziele, Erlebnisse und Interessen miteinander verbunden. Freundschaften innerhalb Gruppen gibt es sicherlich schon sehr lange und sind bis heute ein sicherlich extrem wichtiger Teil unserer sozialen, zwischenmenschlichen Beziehungen.

Religionsgemeinschaften

Die Religionen zählen neben den politischen Einheiten zu den stärksten Gemeinschaften und sorgen international und über Ländergrenzen hinweg für intensiven Zusammenhalt zwischen ihren Anhängern. Allerdings entstehen auch die schlimmsten Kriege unter dem Vorwand religiöser Ziele. Viele Machthaber nutzen die Gläubigkeit der Bevölkerung aus, um diese mit vermeintlich göttlicher Legitimation zu unterwerfen. Unsoziale Allianzen mit der Politik können Ungerechtigkeiten, Egoismus und Ausbeutung verstärken.

Parteien

Parteien bilden die grundlegende Struktur jedes demokratischen oder zumindest vorgeblich demokratischen Staatssystems. Sie vereinigen Menschen mit gleichen politischen Vorstellungen und schaffen über das gemeinsame Ziel, an die Macht zu kommen und somit die politische Richtung einer Region (Gemeinde, Stadt, Teilstaat, Nationalstaat, internationaler Verbund) zu bestimmen, einen starken Zusammenhalt unter ihren Mitgliedern.

Vereine

Vereine gibt es in unterschiedlichsten Arten – von Kleingärtnervereinen über Fördervereine verschiedenster Organisationen, Sport und Freizeitvereine bis hin zu ehrenamtlich tätigen Vereinen – erstreckt sich die Bandbreite. Die rund 600 000 eingetragenen Vereine in Deutschland zeichnen sich durch eine extrem hohe Heterogenität aus. Es gibt kaum ein Anliegen oder ein Interesse, das nicht von mindestens einem Verein vertreten wird. Die Mitglieder treffen sich regelmäßig und arbeiten auf ein gemeinsames Ziel hin, was eine enge Verbundenheit schafft. Hinzu kommt ein meist ausgiebig gestaltetes Vereinsleben mit zahlreichen Aktionen und Veranstaltungen abseits des eigentlichen Vereinssinns.

Sprachgemeinschaften

Sprache ist einer der wichtigsten Faktoren für Identitätsstiftung, Kommunikation und Zugehörigkeitsgefühl bei Menschen. Darüber hinaus hat sie mit ihrer Diversität eine unglaublich wichtige Funktion als gruppenbildendes Element. So fühlen sich Menschen anderen Menschen, die dieselbe Sprache sprechen, sofort verbundener als Menschen, deren Sprache sie nicht verstehen oder nur, als Fremdsprache erlernt haben. Das funktioniert bei vielen Sprachen sogar über Grenzen hinweg, wenn sie in mehreren Regionen oder Ländern gesprochen werden.

Arbeitswelt

Auch auf beruflicher Ebene können Menschen sich vereinigen und zu einer Gruppe zugehörig fühlen. Das geschieht nicht immer freiwillig, ist aber häufig notwendig, um die Arbeitsprozesse effektiv zu gestalten. So gibt es in vielen Firmen feste Teams oder Abteilungen, die für bestimmte Aufgabenbereiche zuständig sind. Die Verbundenheit ist zumindest auf professioneller Ebene groß, alle arbeiten zusammen, um ein möglichst gutes Ergebnis zu erzielen. Aus dieser Zusammenarbeit entwickeln sich zudem nicht selten Freundschaften.

Wohltätige Organisationen – NGOs, Naturschutz-organisationen, Stiftungen, Ehrenamtsorganisationen, ...

Wohltätige Organisationen agieren ebenfalls meist über Grenzen hinweg, teilweise sogar weltweit. Sie sind von immenser Bedeutung für den Erhalt von Solidarität auch in Krisenzeiten oder kritischen Situationen. Sie unterstützen da, wo kein anderer sich einsetzt, sind für die schwachen Mitglieder der Gesellschaft da oder engagieren sich für den Naturschutz oder andere international bedeutsame Belange. Es gibt aber auch sicherlich asoziale Organisationen die eher eigene Ziele verfolgen, nach außen hin aber eine soziale Fassade aufrechterhalten.

Kriminelle Vereinigungen

Kriminelle Vereinigungen sollen hier nicht unerwähnt bleiben, auch wenn sie in vielerlei Hinsicht eine Ausnahme darstellen. So widersetzen sie sich beispielsweise den Regeln und Gesetzen der politischen Organisationseinheiten, in denen sie existieren. Insgesamt herrschen in diesen Gruppen eigene Strukturen mit eigenen Regeln. Die Mitglieder verspüren auch nicht unbedingt ein starkes Zusammengehörigkeitsgefühl, das schwankt je nach Art der

Gruppierung. Aber sie sind stets durch ihren kriminellen Trieb miteinander verbunden. Bei diesen Gruppen wird oft eine Solidarität bis in den Tod eingefordert. Dieses Verhalten ist sehr nahe an der Männerbande des Gemeinen Schimpansen.

Diese Liste könnte noch deutlich erweitert werden. Zwar sind alle diese Gruppen den politischen Einheiten untergeordnet, ihre Regeln können sie jedoch weitgehend selbst bestimmen und diese sind wiederum teilweise in die politische Gesetzgebung integriert. So haben vor allem die Religionsgemeinschaften einen eigenen Stellenwert in der Gesellschaft und vereinzelt sogar gesetzlich verankerte Sonderrechte. Diese starke Verflechtung von Religion und Staat ist historischen Ursprungs. Doch auch die anderen Gruppen haben großen Einfluss auf die politischen Einheiten. Und vor allem können die Mitglieder solcher Gemeinschaften politischen Strukturen sogar gefährlich werden. Denn ihre Verbundenheit untereinander ist, wie bereits erwähnt, meist größer als die zur Gemeinde, Stadt oder zum Nationalstaat. Dadurch können sie mit vereinten Kräften politischen Machthabern gefährlich werden. Das ist natürlich bei Weitem nicht das Ziel jeder Vereinigung, aber mit der Kraft ihres Zusammenhalts können die Mitglieder viel bewirken – im Guten wie im Schlechten.

Um das Software-Gebot 1 für alle Mitglieder eines Nationalstaates erfüllbar zu machen, bedarf es Regeln, an die sich alle halten. Ansonsten käme es zu einem heillosen Durcheinander. Diese Regeln wurden mit der Zeit immer komplexer und sind heutzutage in teilweise für Laien kaum verständlichen Gesetzen festgehalten. Deren komplizierte Formulierung lässt es zu, dass sich viele Schlupflöcher für asoziales Verhalten ergeben. Komplizierte Steuergesetze machen es möglich, insbesondere für Vermögende, Steuern zu sparen oder sogar wie bei den Cum Ex Aktien Geschäften den Staat legal zu betrügen. Schlussendlich funktioniert das Software-Gebot 1 also nur auf der untersten Ebene menschlichen Zusammenlebens, in der Familie, mehr oder weniger wirklich gut. Je größer eine Gemeinschaft, desto weniger wird dieses Gebot erfüllt.

Insgesamt wird es durch die vielen verschiedenen Gruppierungen, denen jeder Einzelne freiwillig oder unfreiwillig angehört, erschwert, jedem davon gegenüber loyal zu sein und sich selbstlos für die anderen Gruppenmitglieder einzusetzen. Da zudem jeder Mensch in einer anderen Kombination dieser Gruppen beheimatet ist, fällt es schwer, gemeinsame Entscheidungen zu treffen. So ist eine Person beispielsweise zugleich Familienmitglied, Bayer, Deutscher, Europäer, Weltbürger, Christ, Sozialdemokrat und Mitglied eines Fußballvereins. Daraus entsteht ein großes Durcheinander hinsichtlich der Loyalität und Gruppenzugehörigkeit und lässt viele Menschen orientierungslos zurück.

Software-Gebot 2: Gruppenmitglieder kennen sich persönlich und sind gleich gut informiert

Die Mitglieder einer Gruppe kennen sich persönlich, alle sind umfassend über alles, auch über individuelle Eigenschaften der einzelnen Mitglieder, informiert.

Dieser Kernaspekt des sozialen Miteinanders ist je nach Art und Größe einer Gemeinschaft prinzipiell nicht mehr erfüllbar. Ab einer gewissen Mitgliederanzahl können sich innerhalb einer Gruppe nicht mehr alle persönlich kennen. Somit ist die Möglichkeit, sich untereinander auszutauschen oder aus erster Hand zu informieren, eingeschränkt. Niemand kann beispielsweise alle Bürger eines Landes kennenlernen. Das führt zu zahlreichen Fehlannahmen und Desinformation. Jeder hat individuelle Vorstellungen davon, wie das Zusammenleben funktionieren soll, und meint zu wissen, was gut für die Gemeinschaft ist und dass alle diese Meinung teilen. Wichtigste Informationsmöglichkeit hierzu sind die Medien. Unsere gesamte politische und überregionale Kommunikation wird von Medien übernommen und erfolgt meist von oben nach unten innerhalb der Gesellschaft. Problematisch dabei ist, dass die Medien nicht immer neutral berichten. Die meisten Medien sind nicht unabhängig, sondern durch ihre Besitzer – die Inhaber großer Zeitungsverlage, Sendeanstalten und dergleichen – und deren Meinung und Ansichten geprägt. Die umfassende Information ist somit stark eingeschränkt. Informationen werden gefiltert, bevor sie weitergegeben werden, sodass längst nicht alles an die Öffentlichkeit gelangt und das, was publik wird, ist nicht selten manipuliert, um bestimmte Meinungen zu fördern und andere zu unterdrücken. So kann in Demokratien zwar frei gewählt werden, aber die Wahlberechtigten treffen ihre Entscheidung auf Basis von Informationen, die sie nicht persönlich überprüfen können.

Auch mit der Gleichstellung ist es nicht mehr weit her. Denn es sind längst nicht alle Mitglieder einer Gesellschaft gleichrangig. Macht und Besitz – meist beide vereint – entscheiden über Privilegien.

Das Software-Gebot 2 kann in modernen Gesellschaften aufgrund ihrer hohen Mitgliederzahlen prinzipiell nicht erfüllt werden.

Software-Gebot 3: Transparente Führungsentscheidungen

Sämtliche Entscheidungen werden gemeinsam getroffen, wobei die individuellen Eigenschaften der Gruppenmitglieder berücksichtigt werden.

Wichtige Entscheidungen wurden in der ursprünglichen Wohlstandsgesellschaft stets von allen Mitgliedern eines Verbandes gemeinsam getroffen. Das ist bei den riesigen Größen heutiger Gesellschaften nicht mehr möglich. Die Schwierigkeiten beginnen schon dabei, dass jeder Einzelne alle für eine Entscheidung notwendigen Informationen erhält. Denn wie bereits erläutert, ist der Informationsfluss innerhalb einer Gesellschaft in vielen Fällen selektiert und von politischen oder persönlichen Interessen der Medienbesitzer beeinflusst. Wenn die Informationen, die schlussendlich bei der Bevölkerung ankommen, jedoch stark von der Realität abweichen, kann keine fundierte Entscheidung hinsichtlich der Wahl von geeigneten Vertretern, vorgenommen werden. Sind die Abweichungen sehr groß, wird das Propaganda genannt. Jedes Mitglied muss folglich selbst entscheiden, welche Informationen – wahr und vollständig – und welche reine Propaganda sind. Das ist kaum möglich. Von gemeinsamen Entscheidungen kann folglich keine Rede sein.

In einigen wenigen Ländern wird die Bevölkerung mit Volksentscheiden nach ihrer Meinung gefragt. Diese direkt gelebte Demokratie, gibt es in Deutschland eher selten (so haben in Bayern die Bürger/innen zum Beispiel 2010 ein striktes Rauchverbot in Gaststätten beschlossen), in der Schweiz hingegen wird die Bevölkerung regelmäßig in politische Entscheidungen über einen Volksentscheid eingebunden. Diese kommen einer gemeinsamen Entscheidungsfindung am nächsten, doch auch in diesem Falle werden die Bürger durch die Information der Medien beeinflusst.

Auch das Software-Gebot 3 wird heutzutage, vielleicht mit ein paar Ausnahmen, nicht mehr erfüllt.

Software-Gebot 4: Gleichberechtigung aller Gruppenmitglieder – Frauen wie Männer

Frauen und Männer sind gleichberechtigte Gruppenmitglieder und werden in alle Entscheidungen einbezogen. Insbesondere Frauen sind von den Männern unabhängig und selbstständig.

Frauen sind in vielen Gesellschaften immer noch nicht den Männern gleichgestellt. Oft ist die Gleichberechtigung, zumindest in den westlichen Ländern, der Geschlechter zwar auf dem Papier, also per Gesetz, geregelt und festgeschrieben, aber vollständig umgesetzt ist sie oftmals nicht. Die vollkommene Gleichstellung der Geschlechter ist bisher noch keinem Land gelungen. Auch in den modernen Gesellschaften der westlichen Welt müssen Frauen nach wie vor um bestimmte Rechte, Möglichkeiten und Privilegien kämpfen. Das wird besonders deutlich bei einem Vergleich der Anteile an Frauen und Männern in Führungs-und Machtpositionen. In vielen rückständigeren Ländern, von denen es eher mehr gibt, sind Frauen sogar noch nahezu rechtelos. In diesen können wir sogar eine maskuline Rückentwicklung der Männer in „Männchen" der Ordnung des Gemeinen Schimpansen feststellen, die von Aggressivität und Kampf um die Alphaposition geprägt ist. An dieser Stelle möchte ich noch den Blick auf eine spezielle Gruppe werfen, den weiblichen Milliardärinnen, die in der Regel das Vermögen und die Macht ihrer verstorbenen Männer erben. Von ihnen könnte man erwarten, dass sie sich offensiv hinsichtlich Gleichberechtigung und sozialem Ausgleich einsetzen. Aber leider tauchen diese Frauen nicht mit Taten in der Öffentlichkeit auf, geschweige werden Institutionen oder Medien diesbezüglich unterstützt. Irgendwie wäre es passend wenn diese Frauen sich stärker einsetzen würden, aber offensichtlich ist es ihnen wichtiger das Kapital dem Nachwuchs zu vererben, als für den sozialen Ausgleich oder für die Gleichberechtigung der Frauen. Diese Gruppe beschäftigt sich anscheinend mehr mit Kunst, Schönheit, Mode und anderen für sie wichtigen Themen unserer Welt. Den Männern werden die Verwaltungsaufgaben für die Sicherung des Kapitals überlassen, um ihren Platz in der Elite erhalten. Reiche Frauen haben sich mit den momentanen, männlich dominierten Gesellschaften abgefunden, oder haben sich offensichtlich damit arrangiert und genießen ihre Privilegien. Weibliches soziales Verhalten, Solidarität und Empfindungen sind ausgeblendet oder nur noch latent vorhanden.

Die Erfüllung dieses Software-Gebotes wird in westlichen, modernen Gesellschaften zwar wieder angestrebt, ist aber noch nicht gegeben. Der Rest der Welt sind Frauen nahezu rechtelos und vom Mann abhängig.

Software-Gebot 5: Stellung in der Gruppe gemäß individueller Eignung und Nutzen für die Gemeinschaft

Der Rang eines Individuums in der Gruppe hängt von seinem Nutzen für die Gemeinschaft ab, Führungspositionen werden nach persönlicher Eignung und individuellen Fähigkeiten vergeben.

Dieses Gebot ist ein weiterer Kernpunkt des sozialen Miteinanders in der ursprünglichen Wohlstandsgesellschaft. Die gesamte Gruppe sollte und musste davon profitieren, wenn einzelnen Mitgliedern Privilegien zugestanden wurden. Nur so konnte egoistisches Verhalten reduziert und für das Überleben der Gruppe genutzt werden. Seit jeher haben einzelne Mitglieder einer Gemeinschaft spezielle Fähigkeiten, mit denen sie nützlicher sein können als andere der Gruppe. Das verschafft ihnen Privilegien, die in der ursprünglichen Wohlstandsgesellschaft jedoch vor allem dazu dienten, diese Mitglieder in der Gruppe zu halten und dafür zu sorgen, dass sie ihre Fähigkeiten zum Wohle aller einsetzten. Heute bestimmen Geld und Kapitalbesitz über Rang und Ansehen eines Einzelnen innerhalb der Gesellschaft. Durch Erbschaften werden diese an die nächste Generation weitergegeben, wodurch die Nachkommen, ohne einen Finger gerührt zu haben, automatisch mit den entsprechenden Privilegien ausgestattet sind. Daraus resultiert eine zunehmende Entfernung der besitzenden Mitglieder von der restlichen Gesellschaft. Anstatt einen Menschen anhand seines Beitrages für die Allgemeinheit zu bewerten, wird mit Ehrfurcht auf privates Vermögen und Besitz geschaut. Reiche Menschen, die womöglich ihren Reichtum sogar immer weiter vergrößern, werden bewundert, obwohl sie häufig keinen Dienst für die Allgemeinheit leisten. Als große Leistung wird eine Investition eines kleinen Teils ihres Vermögens angesehen, die häufig, teilweise mit Milliarden von Steuergeldern, subventioniert werden. Sinn und Zweck sind nicht Wohltaten für die Angestellten, sondern einen größtmöglichen persönlichen Gewinn zu erzielen.

Die Angehörigen des Geldadels, die, wie oben geschildert, nur über die Erbfolge und nicht mehr durch eigene Leistung zu

Reichtum gelangt sind, erhalten ihren Rang nicht mehr basierend auf ihrem Nutzen für die gesamte Gesellschaft, sondern nur noch dank des Erbrechts wie zur Zeit der Erbmonarchien. Der Zusammenhang von gesellschaftlichem Rang und individuellem Nutzen eines Einzelnen für die Gemeinschaft hat sich aufgelöst. Führungspositionen werden nicht mehr aufgrund persönlicher Fähigkeiten vergeben, sondern anhand von Kriterien, wie Loyalität zu den Eliten, Geld oder Familienzugehörigkeit. Das führt in vielen Fällen dazu, dass Personen bestimmte Posten erhalten, für die sie aufgrund ihrer Ausbildung oder anderer Voraussetzungen überhaupt nicht geeignet sind oder die sie bewusst ausnutzen, um im Sinne der Elite zu handeln. So werden Juristen plötzlich zu Gesundheitsministern und die Kinder eines Unternehmers übernehmen nach dessen Rücktritt oder Tod automatisch die Vorstandsposten in der Firma, obwohl sie vielleicht in einer völlig anderen Branche ausgebildet wurden. Der Wettbewerb der der individuellen Fähigkeiten findet nur bei den abhängigen Beschäftigten statt. Soziale Kompetenzen sind hier nicht wichtig, gefragt sind Fähigkeiten den effektiven Gewinn bringen.

Das Software-Gebot 5 hat folglich kaum noch Bedeutung.

Software-Gebot 6: Verteilungsgerechtigkeit hinsichtlich Eigentums

Grundbesitz und Eigentum ist gleich verteilt. Ausgeprägte Eigentumsbeziehungen und Besitzansprüche existieren nicht.

Bei diesem Software-Gebot haben sich moderne Gesellschaften ebenfalls weit von der ursprünglichen Wohlstandgesellschaft entfernt. Denn mit der Neolithischen Revolution erhielten die Faktoren Geld- und Kapitalbesitz zunehmende Bedeutung. Vor allem der Besitz von landwirtschaftlich nutzbaren Flächen und Viehbestand, aber auch Ressourcen, wie Salz und Erzvorkommen, führten zu Reichtum. Privilegien orientierten sich eher an ererbter Macht und Eigentum. Der freie Zugang zu Fortpflanzungspartnern und Nahrungsressourcen war plötzlich an Besitz gekoppelt. Wie schon aufgezeigt, wurde um Besitz und Kapital gekämpft und die Anzahl der kriegerischen Auseinandersetzungen nahm zu. Um hier erfolgreich zu sein, war eine streng hierarchische Struktur erforderlich. Somit bildete sich eine Rangordnung samt zugehörigem Verwaltungsapparat heraus. Die Privilegien der Mitglieder der einzelnen Schichten nehmen dabei nach oben hin zu. Besitz sammelt sich folglich bei den Eliten, die ihn an ihre Nachkommen weitervererben und somit die Hierarchie und die Verteilungs(un)gerechtigkeit aufrechterhalten.

Diese ungleiche Verteilung von Besitz und Privilegien zieht sich durch alle Gesellschaftssysteme, auch wenn sie hier und da stärker und schwächer ausgeprägt sein mögen. Egal welche Gesellschaftsform ein Nationalstaat hat, es gibt immer einen riesigen Unterschied zwischen Arm und Reich. Besitz und Eigentum ist eine Erfindung des Menschen, die sich erst nach der ursprünglichen Wohlstandgesellschaft gebildet hat. Erst dadurch wurde, anfangs durch Gewalt, später durch Gewohnheit, Besitz als zentralen Bestandteil der verschiedensten Gesellschaftsformen etabliert. Es wurde noch niemals irgendwo demokratisch abgestimmt, ob zum Beispiel Landbesitz überhaupt legitim ist.

Gleichheit von Reichtum und Besitz ist somit überall nicht gegeben, das Software-Gebot 6 wird nicht erfüllt.

Software-Gebot 7: Vermittlung der Software-Gebote während der Kindheit

Das Zusammenleben folgt einfachen Regeln, die für alle gleich an den Nachwuchs weitergegeben werden.

Die richtige Erziehung des Nachwuchses ist außerordentlich wichtig, denn dadurch werden die Grundlagen für ein weiterhin funktionierendes Zusammenleben gelegt und die neuen Mitglieder

der Gesellschaft mit den gruppenrelevanten Regeln und Strukturen bekannt gemacht. Die Kinder stufen diese Regeln und Strukturen als „normal" ein. Basierend darauf kann aber auch im negativen Fall den Kindern unter anderem beigebracht werden, vorherrschende Ungleichheiten zu akzeptieren. Für Kinder ist die Welt so wie sie ist und wie sie sie kennenlernen immer „normal", selbst mit den größten Ungerechtigkeiten. Eine falsche Erziehung kann später nur schwer korrigiert werden. Viele Probleme im Leben Erwachsener haben ihren Ursprung in der Kindheit und oft in der Erziehung. Die Prägung des Kindes sind im Erwachsenalter oft der Initiator für asoziales Verhalten, Drogenkonsum, kriminelle Handlungen und dergleichen.

In der ursprünglichen Wohlstandgesellschaft wurde die Erziehung noch von allen Mitgliedern eines Verbandes gemeinsam gestemmt, auch wenn die Hauptverantwortung bei den Frauen lag. Diese aber unterstützten und halfen sich gegenseitig. Als Resultat wurden alle Kinder hinsichtlich Regeln gleich erzogen. Heutzutage hingegen erfolgt die Erziehung vorrangig innerhalb der Kernfamilie. Die Verpflichtung einer guten Erziehung ging somit von der gesamten Gruppe auf eine kleine Gemeinschaft über. Dabei tragen nach wie vor die Frauen die Hauptlast. Weltweit werden den Kindern unterschiedlichste Regeln, gesellschaftliche Normen und Gegebenheiten anerzogen. Im Vordergrund der Erziehung steht heutzutage die Vermittlung der wichtigsten gesellschaftlichen Regeln und Gesetze. Doch vor allem Letztere sind, wie bereits erwähnt, ziemlich kompliziert. Einzelpersonen stehen dieser Regelflut hilflos gegenüber und können kaum alles korrekt weitergeben. Die Vermittlung von Tugenden, wie Solidarität und Unterstützung von schwachen Mitgliedern der Gesellschaft, kommt dabei zu kurz. Doch gerade diese Eigenschaften sind von wesentlicher Bedeutung für ein gut funktionierendes Miteinander. Vor allem die Software-Gebote werden nicht oder nur äußerst unzureichend vermittelt, im Fokus der Erziehung steht oft das persönliche Streben nach Besitz. Abhängig Beschäftigte drängen die Kinder in einen stressigen Wettbewerb mit anderen Kindern. Alles nur um im späteren Wettbewerb um die am besten bezahlten Jobs (für die Gewinnmaximierung der Kapitaleliten) erfolgreich zu sein. Insbesondere wenn die Ausbildung an privaten Schulen und Universitäten teuer ist wird das elitäre Prinzip verfestigt. Dies steht im Gegensatz zu mehreren Software-Geboten.

Das Software-Gebot 7 ist deshalb nur teilweise erfüllt, Erziehung und Ausbildungschancen hängen stark vom Besitz ab.

Software-Gebot 8: Gewalt nur in Extremsituationen

Zu Gewalt und Aggressivität kommt es in der Regel nur, wenn sich die Hardware-Gebote nicht anders erfüllen lassen (z.B. wenn das eigene Überleben in Gefahr ist).

Zu Zeiten der ursprünglichen Wohlstandsgesellschaft kam es nur selten zur Anwendung von Gewalt. Begegnungen mit Fremden waren rar und zur Vermeidung von Inzucht dürfte den einzelnen Gemeinschaften sehr daran gelegen gewesen sein, auch außerhalb der eigenen Gruppe positive Kontakte aufzubauen, um die Vereinigung mit anderen Genpools bei der Fortpflanzung zu gewährleisten. Durch die gelebte Gleichstellung der Geschlechter und die gemeinsame Kindererziehung innerhalb eines Verbandes war Gewalt eher die Ausnahme. Zu aggressivem Verhalten kam es daher vermutlich nur, wenn Hardware-Gebote, zum Beispiel aufgrund knapper Ressourcen, nicht erfüllt werden konnten. In den Entwicklungsländern ist der Kampf um Nahrung und andere Ressourcen auch heute noch der häufigste Grund für kriegerische Auseinandersetzungen.

In der Gegenwart findet Gewalt auch jenseits der Erfüllung der Hardware-Gebote statt. Kriege, Vergewaltigungen, Morde, Raub und dergleichen geschehen aus niederen Beweggründen, wie Habgier, Neid und Herrschsucht von Einzelnen, natürlich dann möglichst im Verborgenen. Insgesamt lässt sich beobachten: Je größer der Unterschied zwischen Arm und Reich innerhalb der Gesellschaft ist, desto größer ist kriminelles und asoziales Verhalten von armen Mitgliedern, um an Besitz und Reichtum zu kommen, um die eigene Existenz zu sichern.

Dieses Problem lässt sich nicht durch höhere Strafen für kriminelles und asoziales Verhalten lösen, sondern die Gesellschaft (Führungseliten) müssten Wege zu einem besseren sozialen Ausgleich finden. Solange dies nicht der Fall ist, kann kein gegenseitiges Vertrauen erzeugt werden.

Das Software-Gebot 8 wird demnach nicht erfüllt, da es zu zahlreichen gewaltvollen Handlungen und Auseinandersetzungen kommt, auch wenn die Erfüllung der Hardware-Gebote nicht beeinträchtigt ist.

Software-Gebot 9: Asoziales Verhalten wird nicht geduldet

Wie bereits festgestellt, ist egoistisches und asoziales Verhalten aufgrund seiner Notwendigkeit für die Erfüllung der Hardware-Gebote von Geburt an in jedem Menschen verankert. In der ursprünglichen Wohlstandgesellschaft half egoistisches Verhalten dennoch nicht weiter, da der Ruf und die Stellung einer Person innerhalb der Gemeinschaft davon abhängig waren, ob diese Person sich in das soziale Miteinander gut einfügte und im Sinne der Gruppe agierte. Zu asozialem Verhalten kam es daher nur im Geheimen, um den Ruf zu wahren und die Solidarität der anderen Gruppenmitglieder nicht zu gefährden. Da allerdings folglich jeder mehr oder weniger dazu bereit ist, sich heimlich Vorteile zu verschaffen, geht auch jeder davon aus, dass andere dies ebenfalls tun. Das erklärt die Großzügigkeit gegenüber kleineren Verfehlungen von anderen, weil sich jeder vorstellen kann, in einer ähnlichen Situation genauso zu handeln. Bei größeren oder wiederholten Verstößen war diese Nachsicht jedoch nicht mehr gegeben. Deshalb wird versucht diese unbedingt geheim zu halten. Aufgrund der geringen Gruppengrößen sprach sich asoziales Verhalten in der ursprünglichen Wohlstandgesellschaft rasch herum und geschah deshalb nur in einem kleinen Rahmen. Verfehlungen wurden in der Gruppe schnell bekannt und die entsprechenden Mitglieder konnten kaum noch von der Solidargemeinschaft profitieren. Ein beschädigter Ruf war nur schwer wiederherzustellen.

Die heutigen Gesellschaften sind von solidarischem Verhalten weit entfernt. Steuerhinterziehung, Verschleierung von Besitz, kriminelle Aktivitäten und ungerechtes Verhalten sind an der Tagesordnung und aufgrund der großen Mitgliederzahlen kaum noch nachvollziehbar. Es gibt geheime Ausschusssitzungen, Geheimorganisationen, Geheimdienste und dergleichen mehr. In der Politik wird gelogen, bis sich die Balken biegen, um asoziale Entscheidungen zu verschleiern oder zu beschönigen. Durch die Anonymität der Großgruppen ist es für die einzelnen Mitglieder schwierig, sich persönlich ein Bild von allen anderen Gruppenmitgliedern zu machen, insbesondere wenn Medien nicht offen berichten. All dies geschieht also im Geheimen. Und so kommt es zu geheimen Treffen, internen Absprachen, nicht offengelegten Nebeneinkünften und Geheimdienstaktionen, die sich gegen andere Nationalstaaten, aber auch gegen die eigene Bevölkerung richten. Permanent finden wichtige Handlungen im Geheimen statt. Die heutigen Gesellschaften sind also weit von der Offenheit der ursprünglichen Wohlstandsgesellschaft entfernt.

Asoziales und egoistisches Verhalten ist in der Politik, in Unternehmen und in allen Gesellschaften gegenwärtig, dabei wird versucht dies so gut es geht geheim zu halten.

Das Software-Gebot 9 wird somit häufig nicht erfüllt und asoziales Verhalten geheim gehalten.

Software-Gebot 10: Individuelle Vorteile werden nur akzeptiert, wenn besondere Leistungen für die ganze Gruppe erbracht werden

Vorteile für einzelne Gruppenmitglieder wurden in der ursprünglichen Wohlstandsgemeinschaft nur dann akzeptiert, wenn sie durch besondere Leistungen für die Allgemeinheit verdient wurden. Die ganze Gesellschaft und damit jedes Gruppenmitglied musste davon profitieren. Besonders wichtig ist, dass die Privilegien und gewährten Vorteile zeitlich begrenzt waren.

Wie oben bereits geschildert, sind die Privilegien einzelner Gruppenmitglieder heutzutage längst nicht mehr an deren tatsächliche Leistungen gekoppelt. Besitz und gesellschaftliche Stellung werden einfach weitervererbt. Sie sind somit weder durch besondere Verdienste gerechtfertigt noch zeitlich begrenzt. Es gilt einmal reich, immer reich. Einige Familien halten Reichtum und Besitz seit Jahrhunderten in ihren Kreisen. Ob dieses damalige Vermögen mit Krieg, Ausbeutung oder Umweltzerstörung erreicht wurde ist letzten Endes nicht bewertet. Es liegt zumindest momentan keine erkennbare Gegenleistung vor. Keine besondere persönliche Leistung und auch keine zeitliche Begrenzung.

Auch das Software-Gebot 10 wird also in den heutigen Gesellschaften nicht erfüllt.

Nahezu alle Gebote der Software, die von uns Menschen über Millionen von Jahren entwickelt wurden, werden in unserem sozialen Zusammenleben nicht oder nur minimal beachtet und gelebt. Da dies aber unser soziales Grundgerüst darstellt, ist prinzipiell kein ausgewogenes, soziales Miteinander möglich. Unsere Probleme der Menschheit sind die zwangsläufigen Ergebnisse und Resultate davon.

19. Zusammenfassung und Perspektive

Meine Erläuterungen und Erklärungsansätze zu den Ursachen der momentanen und zukünftigen Probleme auf der Welt, sind nun dargelegt. Ich habe herausgearbeitet, dass die heutigen Gesellschaften sich in vielen Bereichen sehr weit von der sozialen Grundordnung der ursprünglichen Wohlstandgesellschaft, der Basis unserer sozialen Grundanlage mit deren Software-Geboten weit entfernt haben. Bis jetzt gibt es noch keine Alternative für ein tragfähiges und nachhaltiges Miteinander, insbesondere wenn viele Mitglieder sich zu riesigen Gruppen, beispielsweise zu Nationalstaaten zusammenfinden.

Mit der Ordnung der ursprünglichen Wohlstandsgesellschaft konnte über Millionen von Jahren der Auftrag der Evolution erfolgreich und sozial erfüllt werden. Die daraus entstandene Solidargemeinschaft wurde allerdings mit der neolithischen Revolution ausgehebelt. In den neu gebildeten Großgruppen konnte keine halbwegs gerechte und nachhaltige Form des sozialen Miteinanders gefunden werden. Durch die Rückentwicklung und Etablierung des männlichen Prinzips, das mit dem Niedergang der Gleichberechtigung zwischen den Geschlechtern einherging, wurden Stärke, Gewalt und Wettbewerb zu den tragenden Säulen der Gesellschaft, die bis heute das Zusammenleben auf allen Ebenen von der Familie bis hin zu den Nationalstaaten und auch das Verhältnis der Nationalstaaten untereinander regeln. Infolgedessen wird der Planet, auf dem wir leben, ausgebeutet, ohne auf die Folgen zu achten. Natürliche Ressourcen werden für kurzfristige Vorteile geplündert, die Umwelt wird verschmutzt und zerstört. Und alles nur, um Gewinn und Reichtum für wenige Menschen zu erzeugen. Das vermeintlich notwendige Streben nach persönlichem Reichtum, vor allem der Männer, erzeugt einen intensiven Wettbewerb. Dieser Wettbewerb ist allerdings nicht nur die Ursache aller aktuellen Probleme, sondern er verhindert gleichzeitig auch deren Lösung. Denn wenn sich alle permanent im Wettbewerb miteinander befinden und sich nur darauf konzentrieren, sich möglichst stark aufzustellen und auszurüsten, um den Konkurrenzkampf für sich zu entscheiden, haben sie keine Kapazitäten mehr, um die eigentlichen Probleme anzugehen. Stattdessen werden die Ressourcen weiterhin bis zum Letzten ausgeschlachtet, ohne dabei an die Zukunft – sowohl des Planeten als auch der Menschheit – zu denken. Besonders bedenklich ist, dass sich die Macht über die Ressourcen in den Händen einiger weniger befindet – die gesellschaftlichen Eliten und die Kapitalbesitzer aller Länder kontrollieren die Nutzung auf Kosten der Nachhaltigkeit.

Seit der neolithischen Revolution stecken die Menschen in einem ständigen Krieg miteinander. Die dafür notwendige Ressourcenverschwendung und die Opfer auf menschlicher Seite können kaum realistisch beziffert werden. Welche unsinnige Vernichtung von menschlichem Leben und Rohstoffen aus niederen Beweggründen. Vor allem die Männer, die sich zum bestimmenden Geschlecht entwickelt haben, tragen die Schuld daran. Sie haben schlichtweg alles vermasselt. Das männliche Prinzip der Männerbande ist aktuell zum zweiten Mal während der Evolution gescheitert.

Die Staatsform der Demokratie hat sich zwar als brauchbarste Ausgangsbasis für ein halbwegs funktionierendes gesellschaftliches Miteinander etabliert und verhindert zumindest innerhalb einer Gemeinschaft allzu große Verwerfungen. Aber auch in anderen Gesellschaftssystemen kann es, wie zum Beispiel in Saudi Arabien, vielen Bürgern durchaus gut gehen. Die Demokratie allein ist folglich nicht ausreichend, um eine Gemeinschaft zu stabilisieren und nachhaltiges Handeln zu fördern. Denn, wie ich aufgezeigt habe, sind in den modernen Gesellschaften die Software-Gebote der ursprünglichen Wohlstandsgesellschaft nur noch rudimentär oder gar nicht mehr erfüllt. Die Eliten der Länder, also alle Mächtigen und Besitzenden, ganz unabhängig von der Staatsform – sowohl inhaltlich als auch persönlich – haben sich immer weiter vom Volk und den Geboten der Software entfernt. Politik ist heutzutage abgehoben, bevölkerungsfern und manipulativ, selbst in

Demokratien. Gefördert wird dies durch die Anonymität innerhalb der Großgruppen – kaum ein Wahlberechtigter kennt einen der zur Wahl stehenden Kandidaten tatsächlich persönlich, geschweige denn Alle, was für eine wirklich fundierte Wahlentscheidung allerdings unbedingt notwendig wäre. Soziale Kompetenz, persönliche Einstellung und Interessen der Kandidaten, sowie deren Eignung für ein bestimmtes Amt oder einen Posten können dadurch nicht realistisch eingeschätzt werden.

Im Ergebnis sind viele Menschen mit dem Zustand der heutigen Gesellschaften unzufrieden, und zwar unabhängig davon, ob für sie die Hardware-Gebote hinsichtlich des eigenen Überlebens und der Fortpflanzung erfüllt sind oder nicht. Denn der entscheidende Faktor für Zufriedenheit ist die Erfüllung der Software-Gebote, da diese für ein gut funktionierendes Zusammenleben in der Gemeinschaft elementar sind. An dieser Stelle möchte ich erwähnen wie wichtig Lachen, Humor und Spaß wichtig ist für unser Wohlbefinden. Diese Fähigkeit ist eine wesentliche Eigenschaft, die uns von den Tieren unterscheidet.

In den Industrieländern sind – trotz Demokratie, gute Nahrungsversorgung, Zugang zur Medizin und vieles mehr – ein großer Teil der Menschen unglücklich. Für Glück ist es wichtig ein akzeptiertes Mitglied einer Gesellschaft zu sein. Die Spaltung in der Gesellschaft, die viele Menschen wahrnehmen, ist tatsächlich vorhanden und resultiert aus genau dieser Diskrepanz. Es gibt derzeit, auch in der modernen westlichen Welt, kein nachhaltiges, soziales und zukunftsfähiges Konzept, um das Zusammenleben gleichberechtigt und für alle zufriedenstellend zu gestalten. In den restlichen Ländern ist dies noch viel weniger gegeben. Auch ein Vergleich bringt deshalb an dieser Stelle wenig. Oft heißt es, jeder solle mit den Umständen, in denen er lebt, zufrieden sein, denn woanders sei es viel schlimmer. Das klingt zunächst beruhigend, ist jedoch die falsche Herangehensweise. Denn jeder kann nur innerhalb seines Umfeldes etwas verändern. Wenn wir alle uns darauf ausruhen, dass woanders noch viel mehr umzuwälzen wäre, ändert sich die

Gesamtsituation überhaupt nicht und insbesondere die soziale Ausgewogenheit und die Nachhaltigkeit bleibt auf der Strecke.

Was zudem in aller Regel übersehen wird oder zumindest unbeachtet bleibt, ist die Tatsache, dass die Anforderungen aus den Hardware und Software-Geboten bei schwindenden Ressourcen immer schlechter erfüllt werden können. Denn die Ausbeutung unseres Planeten kann nicht ewig weitergehen – irgendwann sind die Vorräte erschöpft. Doch niemand aus den derzeitigen Eliten würde freiwillig auf Privilegien verzichten. So wird zwar Mitgefühl mit denen, die unter den negativen Veränderungen, wie Klimawandel und Kriegen leiden, gezeigt, eigentlich ist dies jedoch reine Heuchelei. In einer Art modernem Ablasshandel wird versucht, dies zumindest medial anzugehen. Wirksame Erfolge bleiben dann aus. Und so gehen Klimawandel, Artensterben und Ressourcenschwund ungebremst weiter und die Menschheit steuert sich selbst auf einen gefährlichen Zustand hin. Wenn nämlich Platz, Nahrung und andere Ressourcen nicht mehr für alle Menschen reichen, was durch die stetig wachsende Weltbevölkerung zusätzlich verschärft wird, dann gewinnen die Hardware-Gebote noch mehr die Oberhand und das menschliche Handeln wird wie zu Beginn des Lebens auf der Erde ausschließlich davon gesteuert. Kriege und gewalttätige Auseinandersetzungen werden noch häufiger, Fluchtbewegungen werden zu globalen Völkerwanderungen, Hunger und Naturkatastrohen bestimmen den Alltag. Es geht ums blanke Überleben und die Hardware Gebote treten in den Vordergrund. Und es steht zu befürchten, dass die Auswirkungen all dieser Vorgänge noch deutlich gravierender werden, als sie es derzeit sind.

Es bleibt also nur zu hoffen, dass die Menschen – vor allem die Einflussreichen – einen Richtungswechsel zurück zu den Software Geboten vornehmen und ein nachhaltiges Konzept für das Leben auf der Erde entwickeln. Eigentlich müsste dies genau JETZT erfolgen, am besten schon vorgestern, wie es so schön heißt. Dafür wäre allerdings eine tiefgreifende Revolution des menschlichen Handelns auf allen Ebenen notwendig.

Doch dann stellt sich sofort die Frage, wie ein nachhaltiges, soziales Miteinander funktionieren könnte und wie eine zukünftige Gesellschaft aufgebaut sein sollte. Hierfür werden sinnvolle, menschengerechte Zukunftsziele benötigt, um das Ausmaß der Zerstörung unseres Planeten drastisch einzudämmen und auch zukünftig möglichst gering zu halten. Nur damit – und einem sozialen Miteinander wird es gelingen – so etwas wie einen funktionierenden Organismus, bestehend aus allen Menschen, zu schaffen. Dies wäre wichtig für die Gestaltung einer nachhaltigen Welt für die folgenden Generationen.

Liebe Leserinnen und Leser, ich hoffe ich konnte sie mit meinen Ausführungen erreichen. Meine Vision, wie ein zukünftiges, soziales Miteinander in einer nachhaltigen Gesellschaftsordnung für alle Menschen auf unserer Erde aussehen könnte, werde ich im nächsten Buch darlegen. Und vielleicht kommen wir dabei sogar dem Sinn des Lebens näher.

Abbildungsverzeichnis

Abb. 1   Ohne Verfasser, Ausschnitt aus Screenshot,
           Europäisches Parlament, Parlamentarische
           Anfrage -H-0521/2002, https://www.europarl.
           europa.eu/doceo/document/H-5-2002-0521_
           DE.html (letzter Aufruf 04.02.2025)

Abb. 2   Ohne Verfasser, Ausschnitt aus Screenshot, WWF
           Deutschland, Die Abholzung des Regenwalds
           geht weiter 2017, https://www.wwf.de/themen-
           projekte/projektregionen/amazonien/die-
           abholzung-des-regenwaldes-geht-weiter (letzter
           Aufruf 04.02.2025)

Abb. 3   Mumtahina Rahmann über Pixabay/ Pixabay
           License/ https://pixabay.com/de/photos/flaschen-
           plastik-kinderarbeit-6348121/Farbe und Größe
           verändert (letzter Aufruf 04.02.2025)

Abb. 4   A. Spielhoff über Wikimedia Commons,
           Kugelwolkenmodell-6-C-voll, https://commons.
           wikimedia.org/wiki/File:Kugelwolkenmodell-
           6-C-voll.jpg, CC-BY-SA-3.0/Größe und Farbe
           verändert/2024 (letzter Aufruf 04.02.2025)

Abb. 5   Benjah-bmm27, Public domain, via Wikimedia
           Commons, https://commons.wikimedia.org/
           wiki/File:Propane-3D-balls-B.png (letzter Aufruf
           04.03.2025)

Abb. 6   SteffenDietzel, Metaphasechromosomen, via
           Wikimedia Commons/CC-BY- SA 3.0/Farbe und
           Größe verändert, https://commons.wikimedia.org/
           wiki/File:HumanChromosomesChromomycinA3.
           jpg (letzter Aufruf 04.02.2025)

Abb. 7   James St. John via Wikimedia Commons/Strelley
           Pool Formation//CC-BY-2.0/Farbe und Größe

verändert https://commons.wikimedia.org/wiki/
File:Stromatolite_(Strelley_Pool_Formation,_
Paleoarchean,_3.35-3.46_Ga;_East_Strelley_
Greenstone_Belt,_Pilbara_Craton,_Western_
Australia)_1_(17346619166).jpg(letzter Aufruf
04.02.2025)

Abb. 8   Matthew Herron, CC BY-SA 4.0 <https://
creativecommons.org/licenses/by-sa/4.0>, via
Wikimedia Commons, Farbe und Größe verändert
https://commons.wikimedia.org/wiki/File:Volvox_
aureus.jpg(letzter Aufruf 04.02.2025)

Abb. 9   M. Garde, CC BY-SA 3.0 <http://creativecommons.
org/licenses/by-sa/3.0/>, via Wikimedia Commons,
Farbe und Größe verändert/2024, https://
commons.wikimedia.org/wiki/File:Human_
evolution_scheme.svg (letzter Aufruf 04.02.2025)

Abb. 10   Helga Stan-Lotter und Sergiu Fendrihan. Foto
aufgenommen von Chris Frethemvia via
Wikimedia Commons, University of Minnesota.,
Halobacterium salinarum NRC-1, CC BY-SA
4.0, /Farbe und Größe verändert/2024, https://
commons.wikimedia.org/wiki/File:Halobacterium_
salinarum_NRC-1.png(letzter Aufruf 04.02.2025)

Abb. 11   Bildnachweis: TEM von D. radiodurans
, aufgenommen im Labor von Michael Daly,
Uniformed Services University, Bethesda, MD,
USA. , Gemeinfrei, via Wikimedia Commons, Farbe
und Größe verändert, https://commons.wikimedia.
org/wiki/File:Deinococcus_radiodurans.jpg(letzter
Aufruf 04.02.2025)

Abb. 12   Biofilm.jpg: D. Davisderivative work: 24Adrianus,
CC BY 2.5 <https://creativecommons.org/licenses/
by/2.5>, via Wikimedia Commons/Farbe und
Größe verändert, https://commons.wikimedia.org/
wiki/File:Biofilm_id.JPG(letzter Aufruf 04.02.2025)

Abb. 13	Stephan Sprinz, CC BY-SA 4.0, via Wikimedia Commons, Farbe und Größe verändert https:// commons.wikimedia.org/wiki/File:Wanderfalke_ (falco_peregrinus)_-_Spiekeroog,_Nationalpark_ Nieders%C3%A4chsisches_Wattenmeer. jpg(letzter Aufruf 04.02.2025)
Abb. 14	Joachim Specht, Pater Weber aufgebahrtJS, Gemeinfrei, via Wikimedia Commons, Farbe und Größe verändert, https://commons.wikimedia.org/ wiki/File:Pater_Weber_aufgebahrtJS.jpg(letzter Aufruf 04.02.2025)
Abb. 15	Aiden Cormier, neue Version von Sciencia58, CC BY-SA 4.0, via Wikimedia Commons, Farbe und Größe verändert https://commons.wikimedia. org/wiki/File:Biological_life_cycle_of_humans_2. png(letzter Aufruf 04.02.2025)
Abb. 16	Unbekannter Autor, Gemeinfrei, via Wikimedia Commons, sperm-egg https://commons. wikimedia.org/wiki/File:Sperm-egg.jpg(letzter Aufruf 05.02.2025)
Abb. 17	Unbekannter Autor, Gemeinfrei, via pxhere, mandrill-zoo-animal-monkey- tooth- teeth, gemeinfrei https://pxhere.com/en/ photo/559944(letzter Aufruf 05.02.2025)
Abb. 18	Skye McDavid, CC BY-SA 4.0, via Wikimedia Commons, Fosil skull (cast) of Nyanzapithecus alesi, Größe und Farbe geändert https://commons. wikimedia.org/wiki/File:Nyanzapithecus. jpg(letzter Aufruf 05.02.2025)
Abb. 19	Karl-Heinz Giller, CC BY-SA 4.0, via Wikimedia Commons, Rangordnung nach Klugheit und Geschicklichkeit. Gebisse werden nicht mehr für Rangordnungskämpfe benötigt und bilden sich zurück, Größe und Farbe

	verändert https://commons.wikimedia. org/wiki/File:Zuerst_R%C3%BCckbildung_ der_Eckz%C3%A4hne,_danach_ Vergr%C3%B6%C3%9Ferung_des_Gehirns_-_ Evolution,_Mensch.png(letzter Aufruf 05.02.2025)
Abb. 20	Rob Bixby, CC BY 2.0, via Wikimedia Commons, Bonobo sexual behavior_1, Farbe und Größe verändert https://commons.wikimedia.org/wiki/File:Bonobo_sexual_behavior_1.jpg(letzter Aufruf 05.02.2025)
Abb.21	E. W. Burchell, Gemeinfrei, via Wikimedia Commons, Burchell San Kraal, https://commons.wikimedia.org/wiki/File:Burchell_San_Kraal.jpg(letzter Aufruf 05.02.2025)
Abb. 22	Aino Tuominen, CC0, via Wikimedia Common, Bushman-family, https://commons.wikimedia.org/wiki/File:Bushman-family.jpg(letzter Aufruf 05.02.2025)
Abb. 23	Alwynvanzyl, CC BY-SA 4.0, via Wikimedia Commons, SAN Namibia, Farbe und Größe verändert https://commons.wikimedia.org/wiki/File:SAN_namibia_11.jpg(letzter Aufruf 05.02.2025)
Abb. 24	Institut für Wohnungs- und Stadtentwicklungsstudien, CC BY-SA 3.0 <https://creativecommons.org/licenses/by-sa/3.0>, via Wikimedia Commons, Bucaramanga-Columbia-slums-1982-1989-IHS-57-10-Children, Farbe und Größe verändert https://commons.wikimedia.org/wiki/File:Bucaramanga-Colombia-slums-1982-1989-IHS-57-10-Children.jpeg(letzter Aufruf 05.02.2025)
Abb. 25	Ohne Verfasser, Ausschnitt aus Screenshot, focus online, Sex löst Aggressionen auf https://

	www.focus.de/gesundheit/ratgeber/sexualitaet/ erotik/aggressionen-aufloesen-weniger-druck_id_1917171.html#:~:text=Befriedigende r%20Sex%20wirkt%20hier%20wie,an%2C%20 sondern%20macht%20auch%20aggressiv.(letzter Aufruf 05.02.2025)
Abb. 26	JYB-Devot, CC BY-SA 4.0, via Wikimedia, Sorcier 1984 dia (25JYB)mod, Größe und Farbe verändert https://commons.wikimedia.org/wiki/ File:Sorcier_1984_dia_(25JYB)mod.jpg.(letzter Aufruf 05.02.2025)
Abb. 27	Canela projekt, CC BY-SA 3.0 <https:// creativecommons.org/licenses/by-sa/3.0>, via Wikimedia Commons, Canela project, Größe und Farbe geändert https://commons.wikimedia. org/wiki/File:Familienleben.jpg(letzter Aufruf 05.02.2025)
Abb. 28	Yves Picq http://veton.picq.fr/, CC BY-SA 3.0 <https://creativecommons.org/licenses/ by-sa/3.0>,Inde muria10239a, via Wikimedia Commons/Farbe und Größe verändert https:// commons.wikimedia.org/wiki/File:Inde_ muria10239a.jpg(letzter Aufruf 05.02.2025)
Abb. 29	Gary Todd, CC0, via Wikimedia Commons, Neolithic Stone Wheel & Thread, https://commons. wikimedia.org/wiki/File:Neolithic_Stone_ Spinning_Wheel_%26_Thread.jpg(letzter Aufruf 05.02.2025)
Abb. 30	Gary Todd, CC0, via Wikimedia Commons, Neolithic Stone Querns & Rollers, https:// commons.wikimedia.org/wiki/File:Neolithic_ Stone_Querns_%26_Rollers.jpg(letzter Aufruf 05.02.2025)

Abb. 31   DYKT Mohigan, CC BY 2.0, via Wikimedia
           Commons, Jericho (30778787796), Farbe und
           Größe verändert https://commons.wikimedia.
           org/wiki/File:Jericho_(30778787796).jpg(letzter
           Aufruf 05.02.2025)
Abb. 32   Michael Knell, CC BY-SA 2.0, via Wikimedia
           Commons, Slave Market, Mono Version, Farbe
           und Größe verändert https://commons.wikimedia.
           org/wiki/File:Slave_Market,_Mono_version.
           jpg(letzter Aufruf 05.02.2025)
Abb. 33   Benutzer:MatthiasKabel, CC BY-SA 3.0, via
           Wikimedia Commons, Venus von Willendorf 01,
           Farbe und Größe verändert https://commons.
           wikimedia.org/wiki/File:Venus_von_Willendorf_01.
           jpg(letzter Aufruf 05.02.2025)
Abb. 34   Conricus, CC BY-SA 4.0, via Wikimedia Commons,
           Evenisation, Farbe und Größe verändert https://
           commons.wikimedia.org/wiki/File:Evenisation.
           jpg(letzter Aufruf 05.02.2025)
Abb. 35   Osama Shukir Muhammed Amin FRCP (Glasg),
           CC BY-SA 4.0 <https://creativecommons.org/
           licenses/by-sa/4.0>, via Wikimedia Commons,
           Inanna receiving offerings on the Uruk Vase,
           circa 3200-3000 BCE, Farbe und Größe
           verändert https://commons.wikimedia.org/wiki/
           File:Inanna_receiving_offerings_on_the_Uruk_
           Vase,_circa_3200-3000_BCE.jpg (letzter Aufruf
           05.02.2025)
Abb. 36   anonym, Gemeinfrei, via Wikimedia Commons,
           North Berwick Witches https://commons.
           wikimedia.org/wiki/File:North_Berwick_Witches.
           png(letzter Aufruf 05.02.2025)
Abb. 37   Murtaza Taiyabali, CC BY-SA 4.0, via Wikimedia
           Commons, Syedna Mohammed Burhanuddin

Archbishop Rowan Williams, Farbe und Größe verändert https://commons.wikimedia.org/ wiki/File:Syedna_Mohammed_Burhanuddin_ Archbishop_Rowan_Williams.jpg(letzter Aufruf 05.02.2025)

Abb. 38 RAWA, CC BY 3.0 <https://creativecommons.org/ licenses/by/3.0>, via Wikimedia Commons,Farbe und Größe verändert https://commons.wikimedia. org/wiki/File:Taliban_beating_woman_in_public_ RAWA.jpg(letzter Aufruf 05.02.2025)

Abb. 39 Unbekannter Autor, Gemeinfrei, via Wikimedia Commons, 1589 Hinrichtung Peter Stump, https:// commons.wikimedia.org/wiki/File:Peter_Stump. jpg (letzter Aufruf 05.02.2025)

Abb. 40 Bop34, CC BY-SA 4.0, via Wikimedia Commons/ Farbe und Größe verändert https://commons. wikimedia.org/wiki/File:Historical_totalitarian_ leaders_colourized.jpg(letzter Aufruf 05.02.2025)

Abb. 41 Ohne Verfasser, Ausschnitt aus Screenshot, Stern.de, https://www.stern.de/lifestyle/ leute/adelshochzeit-in-athen--philippos-von- griechenland-heiratet-nina-flohr-30860640. html(letzter Aufruf 06.02.2025)

Abb. 42 Frau Charles O'Connor, Gemeinfrei, via Wikimedia Commons, Dublin slum dwellers 1901 Cropped https://commons.wikimedia.org/wiki/File:Dublin_ Slum_dwellers_1901_cropped.jpg(letzter Aufruf 05.02.2025)

Abb. 43 Ivan Vladimirow, Serie 1917- 1922, gemeinfrei via wikiart/Farbe und Größe verändert, https://www. wikiart.org/de/ivan-vladimirov/questioning-in-the- committee-of-poor(letzter Aufruf 04.03.2025)

Abb. 44 Daderot, Public domain, via Wikimedia Commons, Farbe und Größe verändert https://commons.

wikimedia.org/wiki/File:Chairman_Mao_is_the_
Red_Sun_in_Our_Hearts,_People%27s_Republic_
of_China,_1968,_lithograph_-_Jordan_Schnitzer_
Museum_of_Art,_University_of_Oregon_-_
Eugene,_Oregon_-_DSC09554.jpg(letzter Aufruf
05.02.2025)

Abb. 45   Wolfgang Sauber, CC BY-SA 4.0, via Wikimedia
Commons, Paneum Bäckerschandzeichen 3
Schandmaske, Farbe und Größe verändert https://
commons.wikimedia.org/wiki/File:Paneum_-
_B%C3%A4ckerschandzeichen_3_Schandmaske.
jpg(letzter Aufruf 06.02.2025)

Abb. 46   Otto Langels, Ausschnitt aus Screenshot, Archiv
Deutschlandfunk, https://www.deutschlandfunk.
de/millionengeschenk-von-unbekannt-100.
html(letzter Aufruf 06.02.2025)

Abb. 47   Marcel Pauly, Ausschnitt aus Screenshot,
Archiv Spiegel, https://www.spiegel.de/politik/
deutschland/nebenverdienste-in-den-landtagen-
transparenz-mit-luecken-a-1136929.html(letzter
Aufruf 06.02.2025)

Abb. 48   United States Government, Public domain, via
Wikimedia Commons, https://commons.wikimedia.
org/wiki/File:US_Intelligence_Community_
members.gif,(letzter Aufruf 05.03.2025) Ausschnitt
aus Screenshot (CC-BY-SA-4.0 via Wikipedia)

Abb. 49   Unbekannter Verfasser, Ausschnitt aus
Screenshot, Süddeutsche Zeitung, https://www.
sueddeutsche.de/thema/Panama_Papers(letzter
Aufruf 06.02.2025)

Abb. 50   Max Eberle, Ausschnitt aus Screenshot,
Momentum Institut, https://www.moment.at/
story/die-grosse-luege-warum-und-wie-wenig-
superreiche-wirklich-spenden/(letzter Aufruf
06.02.2025)

Abb. 51　Jochen Spengler, Ausschnitt aus Screenshot, Deutschlandfunk Archiv, https://www.deutschlandfunk.de/ueberwachung-im-grossen-stil-100.html(letzter Aufruf 06.02.2025)

Abb. 52　Edward Snowden, CC BY 3.0 <https://creativecommons.org/licenses/by/3.0>, via Wikimedia Commons, Farbe und Größe verändert https://commons.wikimedia.org/wiki/File:Edward_Snowden_2013-10-9_(2).jpg(letzter Aufruf 06.02.2025)

Abb. 53　Espen Moe, CC BY 2.0, via Wikimedia Commons/ Farbe und Größe verändert https://commons.wikimedia.org/wiki/File:Julian_Assange_(Norway,_March_2010).jpg(letzter Aufruf 06.02.2025)

Abb. 54　Foto des Weißen Hauses von Chris Greenberg, Gemeinfrei, via Wikimedia Commons, President George W. Bush joins a group of children during the Pledge of Allegiance, https://commons.wikimedia.org/wiki/File:President_George_W._Bush_joins_a_group_of_children_during_the_Pledge_of_Allegiance.jpg(letzter Aufruf 06.02.2025)

Abb. 55　Lorie Shaull aus St. Paul, USA, CC BY-SA 2.0, via Wikimedia Commons, Team USA stands for the national Anthem before the match with young soccer players (487677558057), Farbe und Größe verändert https://commons.wikimedia.org/wiki/File:Team_USA_stands_for_the_National_Anthem_before_the_match_with_young_soccer_players_(48677558057).jpg(letzter Aufruf 06.02.2025)

Abb. 56　Gefreiter Sean Dennison, Gemeinfrei, via Wikimedia Commons, File:Yuma Young Marines recite the Pledge of Allegiance United States Marine, https://commons.wikimedia.org/wiki/

	File:Yuma_Young_Marines_recite_the_Pledge_of_ Allegiance.jpg(letzter Aufruf 06.02.2025)
Abb. 57	Dalibor Z. Chvatal, CC BY 3.0, via Wikimedia Commons, Größe und Farbe verändert https:// commons.wikimedia.org/wiki/File:World_ War_II_memorial,_Kirovsky_District,_North_ Ossetia%E2%80%93Alania_(1).jpg(letzter Aufruf 06.02.2025)
Abb. 58	Stefan Kendzia, Ausschnitt aus Screenshot, Pro Sieben de, https://www.prosieben.de/serien/ newstime/news/die-bisherige-auf-regeln-basierende-internationale-ordnung-steht-nicht-nur-auf-dem-pruefstand-sondern-ist-ernsthaft-in-gefahr-72787/(letzter Aufruf 06.02.2025)
Abb. 59	Barbara Wesel, Ausschnitt aus Screenshot, DW de, https://www.dw.com/de/wie-kommt-man-an-das-geld-der-oligarchen/a-61931988(letzter Aufruf 06.02.2025)
Abb. 60	Valentin Betz, Ausschnitt aus Screenshot, BW 24 de, https://www.bw24.de/stuttgart/daimler-ag-ceo-ola-kaellenius-produktion-fahrzeughersteller-ausland-china-amerika-krise-konkurrenz-tesla-90038575.html(letzter Aufruf 06.02.2025)
Abb. 61	Tarek Barkoumi, Ausschnitt aus Screenshot, Krautreporter de https://krautreporter.de/geld-und-wirtschaft/4444-lockt-die-bundeswehr-arme-jugendliche-in-gefahrliche-jobs(letzter Aufruf 08.02.2025)
Abb. 62	Franco Folini, CC BY-SA 2.0 <https:// creativecommons.org/licenses/by-sa/2.0>, via Wikimedia Commons, Males fighting tot he lost drop of blood, Northern Elephant Seal (Mirounga angus tirostris) (12514015764), Farbe und Größe verändert https://commons.wikimedia.

	org/wiki/File:Males_fighting_to_the_last_drop_of_blood,_Northern_Elephant_Seal_(Mirounga_angustirostris)_(12514015764).jpg(letzter Aufruf 08.02.2025)
Abb. 63	Bundesarchiv, Bild 146-2004-0031 / Weinrother, C. / CC-BY-SA 3.0, CC BY-SA 3.0 DE <https://creativecommons.org/licenses/by-sa/3.0/de/deed.en>, via Wikimedia Commons/Farbe und Größe verändert https://commons.wikimedia.org/wiki/File:Bundesarchiv_Bild_146-2004-0031,_Hitlerjugend_im_Pfingstlager.jpg(letzter Aufruf 09.02.2025)
Abb.64	New Zealand Defence Force from Wellington, New Zealand, CC BY 2.0 <https://creativecommons.org/licenses/by/2.0>, via Wikimedia Commons, Farbe und Größe verändert https://commons.wikimedia.org/wiki/File:MC_09-0081-354_-_Flickr_-_NZ_Defence_Force.jpg(letzter Aufruf 09.02.2025)
Abb. 65	kremlin.ru, CC BY 4.0 <https://creativecommons.org/licenses/by/4.0>, via Wikimedia Commons, Farbe und Größe verändert https://commons.wikimedia.org/wiki/File:2020_Moscow_Victory_Day_Parade_041.jpg (letzter Aufruf 09.02.2025)
Abb. 66	Jean Leon Gerome, The Slave Market, Public domain, via Wikimedia, Farbe und Größe verändert https://commons.wikimedia.org/wiki/File:GeromeslavemarketFXD.jpg (letzter Aufruf 09.02.2025)
Abb. 67	Tu Foto, CC BY 2.0 <https://creativecommons.org/licenses/by/2.0>, via Wikimedia Commons, Sexy miniskirt high heels and pink G-string, Farbe und Größe verändert, https://commons.wikimedia.org/wiki/File:Sexy_miniskirt_high_heels_and_pink_G-String.jpg(letzter Aufruf 09.02.2025)

Abb. 68	Rainer Ratke, Ausschnitt aus Screenshot, Statista de https://de.statista.com/themen/1058/ schoenheitsoperationen/(letzter Aufruf 07.02.2025)
Abb. 69	Ethan Russell tviij, CC BY-SA 4.0 <https://creativecommons.org/licenses/by-sa/4.0>, via Wikimedia Commons, Emannuel De Stefano (Armani Underwear), Farbe und Größe verändert https://commons.wikimedia.org/wiki/File:Emmanuel_De_Stefano_(ARMANI_UNDERWEAR).jpg(letzter Aufruf 09.02.2025)
Abb. 70	Unbekannter Verfasser, Ausschnitt aus Screenshot, SWR de, https://www.swr.de/wissen/macht-pornokonsum-psychisch-krank-100.html(letzter Aufruf 07.02.2025)
Abb. 71	Wilfredo Rafael Rodriguez Hernandez, CC0, via Wikimedia Commons/Prostitution in Sao Paulo, Brazil, https://commons.wikimedia.org/wiki/File:Prostitution_in_Sao_Paulo,_Brazil.jpg(letzter Aufruf 10.02.2025)
Abb. 72	Unbekannter Verfasser, Ausschnitt aus Screenshot, Plan International, https://www.plan.de/presse/pressemitteilungen/detail/fast-100-millionen-maedchen-droht-zwangsheirat.html?sc=IDQ25100(letzter Aufruf 10.02.2025)
Abb. 73	Statista de, Ausschnitt aus Screenshot, https://de.statista.com/themen/132/mobbing/#:~:text=Nach%20Daten%20der%20OECD%2C%20die,durch%20Mitsch%C3%BClerinnen%20und%20Mitsch%C3%BCler%20gemoppt(letzter Aufruf 05.03.2025)